导读典藏版

英语民族史

A HISTORY of THE ENGLISH-SPEAKING PEOPLES

VOLUME II
THE NEW WORLD

• 卷二 •
新世界

WINSTON S. CHURCHILL
[英] 温斯顿·丘吉尔 • 著
薛力敏　林林 • 译　　林葆梅 • 校译

中共中央党校出版社

图书在版编目（CIP）数据

英语民族史：导读典藏版. 卷二，新世界 /（英）温斯顿 · 丘吉尔著；薛力敏，林林译. -- 北京：中共中央党校出版社，2022.7

书名原文：A History of the English-Speaking Peoples

ISBN 978-7-5035-7275-3

Ⅰ. ①英… Ⅱ. ①温… ②薛… ③林… Ⅲ. ①世界史 Ⅳ. ① K1

中国版本图书馆 CIP 数据核字（2022）第 040273 号

英语民族史 · 卷二：新世界（导读典藏版）

策划统筹 马 瑞
责任编辑 闫 莉
责任印制 陈梦楠
责任校对 魏学静
出版发行 中共中央党校出版社
地　　址 北京市海淀区长春桥路 6 号
电　　话 （010）68922815（总编室）　（010）68922233（发行部）
传　　真 （010）68922814
经　　销 全国新华书店
印　　刷 中煤（北京）印务有限公司
开　　本 710 毫米 ×1000 毫米　1/16
字　　数 304 千字
印　　张 21.75
版　　次 2022 年 7 月第 1 版　2022 年 7 月第 1 次印刷
定　　价 268.00 元（全套）

微 信 ID：中共中央党校出版社　**邮　箱：**zydxcbs2018@163.com

HOUSE OF TUDOR

都铎王朝
（1485—1603）

伊丽莎白一世
Elizabeth Ⅰ
（1533—1603）

都铎王朝末代女王（1558—1603 年在位），也是名义上的法国女王。在她的统治之下，英国成为欧洲最强大的国家之一，并积极开展海外拓殖活动，为之后“日不落帝国”的形成奠定了基础。

HOUSE OF STUART

斯图亚特王朝
（1603—1714）

詹姆斯一世

James Ⅰ

（1566—1625）

斯图亚特王朝首位国王，虔诚的天主教徒。在位期间宣扬君权神授，并因迫害清教徒引发民愤。詹姆斯一世在政治上无为且怯懦，但给英国带来相当长的和平时期，他也因此被调侃为“欧洲最聪明的傻子”。

前 言 PREFACE

本卷涉及的两个世纪发生了一些意义深远的事件。欧洲探险家发现了美洲新大陆，许多欧洲人在那里定居。在思维、信仰、诗歌和艺术方面，又有其他新世界展现在人们的眼前。1485 年至 1688 年之间，英语民族开始向全世界扩张，打败了西班牙帝国。在打通海上通道以后，美洲殖民地犹如雨后春笋般地建立起来。大西洋西岸出现许多生机勃勃而富有独立精神的小社会，它们后来组成了美利坚合众国。英格兰和苏格兰转信新教[1]，这两个王国在一个苏格兰王朝的统治下联合起来。长期的原则分歧引起了一场内战。英格兰在令人印象深刻的人物奥利弗·克伦威尔的统治时期进行了共和制的尝试。但是在全民族的要求下，英格兰又恢复了王政传统。在本卷的末尾，英格兰的新教信仰在一位荷兰君主的统治下得到巩固，国会在国家事务方面的权力大大加强，美洲在迅速发展，英法两国即将开始长期的世界性斗争。

温斯顿·丘吉尔

1956 年 9 月 4 日于肯特

1 Protestantism，新教，与天主教、东正教构成基督教三大流派，包括 16 世纪欧洲宗教改革运动中产生的新宗派以及随后又从这些宗派中不断分化出来的更多宗派。——编者注

目 录

CONTENTS

PART 4

文艺复兴与宗教改革

AISSANCE AND REFORMATION

第一章 CHAPTER 1

圆形的地球

我们现在谈到了16世纪初的情况——这一世纪的所有年份都以15开头。16世纪初这几个字常常使人疑惑，但在英语中却不得不用它们。这一时期的一些巨大变化影响了整个欧洲。其中有些变化早就在孕育之中，这时候才全力爆发出来。200年或200多年来，文艺复兴[1]一直在鼓舞着意大利人的思想和精神。现在它带着复兴的古希腊和古罗马的灿烂文化，在不影响基督教信仰基础的限度内扩展开来。这时，教皇控制了俗权。他们同别的统治者一样，贪得无厌，酷爱浮华，但他们同时宣称自己仍然肩负着上帝的使命。教会出售使生者或死者免进炼狱的“赎罪券”[2]，因而岁入急剧增加。主教和红衣主教的职位成为商品，平民的捐税沉重。教会的种种弊端都广为世人所知，也引起了强烈的不满，但是这些问题没有得到纠正。同时，文学、哲学和艺术在

---

1 Renaissance，西欧近代三大思想解放运动之一（另外两个是宗教改革与启蒙运动），是一场反映新兴资产阶级要求的思想文化运动，被认为是欧洲中古时代和近代的分界。——编者注

2 Indulgence，最初指中古时代的罗马教会对未犯死罪者给予补赎的机会。14世纪天主教会在欧洲兜售此券聚敛财富。16世纪被废除。——编者注

古典文化的推动下繁荣起来，使一些学者开阔了胸襟，扩大了视野。他们就是那些想把古典理论同基督教的说教融为一体的人文主义者，最为著名的先驱者是鹿特丹的伊拉斯谟。此人对文艺复兴思想在英国的传播作出了重要的贡献。印刷术的采用使知识和一些论点在中世纪欧洲的许多宗教团体之中传播，这些宗教团体是中世纪欧洲的支柱。1450 年前后，印刷机成为不断扩大的文明领域的核心。当时，从里斯本到布拉格，西方世界已经有了 60 所大学。到了 16 世纪初，这些大学主动为教育和交往开辟了更广泛的途径。这样，它们自己有了顽强的生命力，也不那么古板了。在中世纪，教育的方向主要是培养牧师。现在教育面逐渐扩大了，教育的目的不仅是要培养教士，而且也要造就俗界学者和有学问的绅士。培养有能力、有作为的人成为文艺复兴运动的理想。

随着思想的巨变，人们开始对传统的理论提出疑问。15 世纪，人们首次把过去的 1000 年称为中世纪。虽然他们头脑中仍然保持着中世纪的观念，但是他们觉得自己正处在一个新时代的门槛上。这个新时代的标志不仅是人类在艺术和建筑学上的辉煌成就，而且也是以哥白尼为首的科学革命的开始。哥白尼明确地证明，地球围绕太阳运转，后来伽利略在一次重要的场合肯定了这一点。这种新奇的观点将对人类的视野产生深远的影响。在此之前，人们以为，在能够满足各种需要的宇宙中，地球是中心。现在，新的广阔视野开始展现在人类的眼前。

进行调查、讨论以及寻求新答案的欲望从传统学术领域扩散到了宗教研究领域。希腊文甚至希伯来文，以及拉丁文的文本，都拿来重新进行研究。结果，传统的宗教观点不可避免地受到质疑。文艺复兴带来了宗教改革。1517 年，34 岁的德国教士马丁 · 路德[1] 把他谴责教会兜售赎罪券和其他问题

---

1 Martin Luther（1483—1546），16 世纪欧洲宗教改革运动发起人、基督教新教的创立者、德国宗教改革家。——编者注

的文章钉在维滕贝格城堡教堂的门上，对教皇开始进行富有冒险性的精神讨伐。起初他只是谴责教会的行为，随后这种指责很快就变成对教会教义的质疑。在这场斗争中，路德冒着被执行火刑的危险，表现出自己的坚强信念，这给他赢得了光辉的荣誉。他发动或者说推动了一场运动，这场运动不到10年便席卷欧洲大陆，光荣地获得了“宗教改革”这一响亮的名称。宗教改革在不同的国家有不同的形式，在以茨温利[1]和加尔文[2]为先导的瑞士尤其如此。加尔文的影响从日内瓦经过法国传到尼德兰和不列颠，在不列颠尤以苏格兰为甚。

路德的教义是多种多样的，而他自己坚决信奉的原则是：“得到上帝的拯救要靠信仰而不能靠遵守教规。”这就是说，一个人如果像许多非基督教徒那样过着善良且正直的生活，并不能保证死后进天堂，而相信基督的启示才是最重要的。指引路德的灯塔是基督教《圣经》里的教导和自己心灵中的力量，而不是教皇的权威。他相信宿命论。亚当在伊甸园犯罪，是由于无所不能的上帝让他这样做。所以，人类生来就是有罪的。不过，世界上约有十分之一的人经过一生的努力，可以逃脱或者已经逃脱由于原罪而入地狱的下场。所有的修士和修女应该有权结婚，从而得到慰藉。路德开创了这样的先例，他在40岁时同一名逃跑的修女结婚，婚后一直生活得很幸福。

*　　　　*　　　　*

宗教改革的浪潮波及欧洲的所有国家，受影响最深的是德意志。德意志人民对罗马教廷的苛捐杂税深感不满，路德的改革运动唤起了他们的民族热情。路德用德文翻译了《圣经》，他们至今仍然为此而感到自豪。他为德意志

1 Zwingli（1484—1531），瑞士杰出的宗教改革家和政治活动家，主张以《圣经》为最高权威，反对天主教教会出售赎罪券。——译者注

2 John Calvin（1509—1564），法国人，瑞士宗教改革家，基督教新教加尔文宗创始人。——编者注

诸侯创造了夺取教会财产以自肥的机会。他的主张促使德意志南部的极端主义者发动了社会战争，结果成千上万的人丧失生命。他本人坚决反对被他唤起的民众。他用粗俗的语言激发民众的战斗精神，但是当他们作出反应时，他却立即转而攻击他们。他在教义问题上不顾一切地同教皇斗争，但是并不关心给予他力量的劳苦大众。他用“猪猡”（pigs）甚至更丑恶的字眼称呼他们，并且指责被他称为“高级领主”（overlords）的贵族和富有的统治阶级未能有力地镇压农民起义。

历来就有异端[1]。许多世纪以来，几乎每个欧洲国家都有反罗马教会的强烈情绪，但路德掀起的这场教会分裂运动非同小可，气势磅礴。这场运动中的所有演员，不管是罗马教廷的反对者还是支持者，都深受中世纪观念的影响。他们认为自己正在恢复古代社会和早期教会的纯洁性。然而，宗教改革使那个动荡不安的时代陷入更加混乱的局面，当时的民众和国家不愿意而又不自觉地向上拖着长期阻止欧洲前进的锚钩。在教皇和宗教改革运动进行一个时期的斗争以后，新教教会在欧洲的大部分地区纷纷兴起。各种教派不一而足，其中占主要地位的是路德宗。罗马教廷开展了内心反省的天主教复兴运动，这被叫作反改革运动。同时，教会法庭在较大的社会范围内进行镇压活动。这些措施加强了教廷的力量，使它在一系列宗教战争中保存下来。旧制度的攻击者和保卫者之间的分歧威胁着欧洲各国的稳定，破坏了一些国家的统一。英格兰和法国冲出这场斗争时真是伤痕累累，筋疲力尽，不过还保持着国内的统一。爱尔兰同英格兰之间出现了新的裂痕，而英格兰同苏格兰却实现了新的统一。德意志人的神圣罗马帝国[2]轰然解体，分裂成许多小公国或城邦，尼德兰分裂成现在的荷兰和比利时。各

1 Heresies，一般指不符合正统思想的主张或教义。基督教判定异端以四大信经（即《使徒信经》《亚他那修信经》《尼西亚信经》和《迦克敦信经》）为准。——编者注

2 The Holy Roman Empire，962 年至 1806 年的欧洲国家，初为封建君主制，后逐渐成为诸侯国组成的松散政治联盟。962 年到 1157 年的官方名称为罗马帝国，1157 年到 1512 年改称神圣罗马帝国，1512 年到 1806 年定名德意志民族的神圣罗马帝国。——编者注

个王朝受到威胁，长期以来的忠君思想被断然抛弃。到 15 世纪中叶，加尔文宗[1]成为新教发动进攻的矛尖，而耶稣会[2]则是天主教进行防御和反攻的盾牌和利剑。又过了 100 年，双方打得精疲力竭，路德发动的这场革命才宣告结束。那时，中欧已经被三十年战争[3]打得满目疮痍。在 1648 年签订的《威斯特伐利亚和约》[4]结束了三十年战争，而这场战争的导火线几乎被人遗忘了。到了 19 世纪，基督教世界的人们才在互相尊重的基础上加强了容忍精神。

19 世纪 80 年代，维多利亚时代的著名神学家兼演讲家查尔斯·比尔德提出了一些尖锐的问题：

> 那么我们冷静地看一看，宗教改革是不是一场失败的运动呢？它打碎一套枷锁是不是为了强加另一套枷锁呢？我们应该承认，它不久便脱离了自由的文化运动，在德意志尤其如此；它背弃文化；它在枯燥而混乱的神学纷争中迷失了方向；它对开始复苏的科学没有伸出欢迎之手。……甚至在后来，这些大肆宣扬拥护宗教改革学说的神学家们对科学冷眼相看，并且宣布不与科学打交道。真不知道宗教改革的哪一条普通理论能够解释这些辛辣的事实。现代最有学问、最能容忍的神学家决不会完全接受梅兰克森[5]学说和加尔文学说。……宗教改革者们尊重事实与自由，反对中世纪基督教的至高无上的牢固地位，我们对此不应估计

1 Calvinism，基督教新教三个原始宗派之一，泛指完全遵守约翰·加尔文神学思想及其长老制的改革派宗教团体。——编者注

2 The Jesuits，天主教主要修会之一。1534 年西班牙人圣依纳爵·罗耀拉创立于巴黎，旨在反对欧洲的宗教改革运动。仿效军队纪律制定严格会规，会士严守“三愿”（绝财、绝色、绝意）并无条件效忠教宗。——编者注

3 1618年至1648年间由天主教与新教之间的矛盾以及欧洲各国的政治冲突和领土问题引起的一系列欧洲战争，起初参加的有德国的天主教派和新教派，后来法国、西班牙等国也相继参加。——译者注

4 *Peace of Westphalia*，欧洲三十年战争以 1648 年签订该和约结束，促使新教各派内部达成和解，基本确定了欧洲大陆的宗教格局，被认为是欧洲大陆的宗教改革运动结束的标志。——编者注

5 Melanchthon（1497—1560），也译作梅兰希顿，德国宗教改革家、人文主义者。——译者注

> 过高，他们要解决自己提出的那些问题是不可能的。他们不仅缺乏必要的知识，甚至连自己卷入的这场斗争的范围都不清楚。是他们打开了宗教改革的闸门，尽管他们好心地试图阻挡并限制这股洪流，可是它已一泻而下，时而冲毁界标，时而给新的田地增加养分，但它一直带着蓬勃的生机。只看到宗教改革本身，只从神学和教会发展的角度去判断它的是非，等于宣布它的失败；把它看作欧洲整个思想运动的一部分，表明它同正在成熟的学术成就和日益发展的科学的重要联系，证明它同自由的必要联系，展示它慢慢发展成忍耐精神的过程，这一切既是为它的过去辩解，又是预言它的前途。[1]

*　　*　　*

当文艺复兴和宗教改革的浪潮在欧洲汹涌澎湃之际，欧洲探险家、商人和传教士不断地听到从其他地方传来的消息。从古希腊时代开始，有些人就听说地球是圆的。到了16世纪，伟大的航海活动将证实这一点。说来话长，早在中世纪，欧洲的旅行者就踏上了前往东方的旅途。他们听说在人类的发祥地有美丽的王国和惊人的财富。其实他们听到的种种传说都是关于普雷斯特·约翰[2]的王国的状况，有些人说这个王国在中亚，有些人说它在现在的阿比西尼亚[3]，后来他们还听到了马可·波罗从威尼斯远涉中国的实际情况，因而浮想联翩。亚洲人也在向西方挺进。有一段时间，欧洲各地似乎都将屈服于东方的威胁。来自亚洲中部的蒙古游牧民族是可怕的异教徒。他们骑着战马，手持弓箭，风驰电掣般踏遍了俄国、波兰和匈牙利，并于1241年同时

1　引自比尔德所著《十六世纪的宗教改革》（*The Reformation of the Sixteenth Century*）1927年版第298—299页。——原注

2　Prester John，流行于欧洲12世纪到17世纪的一个传说中的富有的国王。——编者注

3　Abyssinia，即现在的埃塞俄比亚。——译者注

在布雷斯劳和布达佩斯附近对德意志人和欧洲骑士分别给予毁灭性的打击。至少德意志和奥地利落入了他们的手中。然而，成吉思汗难逃天命，在这一年死于蒙古，蒙古人的首领急忙千里迢迢地赶回他们的首都哈拉和林，去选举他的继承人，西欧因此逃脱了这场灾难。

在中世纪的漫长岁月里，基督教徒在欧洲东部和南部边界一直同异教徒进行着战争。边界地区的居民长期生活在恐惧之中；异教徒不断进逼，奥斯曼帝国[1]的土耳其人在1453年攻陷了君士坦丁堡。欧洲基督教世界的财富和经济面临着异常严重的威胁。拜占庭帝国[2]的灭亡以及土耳其人占领小亚细亚，使通往东方的道路断绝了。这条曾经哺育地中海沿岸城镇以及为热那亚人和威尼斯人带来财富和繁荣的伟大道路被堵塞了。这场灾难向东方蔓延。虽然土耳其人希望保持同欧洲的贸易，以便抽取一些税金，但贸易和交通都越来越不安全。

意大利的地理学家和航海家一直在寻找通向东方的新航线，以免遭受异教徒的侵扰。他们在地中海东部进行频繁的航海活动，从中积累了丰富的造船和航海经验，但他们缺乏远洋冒险的资金。首先发现新航线的是葡萄牙。她在英格兰十字军的帮助下，于12世纪获得独立，逐渐把摩尔人[3]赶出本土，然后开始向非洲海岸扩张。冈特的约翰的孙子、"航海家亨利王子"[4]号召人们从事一些冒险事业，探险活动便从里斯本开始了。后来在整个15世纪里，葡萄牙海员不断沿非洲西海岸南下，去寻求黄金和奴隶，逐步扩大已知世界的疆域。到了1487年，迪亚士[5]发现了非洲大陆南端的最大岬角，并把这个岬

1　The Ottoman Turks，是土耳其人建立的多民族帝国，因创立者为奥斯曼一世而得名，穆罕默德二世时定都君士坦丁堡。——编者注

2　Byzantine Empire（395—1453），即东罗马帝国，共历经12个朝代，93位皇帝，是欧洲历史上最悠久的君主制国家，以希腊文化、希腊语和东正教为立国基础，后为奥斯曼帝国攻占而灭亡。——编者注

3　The Moors，3世纪时罗马人对所有未罗马化的由自己首领统治的北非土著的称呼，中世纪时期指欧洲和西非的穆斯林居民，在历史上主要指在伊比利亚半岛的伊斯兰征服者。——编者注

4　Prince Henry the Navigator（1394—1460），葡萄牙亲王、航海家。——编者注

5　Diaz（约1450—1500），葡萄牙航海家，好望角的发现者。———译者注

角称为“风暴角”（Cape of Storms）。葡萄牙国王颇有远见，将它重新定名为“好望角”（Cape of Good Hope）。希望果然没有落空，1498 年，达·伽马[1]的船驶入卡利卡特港，通向印度和远东财富的海路从此畅通了。

*　　*　　*

同时，一个名叫克里斯托弗·哥伦布[2]的热那亚人正在考虑进行一次对世界的未来更为重要的探险。他凝视着他同胞的充满想象的地图，一再冥思苦想，计划越过已经发现的那些岛屿西渡大西洋，去探索通往东方的另一条航线。他娶了一位葡萄牙水手的女儿，他的岳父曾经跟随航海家出航，他从岳父的书信中了解到这些伟大的远洋探险活动。1486 年，他派弟弟巴塞洛缪[3]到英国寻求对这次活动的支持。巴塞洛缪在法国沿海曾被海盗所擒。当他终于到达英格兰并引起新国王亨利·都铎[4]的兴趣时，已经太晚了。可是，哥伦布得到了阿拉贡的费迪南德和卡斯蒂尔的伊莎贝拉两位西班牙统治者的联合支持，于 1492 年从安达卢西亚的帕洛斯出发，扬帆驶入茫茫无际的神秘世界。三个月以后，他在巴哈马群岛的一个岛靠岸。他无意中发现的并不是东方的航线，而是西方的新大陆，不久得名为“美洲”。

又过了近 100 年，英格兰才开始发挥她的潜在的海上力量。她在这个时期的成就较小。布里斯托尔的商人企图在西北方向寻找一条新航线，渡过大西洋到达远东，但是没有成功。伦敦和英格兰东部的同行们更关心同尼德兰

1 Vasco da Gama（约 1460—1524），葡萄牙航海家，从欧洲绕好望角到印度航海路线的开拓者。——译者注

2 Christopher Columbus（约 1451—1506），意大利探险家、航海家，大航海时代的主要人物之一，是地理大发现的先驱者。——编者注

3 Bartholomew Columbus（1464—1515），欧洲航海家，克里斯托弗·哥伦布的弟弟。获西班牙君主资助，前往加勒比海伊斯帕尼奥拉岛并建立“La Isabela”（今多米尼加共和国首都）。——编者注

4 Henry Tudor（1457—1509），博斯沃思战役取胜后建立的都铎王朝的首位英格兰国王（1485—1509 年在位），史称亨利七世。任内奖励工商业发展，有贤王之称。——编者注

进行贸易的实际利益，而亨利・都铎则支持海盗活动，只要这种活动不会使他同西班牙发生纠纷。他组织了以约翰・卡博特[1]为首的一次远征。卡博特和哥伦布一样，是热那亚人，住在布里斯托尔。1497 年，他在布雷顿角岛附近靠岸，眼前是一片荒漠，没有发展贸易的可能性，继续向纵深前进似乎也是不可能的。第二次，他沿着美洲海岸朝佛罗里达南下，但离西班牙活动的地区又太近。卡博特死后，谨慎的亨利放弃了大西洋探险计划。

* * *

西班牙人到达新大陆和发现珍贵金属后，由于这些问题同葡萄牙人发生了争执。两国的动机之一都是向未发现的野蛮地区传播基督教的信仰，因此两国请教皇作出公断，它们认为教皇掌握着决定这些新地归属的大权。在 15 世纪 90 年代，出身博吉亚家族[2]的教皇亚历山大六世[3]发布了一系列训令，从而在世界上划了一条界线，分出西班牙和葡萄牙的势力范围。这种巧妙的划分促使两国缔结了和约。双方同意在亚速尔群岛以西 370 里格[4]处划一条南北分界线，葡萄牙人因此认为他们有权占领巴西。

虽然葡萄牙是第一个从事远洋探险的国家，但是它毕竟太小，维持不了这样的活动。据说，有一半葡萄牙人为保持他们的海外属地而丧生。不久，西班牙取代了葡萄牙的地位。哥伦布首次出航的那一年，摩尔人在西班牙土地上占领的唯一城市格拉纳达，在中世纪最后一支庞大的十字军进攻下陷落了。从此，西班牙人腾出手来，专心致志于新大陆的事情。过了不到一代人

1 John Cabot（约 1455—1499），也译约翰·卡伯特，意大利航海家。曾奉英王亨利七世之命找寻西北航道。——编者注

2 The Borgia，也译波吉亚家族，发迹于西班牙的巴伦西亚，在意大利文艺复兴时期开始壮大的欧洲显赫的贵族世家。——编者注

3 Pope Alexander Ⅵ（1431—1503），出身于西班牙贵族波吉亚家族，任内积极扩张教皇势力，曾于 1493 年颁发训谕划定葡萄牙和西班牙殖民势力扩张分界线。——编者注

4 Leagues，长度名，1 里格约为 3 海里。——译者注

的时间，为西班牙人服务的葡萄牙军官麦哲伦[1]开始了经南美洲横渡太平洋的环球航行。他在菲律宾被杀，但他的大副指挥他的船只经过好望角安全返航。新的发现使世界上四处分散的文化逐渐建立了联系，也将使北海中的英格兰小王国重新恢复重要的地位。她将取代葡萄牙和西班牙，不过时机尚未到来。当时，东方的香料已经开始由海路运销安特卫普，进入欧洲市场。贸易有了转移和根本的变革。横越大陆的路线已经废弃；意大利城市的重要地位被西北欧夺了过去；未来的繁荣不在地中海，而在大西洋沿岸。英国、法国以及荷兰等新兴国家在大西洋沿岸拥有港口，可以轻易地进入海洋。

*　　　　*　　　　*

新大陆的财富迅速影响了欧洲的原有格局。在16世纪的前半期，科尔特斯[2]征服了墨西哥的阿兹特克帝国[3]，皮萨罗[4]征服了秘鲁的印加人[5]。这些地方的丰富矿产资源开始源源不断地经过大西洋运到欧洲。黄金和白银通过种种渠道源源而来。欧洲所没有的烟草、土豆和美洲糖等农产品也不断输入欧洲。吸收这些财富的欧洲大陆本身也经历着一场变革。经过长期的停顿之后，它的人口又开始增长，田庄和作坊里的生产也在发展。为了进行新的探险、营造新建筑、开办新企业和改进管理方法，对货币的需要量普遍增加。统治者和老百姓都不懂得财政管理，经济拮据的各国君主采取的第一项措施就是使货币贬值。物价因此急剧上涨，路德在维滕贝格贴出他的论点纲要之时，币值早已开始迅速下降。在美洲银钱的刺激下，欧洲大陆一再发生20世纪以前

1 Magellan（1480—1521），葡萄牙航海家，率领船队完成人类首次环球航行。——编者注

2 Hernando Cortes（1485—1547），西班牙殖民者。———译者注

3 Aztec empire，阿兹特克人14—16世纪在墨西哥中部建立的帝国，其文明与印加文明、玛雅文明并称为中南美三大文明。——编者注

4 Pizarro（约1471—1541），西班牙殖民者。———译者注

5 The Incas，南美洲古印第安人，属蒙古人种美洲支，主要生活在安第斯山脉中段。印加的意思是太阳的子孙。——编者注

少有的通货膨胀。以地主和农民为主的社会更加难以维持，一股新的力量开始在欧洲各地的君主面前产生影响，赢得地位，并且开始发挥自己的作用。对商人和金融家来说，那是个充满希望的时代。他们当中最有名望的大概要数德意志的富格尔家族[1]，这个家族以自己的巨大财富支持文艺复兴时期的艺术，因而博得了好名声。教皇和德皇都曾经依赖它的资助。

同以往一样，人们很难适应通货迅速膨胀的窘境。但他们深深感到，经济将有新的发展，生活也将好转。各个阶级最终将从环境的改善中得到好处。一个世纪以前，大约三分之一的人口死于黑死病，所以幸存者大有用武之地。人们开始在更广阔的世界里探索，更广泛地交流商品和劳务，参加这些活动的人也越来越多。新世界已经敞开大门，因为它不仅在地理上增加了欧洲人的生存之地——北美洲和南美洲，而且还改变了自己的生活方式，开阔了视野，并且充分利用自己拥有的一切。

1 The Fugger family，15—17 世纪德意志商人贵族世家。后随哈布斯堡家族的衰落而渐趋式微，17 世纪末破产。——编者注

第二章 CHAPTER 2

都铎王朝

几十年来，英格兰的王冠被王位之争的浪花推来抛去。1485 年 8 月 22 日，里奇蒙伯爵亨利·都铎在英格兰中部地区的马基特博斯沃思附近取得了决定性的胜利，他的对手篡位者理查三世[1]在那次战斗中阵亡。随着亨利七世的登基，新的王朝诞生了。在他励精图治的 24 年里，英格兰的历史翻开了新的一页。

亨利七世要做的第一件事，是劝说贵族、教会和绅士阶层接受博斯沃思战役[2]的结局，并且支持他登上王位。为谨慎起见，他赶在国会开会之前加冕登基。这样，武力征服成为他继位的基础，国会的同意只是次要的。其实，国会对他执政的尝试是支持的。后来，他实现了酝酿已久的计划，同敌对的约克王族的继承人伊丽莎白公主结了婚。

长期以来，经济拮据削弱了英格兰国王的地位，但在此时，由于军事上

1 Richard Ⅲ（1452—1485），为约克王朝最后一位国王（1483—1485 年在位），在位时建立了一套完善的法律援助体系、保释制度和北方议会，援助大学、教堂等。——编者注

2 Battle of Bosworth Field，1485 年发生的在兰开斯特王族和约克王族之间战争中最重要的一场战役，导致约克王朝结束，都铎王朝开始。——编者注

的胜利，亨利七世收复了王室在 15 世纪被没收的大部分领地，也收复了其他许多大块领地。他已经从兰开斯特家族的国王手中继承了宝贵的核心地带，侵占了格洛斯特公爵[1]理查的北方领地。后来，威廉·斯坦利爵士对博斯沃思战役之后的奖赏感到不满，被判叛逆罪而被处决，他在英格兰中部的辽阔领地也落入国王之手。从此，亨利七世有了一笔稳定的收入。

但这还不够，还必须整顿英格兰的土地所有权。敌对君主的迅速更替，在土地所有者当中造成了不安全感和法律上的混乱。封建大家族的人纷纷被处死或阵亡，使家族的力量土崩瓦解。幸存者和下层绅士阶级时时面临着一种威胁，他们可能由于仇人对他们过去的立场或背叛行为的起诉而失去领地。这些人的家族在内战的某个时期多多少少曾支持过失败的一方。这些情况对于亨利七世来说是十分危险的，如果地主阶级对于能否合法保住自己的土地没有把握，惶恐不安，那么一旦再度出现篡位者，他们就可能投靠他。于是亨利七世颁布了一项法案，宣布所有忠于在位国王之人的生命财产受到保护。这种承认在位国王而强调合法国王的做法是新国王亨利七世特有的手段。地位稳固之后，亨利七世便开始建立自己的实际权力。

* * *

接着便是南北之分的问题。在英格兰的中世纪时期，南方和北方一直有天渊之别，南方的社会高度发展，乡村富庶，城镇发达，同佛兰德斯[2]和意大利的羊毛生意非常兴隆。玫瑰战争[3]曾经严重地威胁这种有秩序的生活，亨

1 Duke of Gloucester，英国王室头衔，通常被授予君主的儿子。该头衔被正式册封了五次，前四次作为英格兰贵族的头衔，最后一次作为英国贵族头衔。——编者注

2 Flanders，意为“泛水之地”，泛指位于西欧低地西南部、北海沿岸的古代尼德兰南部地区。现今为一个文化概念上的区域。——编者注

3 Wars of the Roses（1455—1485），又称蔷薇战争，是英王爱德华三世的两支后裔兰开斯特家族（家徽红蔷薇）和约克家族（家徽白蔷薇）的支持者为了争夺英格兰王位而发生的内战，最终以双方联姻结束，标志着法国金雀花王朝在英格兰的统治结束和都铎王朝开启。——编者注

利七世就是在南方得到重要支持的。一位编年史家写道："他不愿看到贸易受影响。"他替那些同尼德兰做生意的英国商人赢得了有利的条件。贸易在和平的环境中得到发展。他还平定了农村的骚乱，商人阶级的代表因此在国会中同他真诚地合作。亨利七世对这个阶级的细心照顾是由于利益一致的缘故，即为了维护安定的统治。如果说这是专制的话，那么它是人们甘愿接受的专制。

北方的情况则迥然不同。像珀西家那样的封建大家族控制着一切；土地贫瘠，山峦起伏；居民目无法度，性喜骚乱；交通不便，王权受到轻视，有时干脆被抛在一边；北方长期同苏格兰人进行边界战争，盗贼蜂起，他们抢劫牲口，烧毁村庄。格洛斯特公爵理查在那里曾经享有盛誉，他的性格完全适合于那种环境。他的统治简单粗暴，但较有条理，约克城甚至在博斯沃思战役之后对他仍然难以忘怀。亨利七世不仅要维持这些地区的秩序和保持自己的统治，还必须建立巩固的边防以对付苏格兰人。作为格洛斯特领地的新主人，他在北方获得了一个战略基地。在 15 世纪，从伦敦直接统治整个英格兰是不可能的。当时的统治工具非常原始，因而必须委派下属代行君权。于是，在北部地区和威尔士边界地区分别建立了政务会，它们受权统治这些地区。国王的亲信得到广泛的统治权，备受国王恩典并学过法律的新任官员开始在统治中发挥决定性的作用。他们在宫廷里和法庭事务中一直相当活跃，并在此时首次对封建贵族势力占了优势。国王在北方的可靠代表兼贝里克郡要塞司令官亨利·怀亚特和南方的埃德蒙·达德利[1]就是这样的人物。他们及其同僚的后代成为西德尼家族（Sidneys）、赫伯特家族（Herberts）、塞西尔家族（Cecils）和拉塞尔家族（Russells）。

内乱的危险和外患的威胁同时进逼，亨利七世必须时刻提防觊觎王位者

1 Edmund Dudley，英格兰国王亨利七世的重臣，著有《共和之树》（*The Tree of Commonwealth*），主张应温和地使用王权。——编者注

在外国的援助下进行入侵。他的地位能否保住，取决于他的政治手腕和判断能力，而不取决于他的世袭权利。勃艮第宫廷[1]是反对他的中心，因为勃艮第公爵夫人是理查三世的妹妹，她曾经两次发动觊觎王位者进攻都铎王朝。指挥第一次进攻的是兰伯特·西姆内尔[2]，他后来不光彩地成为皇家厨房里的贱役；指挥第二次入侵的是图尔奈[3]的一个船主兼税吏的儿子珀金·沃贝克[4]，他比西姆内尔更加令人生畏，有人说他是伦敦塔内遇害王子的后裔。他得到心怀不满的爱尔兰约克派贵族的支持，接受勃艮第提供的金钱，得到奥地利和佛兰德的军队以及苏格兰人的同情，公开活动了七年，为夺取英格兰的王位作了三次尝试。但是，自从博斯沃思战役以来一直支持国王的那些阶级仍然站在国王一边，沃贝克进攻肯特时，那里的乡下人不等王军到达便击退了他；他从苏格兰发动的进攻只打过边界四英里；他同康沃尔人[5]在 1497 年举行的暴动也归于失败。他躲避起来，最终被捕，被押到伦敦投入铁窗。他曾经两次企图逃跑。在囚居两年之后，有一天他作了忏悔，被送上了泰伯恩绞刑架。沃贝克的活动在耻辱和难堪中结束了，不过，他当时造成的威胁确是咄咄逼人的。

亨利七世一定会感到他的宝座微微震动。玫瑰战争削弱了英格兰对威尔士的控制，但这种影响在爱尔兰最为明显。爱尔兰的王位之争也很激烈；英格兰 - 爱尔兰混合血统的大家族中有兰开斯特派[6]和约克派[7]之分，在都柏林周

---

1 Court of Burgundy，勃艮第公国的王宫。勃艮第公国是由理查德伯爵于 9 世纪建立的国家，地理位置重要，为兵家必争之地，后被法国和哈布斯堡王朝瓜分。——编者注

2 Lambert Simnel，被假托为英王爱德华四世之弟，在都柏林加冕称爱德华六世。后被亨利七世的军队击败并被俘。因傀儡身份未受处罚，仅被遣往御膳房当烤肉工，后升为王家驯鹰师。——编者注

3 Tournai，比利时西南部城市，位于斯海尔德河畔，距法国里尔仅 26 公里。——编者注

4 Perkin Warbeck（约 1474—1499），英格兰圣殿骑士，曾假扮成约克公爵什鲁斯伯里的理查密谋夺取王位，被亨利七世挫败后处以绞刑。——编者注

5 Cornish，英国康沃尔原住族群和民族，是凯尔特民族的一部分。2014 年 4 月 24 日，获英国政府正式承认后拥有了正式民族身份。——编者注

6 Lancastrians，以兰开斯特家族为主形成的政治派系，金雀花家族（或称安茹家族）的分支，其家族始祖为（冈特的）约翰（John of Gaunt，又被译为约翰·冈特）。——编者注

7 Yorkists，是以约克家族为主形成的政治派系。——编者注

围英格兰统治区的城市以及利默里克和高尔韦等英国前哨城市中，也有兰开斯特派和约克派之别。不过，他们之间的斗争只是家族斗争的继续。以奥蒙德伯爵为首的巴特勒家族站在兰开斯特派一边，因为它向来比对立的菲茨杰拉德家族更忠于英格兰国王。菲茨杰拉德家族的首领是住在伦斯特的基德尔伯爵和住在明斯特的德斯蒙德伯爵，二者同当地的首要人物均有血缘关系和联姻关系。这个家族支持约克派，希望以此提高自己的地位。

在明斯特，以德斯蒙德为首的一支菲茨杰拉德家族早已“比爱尔兰人更爱尔兰人”（More Irish than the Irish）。在英格兰统治区里，被称为“大伯爵”（Great Earl）的基德尔伯爵可以履行自己的封建义务，领导英格兰人，但在比较偏僻的香农（Shannon）地区，实行的却是另一种统治。英格兰派来的总督认为，面对基德尔的统治地位及其遍及全岛的联盟，强调总督的合法权力是徒劳无益的。基德尔大家族甚至可能在爱尔兰全岛建立自己的王朝，这种可能性在爱德华·布鲁斯[1]战败死后是从来没有过的。即使基德尔仍然忠于英格兰，他会追随约克派的国王还是兰开斯特派的国王呢？他的亲戚德斯蒙德支持兰伯特·西姆内尔，许多迹象令人怀疑他本人支持珀金·沃贝克。1494年就任爱尔兰总督的爱德华·波伊宁斯爵士企图限制基德尔胡作非为的权力，于是在德罗赫达说服爱尔兰议会通过了著名的《波伊宁斯法案》（*Poynings' Law*），使爱尔兰议会置于英格兰国会的控制之下。这个法案引起了当地人的不满，但直到300年后的20世纪才被废除。

基德尔被剥夺了财产，押赴伦敦。亨利七世颇有远见，没有简单地用封建法律制裁这位实力雄厚的冒犯者，因为后者的家族正在都柏林郊区战斗，他的表亲、姻亲和受他保护的人遍及整个爱尔兰。姑且不说有支持珀金·沃贝克之嫌，这位“大伯爵”也是罪名昭彰的。他不是烧毁了卡谢尔的大教堂

---

1 Edward Bruce（1274—1329），苏格兰国王罗伯特·布鲁斯的弟弟。1315年登陆爱尔兰，自称爱尔兰国王，后遭遇大饥荒被英格兰军队击败杀死。——编者注

吗？他对此供认不讳，但他的理由打动了国王，他说："是我烧的，不过我以为大主教在里边呢。"亨利七世相信他的辩白，并且说了一句话，"既然爱尔兰全岛不能控制基德尔伯爵，那么，就让基德尔伯爵统治爱尔兰全岛吧"。这句话即令不是他说的，至少也是千古名言。基德尔伯爵得到赦免，重获自由，并且同国王的表妹伊丽莎白·圣约翰结了婚，然后被派回爱尔兰接替波伊宁斯的总督职务。

在爱尔兰能否掌权，关键仍然在于能否召集并控制足够的武装力量。在这方面，英格兰国王施加了个人的重大影响。一方面，他可以给能够召集并控制武装力量的显要贵族戴上总督的头衔；另一方面，他也可以宠幸巴特勒家族和伯克家族，使基德尔那样有实力的人物也无法控制各大家族的族长。在一段时期里，这种脆弱多变的平衡局面是确立中央统治的唯一途径。到那时为止，没有一位英格兰国王能够戴上"爱尔兰君主"（Lord of Ireland）的桂冠，正如没有一个英格兰国王能够获得"法兰西国王"（King of France）的称号一样。

不过，有一位强大的盟友可助一臂之力，它就是大炮。它当年曾经帮助法国人驱逐英格兰人，此时则帮助英格兰人入侵爱尔兰。大炮对准爱尔兰城堡说话了，它的语言极其易懂。这些大炮来自英格兰，爱尔兰人能够使用它们，但不会制造。在一段时间里，大炮成为英格兰控制爱尔兰事务的必要工具，亨利七世或爱德华·波伊宁斯爵士均未料到这一点。菲茨杰拉德家族的世代族长们身居半盖尔式的宫廷中，使英格兰统治区不寒而栗。在爱尔兰人眼中，他们胜过都柏林城堡里处境窘迫的英王代表，控制着一个更加名副其实的王国。在科学文化阔步前进之时，火药打掉了菲茨杰拉德家族的威风。

*　　　*　　　*

亨利七世在同苏格兰的关系中运用的手段，突出地体现了他判断问题的敏锐性。他的第一步行动是经过贝里克向反对苏格兰国王的贵族运送武器，并且不断同反对势力策划阴谋，以此削弱苏格兰国王詹姆斯四世[1]的地位。边界冲突仍像过去那样频繁，影响着这两个王国的睦邻关系，詹姆斯支持觊觎王位者珀金·沃贝克的做法使两国关系更加紧张。但是，亨利七世的最终目标是富有建设性的。他和詹姆斯签署了停战协定，并在此基础上签订了和平条约。他虽然不像是一个富有想象力的人，但心里也充满着对未来的憧憬，甚至可能希望结束苏格兰和英格兰人之间永无休止的战争，并且彻底解除法国人和苏格兰人联盟对中世纪的英格兰构成的长期威胁。1502 年，他把女儿玛格丽特嫁给詹姆斯四世，在联合苏格兰的道路上迈出了第一步。从此，北方在他生前一直保持着安定的局面。

他对法国的政策也很成功。他意识到，战争威胁比战争本身会使他得到更多的东西。于是他召集国会，使国会同意征税以准备对法战争，然后调集了一小股军队。这支军队在 1492 年渡海到达加来，包围了布洛涅。同时，他又和法王举行谈判。法王无力同时对付西班牙、神圣罗马帝国和英格兰，被迫缴纳贡金请他退兵。他一举两得，像爱德华四世那样，不仅储存起法国及时缴纳的大量贡金，而且得到了英格兰为进行战争而征收的税金。

西班牙是当时欧洲最强大的新兴君主制国家，由于阿拉贡的费迪南德和卡斯蒂尔的伊莎贝拉共同努力以及他们同摩尔人的战斗取得胜利，它刚刚成为强国。费迪南德和伊莎贝拉的结婚标志着这个国家的统一。1489 年，亨利七世的长子阿瑟和费迪南德的女儿凯瑟琳订婚。英格兰和西班牙从此协力保证它们从法国得到的战利品——西班牙获得法国的领土，亨利七世则每年得到贡金，其数量在头几年里约等于王室正常岁入的五分之一。

作为政治家，亨利七世有着欧洲文艺复兴时期的新奇而无情的政治观点。

---

1 James Ⅳ（1473—1513），詹姆斯三世之子，苏格兰斯图亚特王朝第六任国王（1488—1513 年在位）。1513 年 9 月 9 日在弗罗敦原野战役中驾崩。——编者注

他在青少年时期流亡于外国宫廷，首级成为重金收买的对象，这种生活使他学会了许多东西。他见过商谈婚事、签订条约、制定贸易条例以及雇佣职业军人为路易十一[1]或勃艮第公爵查理而战斗，他也了解法兰西国王与地方贵族之间以及教会与国家之间的关系。他权衡和讨论当前的问题，精确分析政治事务，这有助于提高他作为威尔士人所特有的敏锐眼力。当时，拉丁民族的政治手段和分析能力已经有了高度的发展。

亨利七世力图在原有制度的基础上确立并巩固英格兰君主制。他和同时代的佛罗伦萨人罗棱佐·德·美第奇[2]一样，对旧制度几乎只是稍加改革，从来不做彻底的改造。牢固的统治又重新建立起来，但在宪法上没有作出根本的改革。政务会得到加强。它从议会获得授权审查立过誓约或没有立过誓约的人，仅仅依靠证词判定他们的罪责，这种做法是以往习惯法中所没有的。星室法庭[3]在威斯敏斯特定期开庭，由它的两名大法官主持。它在早期是政务会的一个法律委员会，专门审理需要特殊对待的案件，例如，两造的一方势力过于强大，或者罪行罕见以及被告穷凶极恶等。穷人和弱者对富人和强者的控告，还有包括豢养穿号衣的私人军队在内的家兵问题以及笼络陪审员的问题——这些都在星室法庭的审理范围之内。

政务会的主要职能是统治而不是司法，它的成员由国王选择。即使他们中选，也并非有绝对的保证，国王可以随时撤换他们；而在另一方面，它可以停止英格兰任何一个法庭的活动，将其所审的案子归它自己审理，也可以逮捕任何人或对任何人施加严刑。政务会设一个委员会掌管外交事务，另设

1 Louis Ⅺ（1423—1483），法兰西瓦卢瓦王朝第六位国王（1461—1483 年在位）。在位时吞并了勃艮第公国、安茹公国、普罗旺斯伯国和曼恩伯国等，被称为法兰西国土统一的奠基人（又称“万能蜘蛛”“法兰西领土的凑合者”）。——编者注

2 Lorenzo de’Medici（1449—1492），意大利政治家、艺术家以及文艺复兴时期佛罗伦萨的实际统治者。——编者注

3 Court of the Star Chamber，因在威斯敏斯特宫的星室（Star Chamber）开庭而得名。亨利七世和亨利八世时期重组，被授予司法管辖权。审理时不采用陪审团，管辖权从原则和程序上与衡平法庭类似，主要处理普通法法庭无法审理的刑事案件或特殊性质的案件。后其民事管辖权逐渐移转普通法院，但保留了刑事管辖权。斯图亚特王朝时期曾被用作镇压清教徒的工具，1641 年被撤销。——编者注

一个委员会掌管财政，在中世纪财政署的繁琐事务中开辟出一条新的道路。财政大臣直接对国王负责，国王则是中心人物，体现了直接的个人统治。他常常亲自批准或检查哪怕是很小的一笔开支，用草体缩写字母签上自己的名字，这些签名大概至今还可以在伦敦档案局里看到。在英格兰各代国王中，亨利七世也许是最好的实干家。

他知人善任。他的大臣几乎都是平民，其中许多人是教士。居一人之下、万人之上的首相大臣、温切斯特主教理查德·福克斯，在巴黎遇见亨利七世并成为他的患难之交以前是赫里福德的一个校长；在佛兰德羊毛贸易立法问题上博得国王青睐的埃德蒙·达德利是伦敦市的副郡守；发明第一部外交密码、被任命为驻西班牙大使的约翰·斯泰尔早年是个绸布商或杂货商；理查德·恩普森是个筛子匠的儿子。在执政初期，亨利七世缺乏强大的力量，如果犯了错误是经不起打击的。他每天利用空闲时间记述政治事务和值得注意的问题，“尤其是人事问题”，即有关雇佣、奖赏、监禁、剥夺公民权、流放和处决等人事问题。

他像当时的其他王侯一样，除了在国内励精图治以外，还十分关心对外政策问题。他使英格兰的第一批使节继续常驻国外。他认为，外交艺术可以取代以前各代国王的暴力手段，而及时、准确和源源不断的情报是进行正确外交的必要条件。他甚至在英格兰建立了谍报系统。关于他的国外情报系统情况，米兰使节在给他的领主卢多维公爵的信中作了描述：“国王掌握着关于欧洲事务的准确情报，有的情报来源于他自己的使节，有的来自他雇佣的其他国家臣民，有的来自商人。假如殿下想向他提供消息，这些消息必须特别详细，或者要赶在别人之前。”他还写道：“意大利局势的变化使他改变了主意。这一变化不是指同威尼斯人在比萨问题上的纠纷，国王每天能收到这方面的信件，它指的是国王认为教皇已经同法兰西国王结成的联盟。”

亨利七世同其他王侯还有一点相同之处，他大兴土木，并有所创新。威斯敏斯特的小教堂以及里士满的宫殿充分反映了他在建筑上的鉴赏力。他个人生活比较俭朴，但在公共场合也相当讲究排场。他穿着华丽的衣服，戴着稀世的珠宝，衣领闪闪发光；在公开场合有堂皇的华盖护驾，贵族前呼后拥，宫室人员多达700人，每天在伦敦塔里进餐，膳费均由他支付；陪同招待宴会客人的弄臣、音乐家、猎人以及他那出名的豹子可以使他欢乐。

亨利七世在何种程度上有意识地进行改革，摒弃传统制度，史学家对此众说纷纭，莫衷一是。在玫瑰战争的末期，约克派国王们已经为新型的强大集权国家奠定了基础。在亨利七世统治下，这些受挫的希望变成了现实。他把中世纪的制度变成当代的统治工具，对于他在这方面的技巧和智慧，人们的看法是一致的。

他取得的成就巨大且影响深远。他在前辈留下的废墟上建立起自己的权力，小心节俭地积累了在当时显得相当可观的大量金钱，训练出一批能干的官员，扩大了王权而并没有失去下议院的合作，在君主制度下使国家繁荣起来。在文艺复兴时期的欧洲君王中，他的成就和名望使法王路易十一和西班牙国王费迪南德望尘莫及。

人们常常忘记，现存的亨利七世肖像几乎都是根据他死后用石膏套取的唯一面型而作的。这一面型无疑地留下了他的特征，显得过于严厉无情，同当时有关他的描写很不一致。但是，这些肖像似乎符合他的性格和经历。存放在全国肖像馆的那张画像，是在他逝世的四年前所作的。在这幅画像里，一双敏锐严厉的灰眼睛在拱形的背景里注视着远方，纤细而保养得很好的双手轻轻地放在画面的底部；他双唇紧闭，只有嘴角微启，露出难得的一丝笑容；他显出疲倦、警觉和看破红尘的神情，更加显而易见的是一种痛苦的表情和责任感。都铎王朝的奠基人就是这样一位人物。他所建立的这个王朝后来将引导英格兰摆脱中世纪的混乱状态，使她强大起来，并把她带入一个前景广阔的时代。

第三章 CHAPTER 3

亨利八世

在后人看来，亨利八世国王的少年时代是旧制度行将灭亡的时代，可是对于生活在那个时代的人来说，似乎并非如此。在统治者的眼中，最明显的变化莫过于现代欧洲国家体制的诞生。这一令人畏惧而又疑惑不解的新事件并不是在很久以前发生的。在英吉利海峡彼岸，经历过百年战争的法国王朝大大加强了自己的力量。路易十一和他的儿子查理八世[1]已经不单单是松散地拼凑在一起的众多封建公国的首脑。他们统治下的法国已经统一起来，人口众多，幅员辽阔，地域上从英吉利海峡延伸到地中海沿岸。法国封臣所畏惧的英格兰国王已经被永远逐出法国。在这块土地上，英王的前辈曾经是实力雄厚的诸侯，同法国王室平起平坐。可是此时，只有加来还掌握在征服者威廉和亨利·金雀花的后代手中。

百年来，法国王族的幼支勃艮第王室一直同法王分庭抗礼，1477 年“大胆的查理”（Charles the Bold）死后，勃艮第王室便不复存在了。路易十一占

1 Charles Ⅷ（1470—1498），法兰西瓦卢瓦王朝第七位国王（1483—1498 年在位）。——编者注

领了勃艮第本土，勃艮第的其他属地则通过玛丽的婚姻落入了神圣罗马帝国皇帝马克西米利安的手中。因此，哈布斯堡家族[1]控制着勃艮第公爵通过各种手段和偶然的机缘在荷兰和比利时获得的公国、郡、贵族领地和城市。哈布斯堡王朝和瓦卢瓦（Valois）王朝在法国东北部的边界地区发生冲突，从而揭开了长期斗争的序幕。虽然法国的王权仍不稳定，但瓦卢瓦王朝的国王统治着统一的国度，它可以名副其实地称为法兰西国家。它的君主经过同英格兰的长期斗争之后实力倍增，他不必经国会同意就可以向非贵族阶层征税，而且还掌握着一支常备军。他利用税收可以雇用瑞士步兵，制造大量的火炮，支付国内勇敢的骑士团的军饷。

中世纪的另一个国家，即神圣罗马帝国，对这种中央集权化的过程似乎熟视无睹，它明显地走向分化解体。在过去的五六十年里，哈布斯堡家族的首脑一直是神圣罗马帝国的皇帝，他用武力夺不到的东西，通过外交手腕和极好的运气得到了。马克西米利安皇帝同欧洲的头号女继承人结了婚，这件婚事带来的好处就足以说明“得到”和“夺取”这两个概念的区别所在。奥地利的王族因此把通过婚姻获得重大利益作为信条。到了下一代，这个信条更加灵验，马克西米利安和玛丽所生的儿子腓力大公娶了乔安娜公主为妻。她比玛丽更加显赫，拥有卡斯蒂尔、阿拉贡、西西里和那不勒斯的继承权。她的姐姐则嫁给阿瑟王子，后来又改嫁给亨利八世国王，促进了都铎王朝的强盛。

在邻国日益强大的情况下，英格兰国王不得不以弱小的力量去应付一切问题。他的臣民只有300多万人，岁入比别国少，没有常备军，也没有只对他本人负责的国家机构。可是由于有法国和荷兰帝国这样的近邻，英格兰不得不参与欧洲政治。她的国王被卷入战争、谈判、力量改组和均势变化之

1　House of Habsburg，是欧洲史上支系繁多的德意志封建统治家族，因家族建立鹰堡（哈布斯堡）便以哈布斯堡为名。又因主要分支在奥地利，也称奥地利家族。其家族统治时期从1282年起一直延续到第一次世界大战结束。——编者注

中，而国王对这一切毫无经验，并且只能施加不大的影响。

在这个不断变化的世界中，陆战的胜券操在“常胜将军”贡萨尔沃·德科多瓦率领的战无不胜的西班牙步兵手中，胜利大旗有时也被瑞士步兵以及加斯东·德富瓦[1]或法王手下的其他将军所指挥的可怕骑兵夺去。多年来对英王大有裨益的传统政治手段和百般灵验的兵法已经没有多少用处了。一个世纪以来，英格兰的几代国王面临着严重的威胁。他们意识到，一旦欧洲大陆的政治格局发生变化而使英格兰单独对付法国或西班牙，他们就要陷入力所难支的危险境地，因此不得不谨慎行事。

* * *

亨利八世在他的哥哥阿瑟王子去世之前，受到的培养均以进入教界为目标。所以，他是在父亲创造的学习气氛中长大成人的，大部分时间用于潜心学习。他攻读拉丁文、法文、意大利文、神学和音乐，还进行体育锻炼，娴于骑术，经常打网球和猎鹿。他性情直爽，是个言不失信的青年，博得了当时聪明绝顶的女人之一、荷兰的摄政王、奥地利的玛格丽特[2]的好感。由于他父亲小心积蓄，他名下的现钱比基督教世界里任何一位王子都多。各国驻英使节向国内报告他的情况时，均作较高的评价。“亨利陛下是世上最漂亮的君主。他身材高大，小腿匀称，肤色白皙，金棕色的头发照法国人的款式剪短梳直，圆圆的脸庞非常标致，即使扮成女人也是丰姿绰约，脖子又粗又长。……他能讲法语、英语和拉丁语，还能讲一点儿意大利语；善于吹笛和演奏拨弦古钢琴，能够拿起新的歌谱立即歌唱；拉弓的力气胜过任何一个

1 Gaston de Foix（1489—1512），法国内穆尔公爵，法国国王路易十二的外甥，意大利战争时期的名将。——编者注

2 Margaret of Austria（1480—1530），神圣罗马帝国皇帝马克西米利安一世和勃艮第女公爵玛丽的女儿，曾任哈布斯堡尼德兰摄政王，辅佐侄子查理。——编者注

英格兰人，骑马比枪的武艺也令人叹为观止。”“他喜欢打猎，总是在预定的狩猎路线上布置好备用的马匹，不累垮八到十匹马从不罢休。他酷爱网球运动，看他打球真是莫大快事，白皙的皮肤隔着漂亮的衬衫透出青春的光彩。”[1]

亨利八世成年以后身材高大，满头红发，保留着祖先的进取精神，他的祖先在几百年里对威尔士边界地区的战事已经习以为常。他比身边的任何人都高，他们从他身上感到一种掩盖起来的狂躁情绪以及潜在的力量和强烈感情。一位法国大使在亨利八世的宫廷里度过几个月之后说，他每次接近亨利国王，总是胆战心惊，觉得他会有野蛮狂暴的举动。虽然亨利八世在生人面前显得坦率、快活、可靠，而且态度粗犷随便，使众人一见便产生好感，但是连那些和他过从甚密的人也很难摸清他内心的活动，他从来不对任何人推心置腹。对于经常看见他的人来说，他几乎判若两人。在打猎、宴会和宗教行列中他是神采奕奕的君主、儿童的朋友和各项体育运动的保护人；而在政务会上他是一个敏锐无情的观察家，保持着警惕的目光，衡量各种意见。如果不遇到重大事件，他从来不发表自己的意见。他在每次长途狩猎期间，每逢收到急件，便立即离开众人，召集“御前会议”（counsellors attendant）来商讨他所说的“伦敦事务”（London business）。

亨利八世既有狂暴凶狠的一面，又有耐心勤奋的一面。他笃信宗教，经常聆听长达一两个小时的布道，写过不止一篇出色的神学专论。他在礼拜日常常做五次弥撒，平常每日做三次，在做弥撒的时候还给教士帮忙，所以在每个星期日总会得到圣餐和圣水。他在耶稣受难日[2]常以苦行赎罪。他在有关神学的争论中积极热情，被教皇誉为“天主教的卫士”（Defender of the Faith）。他工作时不知疲倦，处理大量的急件公文和备忘录，亲自定出每天的计划，从来不靠秘书的帮助。此外，他还常常写诗作曲。他在国事方面不轻下断

1　引自 A. F. 波拉德所著《亨利八世》一书（1919 年版）第 39—40 页。——原注

2　Good Friday，基督教复活节前的星期五。——译者注

语，任用的谋臣多半是出身微贱的人：托马斯·沃尔西[1]的父亲是伊普斯威奇市一个贫穷卑贱的屠夫，曾因出售臭肉而名列该市的档案之中；托马斯·克伦威尔[2]不过是个小小的律师；托马斯·克兰默[3]只是个默默无闻的神学院讲师。亨利八世和他父亲一样，不信任世袭贵族，宁可延聘交际不广的人充当谨慎的智囊谋士。

亨利八世在执政初期宣布："我决不允许任何人摆布我。"他渐渐变得刚愎自用，狂躁异常。他发脾气的时候，令人望而却步。有一次他说，他不承认什么贵族，如果他的意志受到阻挠，"他将使他们人头落地"。在他执政的38年里，确实有许多人身首异处。

谋臣们在他身边感到左右为难。一旦他的主意已定，别人就很难说服他改变想法，一味劝阻只能使他更加固执；而且只要他开始做一件事情，倘不加以谏阻，便行之过甚。虽然他为自己能够容忍谋臣坦率地发表意见而感到自豪，但一般说来，在他打定主意之后，继续劝阻是不太明智的。托马斯·莫尔爵士[4]对沃尔西说："陛下认为，在咨诹善道方面，最坏的事莫过于谏议者坚持要采纳他的意见。"沃尔西和克伦威尔二人在失宠后都透露说，要想左右亨利八世的看法，唯一的秘诀在于防止他听到危险的主张。可是这一点是无法做到的。他经常同理发师、猎手、他的厨师，尤其同航海有关的各阶层人士谈话，搜集他们的意见，并且常常骑马外出行猎，有时一去就是几个星期。每年夏天，他到全国各地旅行，同黎民百姓保持密切的联系，因此比较了解他们。他天南海北无所不至，三教九流无所不交。

---

1 Thomas Wolsey（约1475—1530），英国政治家和红衣主教，英王亨利八世的大法官和主理国务的大臣，在位时加强封建专制王权。——编者注

2 Thomas Cromwell（1485—1540），英国政治家，曾任英王亨利八世的首席国务大臣，获封艾萨克斯伯爵，后被亨利八世判处死刑。——编者注

3 Thomas Cranmer（1489—1556），英国宗教改革后首任坎特伯雷大主教，对天主教英国教会变为英国圣公会成为英王私人教会做出贡献。——编者注

4 Sir Thomas More（1478—1535），英国政治家、作家、社会哲学家与空想社会主义者，曾当过律师、国会议员、财政副大臣、国会下院议长、大法官，为北方地区文艺复兴的代表人物之一。1516年用拉丁文写成《乌托邦》一书。后因反对亨利八世兼任教会首脑而被处死。——编者注

1509年，亨利八世在他父亲死后六个星期，便和他哥哥阿瑟王子的遗孀、来自阿拉贡的凯瑟琳公主结了婚。亨利八世当时年方十八，而凯瑟琳比他大五岁零五个月。凯瑟琳为了迷住他煞费苦心，结果如愿以偿。费迪南德和亨利七世在很早以前就筹划这门亲事，并且得到教皇的特许，因此亨利八世可以不受教会禁止近亲通婚这一规定的约束。当亨利八世听到这个消息时，他恨不得马上成婚。在亨利八世执政的头22年里，凯瑟琳一直守在他的身边。当时英格兰正在强盛起来，成为欧洲事务中不可忽视的力量。凯瑟琳到38岁为止，除了三四次短暂的失宠外，一直享受着亨利八世的钟情，约束他的蠢行，在得宠的时间里帮助他处理国事。亨利八世受到一系列严重的打击，要是一个意志薄弱的人遭此厄运，也许就会萎靡不振，但是他却很快安于自己的婚后生活。亨利八世刚过19岁生日，凯瑟琳王后生了第二个孩子，不幸却是死胎；一年后她又生了一个孩子，可是婴儿出世不久就死了，她先后生的五个孩子没有一个活下来。

*　　　*　　　*

亨利八世同他的岳父、阿拉贡王国的国王费迪南德保持长期联盟，这种联盟给英格兰带来了荣耀和富强。他拥护教皇，被授予基督教世界的君主所能得到的最高荣誉——金玫瑰（Golden Rose）。他遇事便请教已故父亲的重要谋臣，其中有国务大臣兼坎特伯雷大主教威廉·渥兰、温切斯特主教理查德·福克斯和达勒姆的主教兼国王秘书托马斯·鲁瑟尔。在他们的指导下，他一度实行了亨利七世一贯主张的政策，即只要法国继续纳贡就不介入欧洲事务。但是，他正站在欧洲新的政治斗争旋涡的边缘，是否应该跳进去呢？几年来，欧洲最富庶的一些城市多次易手，每一次都交纳贡金。各国的边界几乎每个月都有变化。凯瑟琳的父亲、阿拉贡国王费迪南德征服了那不勒斯王国以及法国边界地区的塞尔达涅省和鲁西永省。其他王侯的收获几乎同样可观。在亨利八世眼前展现着对外扩张的诱人前景，而他父亲任用的那些老迈谋臣们仍然坚守着和平的信条。亨利七世只有一次向海外派出英国军队，他倾向于使用外国雇佣军代劳。亨利八世此时则下决心要改变这一政策。

当时亨利八世对林肯的教长沃尔西已经观察了一段时期。沃尔西是多塞特侯爵发现的人才，他在牛津担任马格达伦学院院长时，侯爵的几个儿子在那里读书。侯爵很喜欢他，请他到家里过圣诞节，并且给他几份俸禄。后来，这位年轻的教士得到加来总督随军牧师的职位。沃尔西除了学识广博之外，还具有折冲樽俎的外交才能和财政经验，曾经担任马格达伦学院的财务总管。亨利七世发现了他的才能，把他从加来总督那里调到自己手下，派他到国外担任一个小官。1509 年 11 月，亨利八世提拔他到政务会任职，让他担任王室的施赈官员。他当时 36 岁。

两年后英国参加反法神圣联盟（Holy League against France），由此可见沃尔西的影响越来越大，因为他在那个星期里开始作为政务会的执行委员签署文件。他受命负责备战工作，他以前的学生小多塞特侯爵恰好是总司令。法国正忙于意大利境内的冒险活动，亨利八世想乘此机会重新占领 60 年前丢失的波尔多，费迪南德国王在这个时候入侵横跨比利牛斯山脉的纳瓦拉独立王国。教皇和威尼斯共和国正在意大利同法军作战。那是 1512 年，也是英军在百年战争以后第一次到欧洲大陆打仗。

英军远征加斯科涅的行动失败了。费迪南德占领了纳瓦拉全境。据英国驻西班牙大使威廉·奈特博士说，费迪南德仍然情绪高涨，他将大炮运过比利牛斯山脉，并邀请英国人和他一起对法作战。英国人发现，他们在玫瑰战争中学会的使用长弓和重甲骑兵的战斗方式，如今在大陆上已经不适用了。费迪南德和法国人都各自雇用了职业步兵。这些步兵是瑞士人和奥地利人，他们组成严密的方阵大踏步前进，密密麻麻的 18 尺长矛闪闪发光。当时的火器是原始的火绳枪，笨重不堪，引发缓慢，很难对迅速前进的方阵造成严重的杀伤。费迪南德在军事上向亨利八世提出许多忠告，建议他用已有的资金建立自己的强大常备军。但是，多塞特的军队既不适应法军的战术，也不习惯喝加斯科涅的葡萄酒，纷纷得了痢疾。亨利还没来得及采纳费迪南德的建议，队伍已经瓦解。士兵拒绝服从长官，溃散回国。多塞特也只好放弃无益的作战计划，随着士兵回国。经过 1512 年整个冬天的谈判，费迪南德和威尼斯人抛弃亨利八世和教皇，同法国人讲和。“神圣联盟”听起来相当响亮，其实不过是短命无效的政治联盟而已。

在英国，有人将连连受挫的责任推到国王的新谋士沃尔西身上。其实，正是在战争带来的艰巨行政工作中，他初次显示了才华和旺盛的精力。可是，政务会的俗界成员从战争一开始就反对由一名教士推行的战争政策，千方百计要赶他下台。而亨利八世和教皇则决不动摇。教皇尤利乌斯二世[1]曾经被法军围困在罗马城里，于是革除了法军全体人员的教籍。此时他留起了已经不合时尚的胡须，发誓不向法王报仇雪耻就决不把它刮掉。亨利八世是个事事不肯落后的人，他也蓄起了胡须。他的胡子和头发一样，是金棕色的。他还买通马克西米利安皇帝，雇用他的炮兵和大部分奥地利军队。据说法国人要求马克西米利安皇帝出兵时，他断然拒绝，说自己在这次战役中要为英格兰国王和圣乔治而战。

亨利八世采取的这些措施虽然代价甚高，却大有成效。在他的指挥下，英格兰人和奥地利雇佣军在 1513 年 8 月的“踢马刺之战”（Battle of the Spurs）中击溃了法国人。这次战斗以“踢马刺”命名，因为法国人在须臾之间仓皇败北。蜚声欧洲的骑士贝亚德和大批法国贵族一起被俘。法国东北部最富庶的城市图尔奈，一见到神圣罗马帝国大炮的影子便开城投降，被一支英军占领。更令人兴奋的是，留在英格兰担任摄政王的凯瑟琳王后从英格兰北部传来了捷报。

为了支援法国盟友，五万苏格兰军队在 9 月份渡过特威德河，入侵英格

1 Pope Julius Ⅱ（1443—1513），罗马教会第 218 位教皇（1503—1513 年在位）。——编者注

兰。理查三世执政时在博斯沃思战斗中阵亡的诺福克公爵有个儿子，即萨里伯爵托马斯·霍华德，此人家里被没收的财产尚未发还，然而他被授予指挥权。他久经沙场，对地形了如指掌，是多塞特失败后留在英国本土的唯一富有经验的将军。他在兵力上处于一比二的劣势，却果断地绕过苏格兰军队，插入敌军和爱丁堡之间。1513 年 9 月 9 日，一场血战在弗洛登菲尔德发生了。两军占据的位置都是面向自己的祖国。苏格兰动用了全国的力量，各地的贵族带着随从在国王周围列成传统的长矛圆阵。英格兰弓箭手又一次向咄咄逼人的苏格兰大军长时间地发射密集的羽箭，杀伤大量敌军；短兵相接时，英格兰步兵手中的战斧卓有成效地对付苏格兰人的长矛，英格兰骑兵则伺机楔入由于伤亡造成的敌阵空隙。夜幕降临时，苏格兰骑兵的精英已经战死沙场，他们的国王詹姆斯四世也在其中。这是英格兰的长弓取得的最后一次重大胜利。作为奖赏，萨里伯爵重获诺福克公爵领地。一个周岁婴儿继承了苏格兰王位，即詹姆斯五世[1]。他的母亲是亨利八世的妹妹玛格丽特，担任摄政王。从此，亨利八世统治时期的北方边界实现了和平。

神圣罗马帝国皇帝的女儿、奥地利的玛格丽特在布鲁塞尔举行盛大庆典。亨利八世这时已经 22 岁，无拘无束地“穿着衬衫”同帝国宫殿里的绝色美女通宵达旦地跳舞。米兰大使报告说：“他跳得惊人出众，灵活得像只牡鹿。”政务会禁止在英军中携带女人或进行赌博，但是这位大使补充说：“奥地利人为他提供了各种娱乐条件。”亨利八世则慷慨解囊作为酬谢，每次坐到赌桌前必定输掉大量金银，那些达官贵人见到这些厚礼无不心满意足。

1 James V（1512—1542），苏格兰斯图亚特王朝第七位国王（1513—1542 年在位）。——编者注

第四章 CHAPTER 4

沃尔西红衣主教

1513 年秋天，法国四面受敌。沃尔西通过马克西米利安皇帝雇用了一支瑞士军队，经由贝桑松入侵勃艮第。贝桑松是弗朗什 - 孔泰地区[1]的坚固首府，原是勃艮第的属地，当时由哈布斯堡王朝控制。第戎陷落了。法国抵挡不住这些瑞士人，便加倍征收人头税来雇用外国生力军。1514 年，亨利八世打算在法国重开战局，可是他的胜利不合西班牙费迪南德之意。费迪南德开始单独同法国媾和，还想拉马克西米利安皇帝一起签订和约。

针对盟国的背叛行为，亨利八世立刻予以反击。他首先侧重国内的防务，加强了海军，然后以有利于自己的条件同法国缔结和约。根据该和约的规定，他每年可以得到大笔贡金，这笔贡金的数目正好等于他父亲从法国所得贡金的两倍。媾和后的最大事件是亨利八世的妹妹玛丽公主和法王路易十二的婚事。玛丽年方 17 岁，而路易十二已经 52 岁。据说，玛丽迫使她哥哥许诺，如果她为了外交策略而完成这件婚事，下次她就可以为了爱情而自由择

1 Franche-Comté，现译弗朗什 - 孔泰（地区），位于法国和神圣罗马帝国之间。——译者注

婚。不管亨利八世许诺与否，玛丽确实是这样做的。她当了三个月的法国王后，法王路易十二就去世了，然后她便成了太后。她不顾亨利八世的不满，突然结束寡居生活，同萨福克公爵查尔斯·布兰登结婚。亨利八世按捺住怒气，参加了婚礼。后来，他们的婚姻产生了悲剧性的结局：他们的孙女就是后来当了10天英国女王的简·格雷。

*　　　*　　　*

在前往法国的新娘随从团中，有一位名叫玛丽·博林的少女。她是诺福克公爵的三位侄女之一，姐妹三个相继博得了亨利八世危险而致命的爱情。玛丽和她的妹妹安妮在法国宫廷下属的一所收费甚高的大学里受过教育。回到英国之后，玛丽嫁给内廷官员威廉·凯里，不久成为国王的情妇。她的父亲因此受封为罗奇福德勋爵。那时她的妹妹安妮仍在法国继续学习。

沃尔西由于在国外的胜利而大受奖赏。他在和谈期间受任林肯主教，签订和约之后升任约克大主教。一年以后，即1515年9月，由于国王的一再推荐，他一跃而为红衣主教。可是，这些接踵而来的宗教荣誉并没有给他带来充分的行政权力。1515年12月，亨利八世任命他为国务大臣，同时强迫前任国务大臣渥兰交出了国玺。

沃尔西以国王的名义实际统治英国达14年之久，这不仅是由于他的才干，也是由于他比较讨人喜欢。当时有人写道，他有“天使般的头脑”，想说服谁，就能把谁说得或恭维得眉开眼笑。他在国王的身边才华横溢，谈笑风生，也能“利用新鲜的娱乐方式寻欢作乐”，这一切特长使他博得了年轻主人的欢心。其他想充当亨利八世谋士的人对这位红衣主教则有截然不同的看法。他们由于在争论中被他轻蔑地战胜而心怀不满，他们讨厌他的傲慢态度，嫉妒他的无限权力和日益膨胀的财富。沃尔西在权倾朝野的时候，年收入约等于20世纪初的50万英镑。他有上千名仆人，宅第之富丽堂皇胜过王官。他把肥缺分给自己的亲戚和私生子。这个私生子还未成年，就担任 11 个教职，享受着这些职务的俸禄。这些因素积年累月地加深了人们对沃尔西的反感，但眼前，他如意地掌握着几乎任何英格兰人未曾拥有的大权。而对于大多数首相来说，所谓“眼前”并非一个短暂的时期。

由于亨利八世统治下的英格兰不断取得成就，他的威望也日益提高。当然，有许多人对头两年征收的战争税怨气冲天；可是在庆典和其他排场中挥霍大量金钱的同时，沃尔西又开辟了新的财源。亨利八世的臣民承担的税务同他父亲在位时一样少，比当时欧洲任何国家臣民的税务都轻得多。在英格兰北部，老百姓由于留宿士兵和支援边界战争而一概免交税金。

海外的胜利使沃尔西能够发展亨利八世的中央集权政策。在他担任国务大臣的 12 年里，只召开了一届国会。这届国会举行过两次会议，历时不过三个月。星室法庭更加活跃，仿照了罗马法[1]采用了一些新的简单程序，以取代普通法[2]中的证据规则。根据新的程序，法院只是把证人逐个找来盘问一番，省去了发誓的过场。当时断案迅速，罚款惊人，所以无人敢轻视星室法庭。有一次，加来驻军中的一名普通士兵打发妻子诉说加来总督对他处理不公，法庭倾听了她的全部意见。玫瑰战争之后成长起来的新一代已经习惯于王家法律和秩序，并且希望它们保持下去。

这种武断的统治制度尽管在理论上相当独裁，同《大宪章》的原则大相径庭，但实际上却得到了人民的默默拥护。亨利八世和他父亲一样，可以利用乡绅或地主这些不领报酬的地方法官[3]。他使用这些现成的人士，教他们如

1　Roman Law，产生于罗马奴隶制时期，历经多个阶段发展到影响世界的万民法。法律渊源包括具有立法权的会议制定的法律、元老院决议、皇帝敕令、高级长官（特别是执政官、裁判官）的告示、罗马法学家的解答等。——编者注

2　Common Law，英国通过长期巡回审判实践，在原有盎格鲁－撒克逊习惯法的基础上掺和诺曼人习惯法，约从公元 13 世纪起以判例的形式统一并形成全国普遍适用的共同的习惯法，相对过去的不统一的分散的习惯法被称为普通法。——编者注

3　Justice of the Peace（简称 JP），一种源于英国由政府委任民间人士担任维持社区安宁、防止非法刑罚及处理一些较简单的法律程序的职衔。其职责从维持治安逐渐扩展到提起公诉、审理囚犯，依法组成治安法官法庭。——编者注

何实行统治，并且命令他们执行相当复杂的政令和法规。在 16 世纪后期，出版了地方法官手册（Justices' manuals），后来再版多次，几乎包罗地方生活中可能出现的各种特殊情况。

都铎王朝的人们确实堪称英国地方统治制度的建筑师，这种制度几乎原封不动地维持到维多利亚时代。那些不领报酬的地方绅士由于有国王的支持而无所畏惧，秉公执法，通常是两三个人一起处理村里的日常纠纷。有关道路、桥梁和偷羊等略微重要一些的问题由城里每季开审的地方法庭审理。乡绅们的执法手段比较粗暴，他们常常把私人友情和宗派利益置于国家与王室的利益之上。虽然他们的主要职责是向人们传达国王的圣旨，但他们偶尔也有对政府的命令置若罔闻的时候，这个时候就反映了人民对国王意志的反抗。他们在下议院有时也敢于采取在郡里所采取的行事风格。即便在都铎王朝的统治即将达到全盛之时，国会里尽职的国会议员仍然敢于畅所欲言。沃尔西预见到这种状态的危险性，决意绕开惯唱反调的国会，单独决策。亨利八世和托马斯·克伦威尔知道下议院怀有敌意，学会了谨慎地同他们合作。尽管国内有时发生摩擦，乡村甚至发生骚动和暴乱，但总的说来，全国还是处于合作的气氛之中，因为国王和民众都意识到这种合作态度带来的好处以及它所展示的有利前景。

*　　　*　　　*

亨利八世继位几年之后便开始发展海军，而沃尔西则把注意力放在外交事务上。其实亨利八世已经造出当时世界上最大的军舰“长驱”号（Great Harry）。这艘军舰重达 1500 吨，“上下共有七层，配置的大炮多得惊人”。整个舰队是在亨利八世的直接监督下建立起来的，他命令舰队司令向他详细报告“每艘舰艇的航行情况”，直到英国控制英吉利海峡和爱尔兰海的时候他才表示满意。沃尔西在外交领域采取的措施也同样卓有成效。他在西欧组织了情报联络网，通过这个情报联络网，英格兰可以在马尔伯罗战役或威灵顿公爵那样迅速地接到情报。亨利八世精心培植的外交使团是这支情报网的核心，牛津大学用新学问[1]培养出来的干练人才充实了这支队伍。这批人才中有理查德·佩斯、约翰·克拉克和理查德·桑普森，后两人过了一段时间分别担任主教职务。在文艺复兴运动的高潮中，各条新闻同历史上任何时期的新闻一样紧密相连，富有色彩；关于每个事件、军队的人数、意大利城市的暴乱、红衣主教团的动向以及法国的税收都有详细地记载和谨慎地分析。在许多年里，沃尔西是欧洲的重要人物，具有举足轻重的影响。

这段辉煌的时期在 1520 年 6 月的"金帛盛会"[2]上达到了顶峰，当时亨利八世渡过英吉利海峡同他的对手法国国王弗朗索瓦一世首次会晤。据说，亨利八世的外表成为他犹豫不定的主要问题，他不知道是照常留着胡子好，还是把脸刮干净好。他听从王后凯瑟琳的劝导，刮去了胡子，可是马上又懊悔了，于是又开始蓄起胡须。到了会晤日期，胡子又长得十分浓密，足以引起法国人的惊叹。

在吉斯内附近举行的"金帛盛会"上，举行了骑士比武，大摆筵席，帐篷遍地，到处金光闪闪，人们的服饰堂皇，五彩缤纷，这一切使欧洲各国眼花缭乱。这是中世纪骑士的最后一次聚会。据说其中有许多人是拥有作坊、森林和草地的贵族。但是亨利八世和弗朗索瓦一世没有结下任何友情。其实，亨利八世早已开始同神圣罗马帝国的新皇帝查理五世谈判。查理五世不久前继承祖父马克西米利安的帝位，是法王弗朗索瓦一世的死敌。在这次盛会上，亨利八世企图靠自己的优良装备和灵活的手腕使弗朗索瓦一世丢脸。他凭着身高力大，突然提出要同弗朗索瓦一世角力。弗朗索瓦一世以迅

1 New Learning，指 15—16 世纪时对《圣经》原文及希腊古典作品的研究。——译者注

2 Field of the Cloth of Gold，英国国王亨利八世和法国国王弗朗索瓦一世于 1520 年 6 月在法国加莱地区举行的一场盛大会面活动，以期改善 1300 年到 1500 年来两国不断争战状态。庆祝活动期间举办了盛大的宴会、格斗比赛、舞会以及宗教仪式。因帐篷使用了大量金丝织物，后人称为"金布""金帛"。——编者注

雷不及掩耳之势将他一把抓住，猛地把他摔倒在地。亨利八世勃然大怒，但是被人劝住了。虽然仪式在继续进行，可是亨利八世不能忘却这种人身耻辱，仍在寻找新的盟友。不到一个月，他便同神圣罗马帝国结成联盟，因此再也得不到法国的贡金了。当神圣罗马帝国的皇帝查理五世对弗朗索瓦一世宣战时，英国人耗费大量的金钱组织远征军攻打布洛涅，雇用外国军队替查理五世效劳，所以沃尔西不得不筹措军费。在战争的第二年，他向全国征收一项财产税，还荒唐可笑地称之为“善意的赠礼”。当肯特和东部各郡起来抗捐时，亨利八世假装不知道有这笔税收。政府被迫采取守势，放弃了这场战役。沃尔西经亨利八世同意，秘密地向法国国王弗朗索瓦一世伸出了橄榄枝。

沃尔西的判断出现了致命的错误。短短的六个星期之后，神圣罗马帝国的军队在意大利北部帕维亚（Pavia）沉重地打击了法国人。这次战斗之后，亚平宁半岛全部落入神圣罗马帝国皇帝的手中。意大利大部分地区从此处于哈布斯堡王朝的统治之下，直到拿破仑入侵为止。虽然弗朗索瓦一世本人被俘，法国被迫接受了苛刻的和平条件，但是英格兰却没有分到胜利的果实。亨利八世再也不能对欧洲均势的天平造成影响。导致这一状况的责任显然要由沃尔西来承担。亨利八世感到，沃尔西红衣主教的决定权可能太大了。亨利八世执意要参观沃尔西正在牛津大学建筑的一所规模宏伟的新学院。这所学院叫作红衣主教学院[1]，后来叫做基督堂（Christ Church），是牛津大学里规模最大和基金最多的学院。亨利八世到达那里时，对大兴土木所花费的巨款感到震惊。他对沃尔西说：“真是怪哉！你能筹集如此巨额的款项来建立你的学院，却没有钱供我打完这场战争。”

多少年来，亨利八世一直离不开沃尔西。1521 年，他处死了白金汉公爵。白金汉公爵是理查三世手下白金汉的儿子，是有可能继承王位的危险人

1 Cardinal College，由红衣主教沃尔西创建，是牛津大学的学院之一，在近代产生了众多英国首相。——编者注

物。亨利八世的这一暴行使那些失意贵族的敌对情绪转移到国务大臣的身上。帕维亚战斗之后，亨利八世对许多问题进行了重新考虑。他感到，为了争取民心，必须牺牲沃尔西。他还考虑了王后凯瑟琳的问题。1525 年，王后已经 40 岁。在五年之前的“金帛盛会”上，法国国王弗朗索瓦一世背地里和他的朝臣嘲笑过她，说她已经“年老色衰”。

王后凯瑟琳是典型的西班牙公主，发育成熟得早，也衰老得快。她显然不会给亨利八世生出男性继承人了。可行的办法是通过《议会法》(*Act of Parliament*)确立亨利八世的私生子、年方六岁的里奇蒙伯爵为王储，否则英格兰也许会接受王后凯瑟琳九年前所生的玛丽公主，由她名正言顺地充当玛蒂尔达之后的第一代女王。在英格兰的法律中，女性可否继承王位仍不明确。英国人会容忍女人的统治吗？玛丽公主难道不会像她的西班牙母亲那样目光短浅、思想狭隘吗？在西班牙、法国或奥地利等充满军人的国家里，她也许能够当女王。可是英国除了伦敦塔的看守之外没有中央军队，无拘无束的英国人服从亨利七世和亨利八世皆出于自愿。她在这里能够站得住脚吗？她能够继承都铎王朝的传统，以恩服而不是压服的方法实行统治吗？

长期的玫瑰战争对英国是一场噩梦，如果发生王位之争，就会把英国再次拖入这样的噩梦之中。这些有关国家前途的重大问题处于亨利八世的情感支配之下，他在考虑这些问题时，色欲和保持国内安定的愿望交织在一起。亨利八世在这种矛盾中又度过了两年。很明显，第一步得摆脱王后凯瑟琳。1527 年 5 月，红衣主教沃尔西同亨利八世串通起来，以教皇使节[1]的身份在威斯敏斯特的红衣主教宅邸中召集了秘密教会法庭，传亨利八世出庭。亨利八世的罪名是同亡兄的寡妻结婚，触犯了禁止近亲结婚的教会法。亨利八世

1　Papal Legate，罗马教皇或罗马教廷派驻国外执行宗教或外交使命的代表的统称。一般分为特使、大使、公使和宗座代表四级。前三级被派往与罗马教廷有外交关系的国家，宗座代表被派往与罗马教廷无正式外交关系的国家。——编者注

结婚的依据是费迪南德和亨利七世在1503年争取到的教皇特许，其中大意说：鉴于凯瑟琳和阿瑟婚后没有房事，凯瑟琳在法律上不是亨利亡兄的寡妻，亨利可以同她结婚。凯瑟琳直到临死前还牢记几任西班牙大使的忠告，坚持说自己同阿瑟王子没有房事，可是无人相信她，因为她和阿瑟王子同居达七个月之久。

经过三天辩论，法庭决定把这个问题交给一些最有学问的英国主教去决定。有几位主教回答说，如果得到教皇的特许，那么这样的婚姻是完全合法的。于是，亨利八世又采取劝导王后凯瑟琳本人的措施，说他们从来没有合法地结婚，而是在乱伦的罪孽中生活了18年。他还说，他以后不想和凯瑟琳一起生活，因而希望她远离宫廷。王后凯瑟琳听了这番话泪如泉涌，坚决不肯离开王宫。

大约半个月之后，沃尔西渡过了英吉利海峡，同法国就双方结盟问题进行长期的谈判。在沃尔西出国期间，亨利八世公开地迷恋上了安妮·博林。安妮从法国学习结业回来后，已经是个24岁的机敏活泼的女郎了。她身材苗条，体质柔弱，有一对美丽的黑眼睛，又密又长的黑发披散下来，她甚至可以坐在头发上面。威尼斯大使写道："安妮并非世界上最漂亮的女子，她中等身材，皮肤较黑，脖子很长，嘴巴太大，胸部相当平。"她性急如火，直言不讳，盛气凌人，虽然不受多数人的欢迎，却很快网罗了一小批追随者，其中许多人明显地倾向于路德的新教派。有关安妮·博林在宫廷出现的消息，我们是从神圣罗马帝国大使的一份报告中了解到的。这份报告写于1527年8月16日，即写于亨利八世开始设法休妻的四个月之后。亨利八世是作出离婚的决定之后遇见安妮的，还是一开始就打算和安妮结婚呢？这对我们是永久的秘密，因为亨利八世对自己的私事向来守口如瓶。他在一两年之后说："三个人商量的事情，只有在两个人离开的情况下才能保密；倘若我认为自己的帽子知道我的秘密，我就把帽子扔进火里烧掉。"教皇的使节得到了亨利八世的情书，这些情书现在被保存在梵蒂冈的图书馆里。信中措辞漂亮，可是都没有签上日期，也没有披露任何情况，只是说安妮·博林几乎让他等了一年。

亨利八世一直受着沃尔西和凯瑟琳的小心监督。他以前也有过情妇，可是从来不敢公开来往。此刻宫中出现一位女郎，亨利八世每次都要和她一起度过几个小时，这种情况使人们惊讶不已。安妮和亨利八世计划派一名皇家特使去见教皇克莱门特七世，不仅要争取废除亨利八世的婚姻，还要得到立即再婚的特许，而这一切必须避开沃尔西派去的常驻罗马大使。年逾古稀而退出宦海的威廉·奈特被请回来担负这项艰巨的使命。他接到截然不同的两个行动方案，其中的一个方案未提再婚的问题，可以在去罗马途经贡比涅时给沃尔西看看；另一个方案才是奈特要执行的真正计划。沃尔西看到装样子的那套方案后，立即看出是无知的门外汉起草的。他急忙回国修改这个方案，因此知道了一切详情。他抓到了指导谈判的权力，可是任何紧急措施均告无效。奉命来英格兰审理亨利八世离婚一案的教皇使节坎佩焦红衣主教利用各种借口迟迟不作裁决。当时，意大利落入哈布斯堡王朝的手中，教皇处于神圣罗马帝国军队的威胁之下。1527 年，这支大军占领并洗劫了罗马，震动了欧洲各地。教皇成为查理五世的俘虏，后者决心要阻止亨利八世同他的婶子离婚。

这些事件使沃尔西受到了打击，亨利八世任用了新谋臣。诺福克公爵的一名追随者斯蒂芬·加德纳博士被任命为国王秘书。不久以后，剑桥大学的年轻神学讲师、同博林家族交情甚厚的克兰默博士对加德纳提出了有益的新建议，要把国王的婚姻是否合法这个问题从法院撤回，提交欧洲的大学去研究。亨利八世立即采纳了这项建议，召见克兰默并赠礼谢之。信使们分别带着信件奔赴欧洲的各个大学。同时，亨利八世签发了令状，召开已经休会六年的国会，以便在他策划的变革中加强自己的力量。一切已经安排就绪，不过不是出自沃尔西之手，而是由诺福克和加德纳完成的。沃尔西失宠后，退居到属他管辖而他从未去过的约克教区。有一次，他到格拉夫顿打算谒见国王，进宫后发现安妮也在那里。诺福克当面侮辱他，他还没有得到引见就被打发出来。

1529年10月9日，是沃尔西更为受辱的一天，国王法庭根据理查二世统治时期颁布的《侵害王权罪法》[1]对他提出控告。国会颁布的这些法规旨在确立国王法庭对教会法庭的裁判权，沃尔西惯于利用这些法规从违法行为中为国王获得金钱。该法规规定，任何人如果从罗马教廷或其他地方获准将案件移交罗马，到教廷控诉国王，使教廷革除国王教籍，导致教皇发出不利国王的训令或文件，或者“给国王本人、王位、王室和王国带来任何类似的不利后果”，他就失去国王的保护，他的全部动产将转归国王。国王法庭审理沃尔西案件时，诺福克和萨福克去沃尔西住处取国玺，这标志着他再也不是国务大臣了。沃尔西表示抗议，说他是终身国务大臣。第二天，诺福克和萨福克带着国王的敕令又去了，他们拿走国玺以后，赫赫有名的沃尔西红衣主教彻底崩溃，坐着失声痛哭，哀叹自己的厄运。

安妮得寸进尺，企图染指约克大主教们在伦敦的公共宅邸约克宫（York Palace），觉得它的大小对她和亨利八世很合适，大则可供他们的朋友寻欢作乐，小则使凯瑟琳王后无容身之地。安妮和她母亲带着亨利八世到大主教宅邸去察看红衣主教的私人财产，亨利八世看到那些财富不禁怒火中烧。他召集了法官和有学识的律师，问他们如何能合法地把人们认为永远属于约克大主教的公共宅邸归他所有。法官们建议说，应该由沃尔西声明把主教们的宅邸交给国王及其继承人。于是，国王法庭的一名法官奉命去找沃尔西。亨利八世的内廷官员乔治·卡文迪什留下了有关红衣主教末日生活的记载。据他的记载，沃尔西说：“我知道国王确有国王的胃口，你说呢，谢利法官？正义和良心能够容许我把不属于我个人和我的继承人的东西让与他人吗？”法官

---

1 *Statute of Praemunire*，亦译“王权侵害法令”，英国国会14世纪通过的一项法令，规定：禁止将涉及圣职推荐权的纠纷提交教会法庭，任何人在英国如按教皇权威行事则构成侵害王权罪，将丧失生命和财产，但得到国王同意者除外。该法令促进了英国王权至上和民族教会的形成。——编者注

谈了法律界同行们对这个问题的看法之后，红衣主教又说：“只要法官先生说我这样做是合法的，我绝不抗拒王命，如能满足国王陛下的愿望和志趣将不胜欣慰，在这个问题上尤其如此。不过，请你转告国王，我诚恳地希望国王陛下仁慈地记住这句话：有天堂也有地狱。”

一位红衣主教的谴责对亨利八世算不了什么，威胁也只能促使他采取更严厉的措施。除了以《侵害王权罪法》为依据提出的控告外，亨利八世还给沃尔西扣上了背着国王同法国国王联系的叛国罪名。沃尔西被控触犯《侵害王权罪法》的五天之后，诺森伯兰伯爵来到约克附近卡伍德的约克大主教宅邸，以颤抖的声音轻轻地说：“大人，你由于严重的叛国罪而被捕了。”红衣主教说：“你的逮捕令呢？让我看看。”“不行，你不能看。”伯爵答道。红衣主教说：“那么，我拒绝逮捕。”他们正在争论的时候，政务会成员沃尔什走了进来。红衣主教对他说：“现在倒是没有什么可说的了，我想你是国王的政务会成员沃尔什先生。我可以接受你的逮捕，但是诺森伯兰伯爵不出示逮捕令我是不服从的。你的政务会成员身份就是现成的逮捕令。最卑鄙的人不需要逮捕令，仅仅凭着国王的一声命令就可以逮捕英国最显要的贵族。”

白金汉公爵赴刑前在伦敦塔住过的牢房又收拾好，准备接纳沃尔西。沃尔西在押赴伦敦的路上突然病倒，他到莱斯特修道院过夜时，对出来迎接他的修士们说：“我到这里来是要把尸骨留给你们。”两天以后的早晨八点钟，他在弥留之际对围在床头的人们喃喃地说：“如果我为上帝也像为国王那样勤勉地服务，他就不会在我的垂暮之年将我抛弃了。”说完不久他就死了。人们发现他的上等荷兰亚麻衬衫里边有一件用头发编织的衬衣。这件头发衬衣对所有的仆人都是秘密，只有沃尔西的牧师知道。

一个新班子接过了沃尔西担任的国家要职：加德纳得到了英格兰最富庶的温切斯特主教教座，诺福克成为枢密大臣，萨福克当上了助理枢密大臣。在托马斯·莫尔爵士取代沃尔西担任国务大臣之前的几天里，亨利八世亲自在国家文件上盖上国玺。沃尔西红衣主教死后，一直受压的各派政治力量纷纷出来争权夺利。乡绅阶级想在伦敦干预国家事务的野心，文艺复兴时期文明富饶的英格兰要摆脱教士统治的愿望，还有各对立派别的赤裸裸权欲——这种种因素开始震动和激动英格兰全国。当时亨利八世38岁。

第五章 CHAPTER 5

同罗马决裂

克兰默提出的关于请各个大学对亨利八世和凯瑟琳王后的婚姻作出裁决的建议果然获得成功。作为回报，这位年轻的讲师被任命为驻神圣罗马帝国的大使。当时，连意大利波洛尼亚大学也宣称亨利八世有理，认为教皇不应违反近亲不得通婚这一重要法律。其他许多大学，如巴黎大学、图卢兹大学、奥尔良大学、帕多瓦大学、弗拉拉大学、帕维亚大学、牛津大学和剑桥大学也有同样的看法。亨利八世早就认为自己是正确的，这些大学的赞同似乎正式证明了他的正确性。他决定采取激烈的措施反对英格兰教会，以表示对教皇的不满。他提出这样的疑问：为什么给予教会避难权来抵制国王的法律呢？为什么允许教区的牧师拿着几份俸禄远离教职，而由俸禄低微的人替这些尸位素餐的人处理教区的事务呢？意大利人凭什么享受英国教区的收入呢？教士检验教徒死后的遗嘱和赠礼为什么要收费呢？亨利八世准备让有学问的下院议员提出改革的建议。

早在 1515 年，就有一次重大的事件动摇了教会在英格兰的权威。伦敦的成衣商理查德·亨恩起来反对教会征税，这场纠纷发展成对教会权威的勇敢挑战。结果亨恩被捕，被教会关进罗拉德塔（Lollards’Tower），后来有人发现他吊死在那里。这是自杀还是他杀呢？国会和伦敦市反对教会的态度越来越强硬，它们甚至反对伦敦主教本人。

但是，宗教改革的这段前奏被当时沃尔西的巨大权力压下去了。事过几年，下院议员们又急切地重新担负起自己的使命。议院所有懂法律的人组成了一个委员会，他们以空前的速度起草了必要的法案。在主教和修道院长仍然多于俗界贵族的上议院，修改避难权和取消殡仪费的法案得到了赞同，因为它们只影响下层教士的利益。可是当取消遗嘱检验费的法案提交上议院时，所有的主教，“尤其是”坎特伯雷大主教，双眉紧蹙，意见纷纷。代表老派势力的罗切斯特主教菲舍尔警告上院议员们说，宗教改革将引起社会革命，约翰·胡斯[1]领导的捷克全国性暴乱就是一例。

“议员先生们，”菲舍尔主教说，“你们每天都可以看到下议院提出的是些什么法案，这些法案有一个共同的目标，都是为了摧毁教会。看在上帝的分上，请诸位回顾一下，波希米亚以前是一个遐迩闻名的王国。那里的教会垮了以后，波希米亚王国也随之一落千丈。现在下院议员们的目的就是要‘打倒教会’，我认为，这只是由于缺乏信仰的缘故。”

下院议员们很快获悉这次大胆演说的内容，他们指出，菲舍尔主教最后几句话的言外之意是，下议院制定的法案不过是一些异教徒炮制的法案而已，没有保留的价值。以议长为首的 30 名下议院重要成员组成了代表团，向国王申诉。亨利八世召见惹出此事的主教们，要求菲舍尔作出解释。菲舍尔改口说，他是说波希米亚人缺乏信仰，而不是说下院议员们不够虔诚。其他主教也赞成这种解释。可是有些史籍说：“这种温和的辩解并不能使下院议员们满意。”上下两院进行了针锋相对的斗争之后，《遗嘱检验法案》（*Probate Bill*）才能在上议院通过，自此两院积怨甚深。在这次交锋之初，力主教会改

---

1 John Hus（约 1372—1415），捷克宗教改革家，著有《论教会》，后被以宗教异端处以火刑。——编者注

革的下议院便产生了团结一致的战斗精神。它的存续期比以往任何一届国会都长，一直积极采取有效的报复措施反对主教，因为它认为他们在《遗嘱检验法案》的问题上采取了推诿和欺骗的态度。下议院对主教们怒目相视达百年之久。

亨利八世早已对下议院的行动感到高兴，遇到包括神圣罗马帝国大使在内的许多人都要谈论一番。他说："我们已经下令对我国的宗教界进行改革。我们取消了教士们滥用权力摊派的税务，打击了他们的贪欲。我们还将禁止主教把任职第一年里的收入交给罗马教廷，而且不许教士享受双份以上的俸禄。"但是他同时声明，他仍然完全坚持正统教义，所做的只是遵循他年轻时熟知的科利特[1]和其他著名牧师所提倡的原则，即信奉天主教的人仍然可以批评教廷的制度。他说："如果路德只抨击教士的错误和弊端，而不是攻击教会的仪式和其他制度，我们本来都会支持他的。"他说了这番颇有道理而过于坦率的话之后，在罗马举行的关于废除他的婚姻问题的谈判遇到了更大的障碍。但是在他的一生中，别人的反对只能成为他的动力，他这一次也是决心说到做到。

1530年12月，检察总长控告全体教士触犯了14世纪时为了限制教皇的权力而制定的《侵害王权罪法》。教士们由于默许教皇使节沃尔西的许多高压手段，违反了这一法规。亨利八世在遗嘱检验的问题上利用国会的支持击败主教团之后认为，宗教会议不会再反对他了。当教皇使节鼓励教士坚决反对国王亨利八世时，教士们大吃一惊，并深表反感，没等教皇使节开口便求他不要给他们惹是生非，因为国王没有允许他们同他讲话。亨利八世赦免了教士违犯《侵害王权罪法》的罪过，因此向宗教会议索取了大量金钱，其中有坎特伯雷大主教辖区的10万英镑，有约克大主教辖区的1.9万英镑，这笔钱远远超过他们起初打算缴纳的数目。经过进一步谈判，亨利八世还得到了一个新头衔。

1 Colet，英国教士，人文主义者。——译者注

1531 年 2 月 7 日，教士们承认国王是他们的“特殊保护人和唯一的最高君主，甚至在不违反基督教教会法的情况下，奉他为最高的宗教首脑”。

自从 1529 年关于《遗嘱检验法案》的斗争结束以来一直处于休会状态的国会，此时又召开会议，为的是听取和传播国王关于离婚问题的观点。国务大臣莫尔在国会上说：“有些人说，国王谋求离婚不是出于良心上的不安，而是为了某一位女子的爱情。事实并非如此。”接着，他宣读了国外 12 所大学的意见，展示了外国学者所著的 100 本书，这些意见和书中的观点一致认定亨利八世的婚姻是非法的。国务大臣然后说：“现在，你们这些下院议员可以在各自的郡里披露在这里的所见所闻了。这样，每个人都会清楚地看到，国王要离婚并非像一些局外人传言的那样为了寻欢作乐，而是为了解除良心上的不安，也是为了保证王位的顺利继承。”

在这期间，凯瑟琳王后仍然住在宫内。亨利八世公开同安妮一起骑马游玩谈天，但仍然让凯瑟琳王后负责管理他的衣服，包括监督洗衣房和他内衣的制作。他要衣服的时候，是找凯瑟琳王后，而不找安妮。安妮非常嫉妒，可是亨利八世偏偏不肯改掉这个习惯。博林家族于是劝说凯瑟琳王后放弃这个权利。1531 年 6 月 1 日，诺福克、萨福克、加德纳、安妮的父亲威尔特郡伯爵、诺森伯兰和其他几个人晋谒凯瑟琳王后，她依旧拒绝放弃任何权利。最后在 7 月中旬，安妮和亨利八世一起出去打猎，远离温莎城堡，这次他们的出猎时间比以往任何一次都长。凯瑟琳王后等了一天又一天，一个月过去了，仍然没有接到国王要回宫的消息。信使终于来了，他报告说，国王即将回宫，可是亨利八世回来后并不想见王后，命令她立即前往赫特福德郡的穆尔，隐居沃尔西的旧宅。从此凯瑟琳王后和她的女儿玛丽被永远赶出了宫廷。

* * *

1531 年冬天，亨利八世遇到了最严重的危机。罗马教廷起草了要革除教籍的一份文件，命令他在半个月之内摒弃姘妇安妮，不过上面尚未写明具体的处罚措施。教皇的愤怒像阴云一般笼罩着英格兰，宫廷里的圣诞节也变得死气沉沉，一位编年史家记述道："人人都说那年的圣诞节没有演奏音乐，因为王后和侍女们不在宫内。"亨利八世像他在执政初期远征波尔多失败之后的困难日子里一样，要百折不挠地干到底，任何反对的措施只能促使他进一步坚定实施自己的计划。他向神圣罗马帝国大使炫耀过的关于主教向教皇缴纳任职第一年收入的法案已经起草完毕，以该法案作为应付最坏局面的一项斗争措施。该法案使亨利八世武装起来同教皇进行斗争，这场斗争将比《大宪章》之前的斗争更加激烈。该法案的绪论中写到，如果罗马教廷对英格兰采取革除教籍、停止宗教活动或强制性的法律措施，那么各种宗教仪式仍应照常进行，任何主教和牧师不得公布或执行褫夺教权令；如果被国王任命为主教的人由于教皇发令否认而无法就职，他应由大主教或受任而尚未上任的大主教执礼使之就职。作为教皇的主要收入来源，主教就任第一年的俸禄被缩减到原来数额的百分之五。

这是亨利八世设法获得国会批准的最困难的法案。他去上议院至少三次，而法案似乎仍然难以通过。后来他想出了一条别出心裁的妙计，把议院公开分为两派。"他想出一个办法，让那些心向国王、希望国家繁荣的议员站在一边，反对这个法案的人站在另一边。反对派当中有些人害怕国王发怒，改变了立场。"就这样，这个法案在经过一番重大修正后得到通过。

亨利八世的下一步行动是迫使教士服从王的无上权威。他责令下议院准备一份文件，叫做《反对宗教法院的请愿书》(*Supplication against the Ordinaries*)，以打击教会法庭的权力。宗教会议起初采取强硬态度，后来含糊其辞地表示顺从，但是亨利八世拒绝让步。最后，教士们同意了他提出的条款，使他成为英格兰教会的实际首脑。1532 年 5 月 16 日下午，当这份文件送交国王批准的时候，托马斯·莫尔爵士辞去了国务大臣的职务，以抗议国王掌握最高的宗教权力。他过去在各个方面一直努力为国王效劳，现在他发现，亨利八世的事业必将同他的坚定信仰发生冲突。

英国的宗教改革进行得比较缓慢。亨利八世看风使舵，试探着前进，直到英格兰彻底摆脱罗马的控制。在很大程度上，沃尔西为此铺平了道路。他在最艰难的岁月里支持过教廷，因此获得了只有教皇及其使节才能行使的巨大权力。因此，英格兰比基督教世界的其他地区更熟悉某个教士代行教皇职权的状况，这些权力也比较容易移交给国王。沃尔西亲手将教皇的权威比以往更广泛地参与到人们的生活之中，引起人们的不满。反对亨利八世离婚的主要人物、年迈的渥兰大主教于 8 月去世，这增加了亨利八世离婚的可能性，也带来了新的问题。亨利八世没有匆忙地任命新的大主教，他必须避免操之过急。如果发生斗争，主教会忘记自己在就任时对教皇的誓言吗？会不会发生暴乱呢？凯瑟琳王后的外甥、神圣罗马帝国皇帝会不会从低地国家进攻英国呢？法国的中立靠得住吗？

为了亲自衡量这些因素，亨利八世带着安妮·博林等寥寥数人前往布洛涅同法国国王弗朗索瓦一世会谈。他回国时顾虑全无。他确信可以任命引人注目的坎特伯雷大主教，便把克兰默大使从神圣罗马帝国召回来。克兰默结过两次婚，第二次是接受圣职之后在德意志以当地教士的新方式结婚的，配偶是一位著名的路德宗教士的侄女。当时英格兰仍然禁止教士结婚，克兰默的妻子只好乔装先行。克兰默本人于 1532 年 11 月 1 日在曼图亚向皇帝辞行，翌日动身，12 月中旬到达伦敦。一个星期之后，他被任命为坎特伯雷大主教，欣然走马上任。在亨利八世逝世之前，克兰默的妻子一直过着隐匿的生活，据说她随克兰默外出时，只好藏在一个特制的行李箱里。

一个月之后，亨利八世同安妮·博林秘密地结了婚。史学家们至今尚未确切查出婚礼在哪里举行以及由谁主持，只知道克兰默没有主持这次婚礼。后来克兰默和神圣罗马帝国大使都说，婚礼是在 1533 年 1 月举行的。在罗马天主教世界看来，亨利八世无疑犯了重婚罪，因为他和阿拉贡的凯瑟琳已经结婚 25 年，这庄婚姻尚未被罗马或英格兰的任何法庭或法案废除。而他却认为自己从来没有合法地结过婚，把这个漏洞留给律师和教士去修补。

克兰默以传统的程序就任大主教。亨利八世要求教皇批准，并且扬言要严格实行《初年圣奉法》[1]，对教皇进行威胁，结果得到教廷的批准。克兰默照例宣誓服从教皇，不过在此前后都宣布保留一定的权力。就这样，他以完整的仪式名正言顺地就任大主教。这个要把宗教改革进行到底的人得到了教皇的承认，并且被授予全权，这是至关重要的一点。他上任两天之后，向国会提交一项法案，法案授权坎特伯雷大主教审理英格兰教会法定的一切上诉案件，而这个权力以前一直是由教皇控制的。以后如果有人到国外起诉，则将根据《侵害王权罪法》的条例受到严重处罚。英格兰法庭作出的判决不受教皇的裁决或革除教籍的影响；拒绝主持圣礼的任何教士都有跨入牢门的危险。托马斯·克伦威尔负责起草的这个重要法案叫做《上诉法》（*Act of Appeals*）。该法案在预定的日期获得国会通过，废除了教皇在英格兰的残存权力。又过了一个月，亨利八世写信说，他是“国王和君主，除了上帝之外不承认任何权威，不服从世间的任何法律”。英格兰从此同罗马完全决裂了。

亨利八世开始运用所取得的至高无上的权力。1533 年 3 月，宗教会议面临着两个问题：哥哥生前已与嫂子同房，但死后无嗣，那么弟弟同嫂子结婚是不是违反教会法而不应得到教皇的特许吗？与会的主教和牧师作出了肯定的回答，而罗切斯特主教菲舍尔则持否定态度。阿瑟王子和凯瑟琳王后发生过两性关系吗？教士们的回答是肯定的，而菲舍尔主教的答复则是否定的。于是这位主教遭到逮捕，被关进伦敦塔。大约 10 天以后，诺福克公爵和国王的特使到安普希尔晋谒凯瑟琳王后，向她摆出应该主动让位的各种原因：她正在阻塞王位继承的道路，因为她的女儿不会被全国承认为女王；如果她

1　*Act of Annates*，1532 年英国国王在第三次宗教改革议会召开时提交了该法案。罗马教廷规定主教在就任新职时，要将自己头一年收入的三分之一上缴给教廷。而该法案将三分之一比例改为百分之五。——编者注

继续毫无道理地阻挡下去，英格兰可能陷入混乱之中；倘若她主动让位，她则仍将享有崇高的地位。凯瑟琳王后拒绝让位。于是诺福克等人向她宣布了宗教会议的决定。他们将采取措施剥夺她的王后桂冠，因为它已经不属于她了。凯瑟琳王后表示坚决抵制。但是特使们又宣布了另一条消息：不管怎样，凯瑟琳已经不再是王后了，亨利已经同安妮·博林结婚。

亨利的秘密婚姻就这样公之于世了。两个星期之后，克拉默在邓斯特布尔主持教会法庭的审讯工作，派一名讼监去安普西尔传凯瑟琳出庭。凯瑟琳拒绝出庭，克拉默大主教照样作出判决。凯瑟琳和亨利八世的婚姻是客观事实，但并不合法，它从一开始就是非法的。又过了五天，亨利和安妮的婚姻得到了法律上承认。6 月 1 日，安妮王后在威斯敏斯特大教堂加冕。

加冕一个月以后，人们明显地看出新王后怀孕了。产期临近之时，亨利八世陪她在格林威治，并且想尽办法使她免受烦扰。海陆边界同时传来非常不利的消息，亨利八世常常骑马到郊外召开政务会，以免王后猜测局势的严重性，但也可能是为了避开讨厌的人。国库里有一张价值连城、富丽堂皇的大床，是一名法国贵族的部分赎金，此刻为王后搬了出来。1533 年 9 月 7 日，后来的英格兰女王伊丽莎白在这张床上诞生了。

人们点起一堆堆篝火，以示庆贺，可是亨利八世的心中没有一丝欢乐。他盼望生个儿子继承王位，为此他不顾世界舆论，差一点儿犯了重婚罪，甚至冒着被教皇废黜和外国入侵的风险，不料生下的又是一个女儿。据记载，老保姆对亨利八世说："陛下想看看您的小女儿吗？" 亨利八世大发雷霆："我的女儿，我的女儿！你这个老东西，老妖婆，看你再敢对我胡说！" 说完他便跨马扬鞭奔出格林威治，离开了安妮。三天以后，他来到德高望重的老臣约翰·西摩爵士在威尔特郡的宅邸。西摩爵士有一个聪颖的儿子和一个颇有姿色的女儿，儿子在外交界供职，女儿以前是凯瑟琳王后的宫女。简·西摩大约 25 岁，虽有迷人之处，但并不是绝代美人。神圣罗马帝国的大使报告说："她的皮肤非常白，简直可以说是苍白。她并不很聪明，据说还相当傲慢。”不过她比较活泼，讨人喜欢，亨利八世因此爱上了她。

伊丽莎白出世以后，国内谴责国王及其宗教措施的呼声再也压不下去了。人们说：“既然在两位公主之间选择王储，那么为何不挑选嫡出的玛丽呢？”亨利八世对这种意见不予理睬，颁布法案立伊丽莎白为王储。1534 年 3 月，全国每一个达到法定成人年龄的男女都被迫宣誓遵守这个法案，反对在英格兰树立外来的权威。教士没有得到特许则无权传教，当局还为所有的教堂规定了义务祈祷文[1]，其中有这样一段话：“亨利八世是英格兰天主教教会的最高领袖，地位仅次于上帝，安妮是他的妻子，他们的女儿伊丽莎白公主是他们的继承人。”谁要是明确宣称国王是暴君或异教徒则犯逆君之罪。亨利八世的统治日益专横，后来有成百上千的人由于犯了此罪被处以绞刑、掏出内脏或者惨遭肢解。

拒绝宣誓效忠的菲舍尔和托马斯·莫尔爵士在伦敦塔里关了好几个月。开庭审判时，莫尔为自己进行了有力的辩护，但是国王以前对他的信任已经变成极度的反感。在国王的压力下，法官判他犯逆君之罪。菲舍尔蹲在伦敦塔铁窗之内的时候，教皇任命了七名红衣主教，其中的一名是“被英格兰国王投入囹圄的罗切斯特主教约翰”。亨利八世听到这个消息后曾经几次怒气冲冲地说，他要把菲舍尔的脑袋送到罗马，好去戴红衣主教的帽子。1535 年 6 月，菲舍尔被处死，莫尔在 7 月也遭到同样的下场。对于他们的死，亨利八世应负主要责任，这是他一生中的污点。教皇不久便开除了他的教籍，并且在名义上废黜了他的王位。

莫尔和菲舍尔反对国王在教会内拥有最高统治权，这是英雄的壮举。他们认识到现存天主教制度的缺点，但是也反对和害怕那种破坏基督教世界统一的咄咄逼人的民族主义情绪。他们看出，同罗马的决裂必然导致肆无忌惮的暴君专制。莫尔挺身保卫的一切，都是中世纪人们认为最美好的东西，他

1 Bidding prayer，英格兰教会的会众必须根据国王的吩咐为某人祈祷。——原注

在历史上代表中世纪的普遍性、它的宗教信仰以及对来世的希望。亨利八世的血腥刀斧不仅砍死了一位聪颖睿智的谋臣，也砍死了一个制度。这个制度虽然没有实现自己的理想就中道夭折，但它却以美好的理想点缀了人类社会发展的伟大历程。

* * *

安妮再次怀孕的消息传出来时，亨利八世仍在追求简·西摩，他这次拒绝同安妮保持任何联系。安妮形容憔悴，病魔缠身，恰似一朵凋谢了的鲜花。过去亨利八世一小时也离不开安妮，但这时宫廷里纷纷传言说，他三个月以来只和安妮说过十次话。安妮忧心忡忡，担心会发生一场反对她和襁褓中的伊丽莎白而拥护凯瑟琳和玛丽的暴乱。她没有同国王和政务会商量，私下派保姆去见玛丽，向她作出各种允诺，要求她发誓遵守《王位继承法案》（*Act of Succession*）并放弃继承王位的权利，接着又对玛丽进行一番威胁，但是玛丽决不让步。一天，保姆汇报了此事的波折之后，安妮潸然泪下。接着，她的叔叔诺福克公爵走进屋里告诉她说，亨利八世在打猎时受了重伤。安妮在惊恐之中几乎昏了过去，五天之后不幸流产。

亨利八世对安妮非但不同情，反而大发雷霆。他去看望安妮时一遍又一遍地说："看来上帝不让我有个儿子。"他转身要走时生气地对安妮说，等她好一点儿的时候要找她谈谈。安妮回答说，她没有生下这个孩子并不是自己的过错，是因为听到亨利八世摔伤的消息受了惊，还说她对亨利八世的爱远远超过凯瑟琳对亨利八世的感情，所以看见他爱上别人时芳心欲碎。安妮一提到简·西摩，亨利八世就怒发冲冠，拂袖而去，一连许多天不肯见她。简·西摩被安置在格林威治。她的一名男仆被神圣罗马帝国大使所收买，我们因此有幸听到亨利八世求爱的故事。

有一天，亨利八世从伦敦派一名听差带着装满金子的钱袋和他的亲笔信去见简·西摩。她吻了亨利八世的信，不过没有打开就还给了听差，然后跪下说："请你恳求国王从我的谨慎行为中理解到，我是白璧无瑕的大家闺秀，十分珍惜自己的名誉，宁可玉碎，也不愿玷污名声。如果国王陛下想送给我一些金钱作为礼物，请他等到上帝给我找来丈夫的时候。"亨利八世大喜过望，赞赏她的高尚品德。为了表示自己也有同样高尚的动机，他保证以后只有她的亲属在场的时候才同她讲话。

1536 年 1 月，凯瑟琳王后去世。如果亨利八世打算再次结婚，他此时可以遗弃安妮王后而避免人们对他先前的婚姻提出难堪的问题。西摩家族的人早已四处散布说，安妮王后盼子心切，生下伊丽莎白不久便对国王有了不忠的行为，和几个情人胡来。这件事如果证据确凿，定是死罪无疑。于是安妮王后受到监视。一个星期天，年轻的朝臣亨利·诺里斯和弗朗西斯·韦斯顿爵士走进了王后的房间，据说有人听到他们向她求爱。第二天，一张羊皮纸文件送到亨利八世面前，文件建议授权政务会成员和法官成立一个有力的陪审团，由国务大臣或四个陪审团成员主持工作，专门调查和审讯欺君之罪。亨利八世签署了这份文件。星期二那天，政务会进行了审讯，从白天审到夜晚也没有得到充分的证据。下一个星期天，善于弹奏琵琶的内廷官员斯米顿被当作王后的情人逮捕起来。斯米顿后来在酷刑之下承认了罪状。到了星期一，诺里斯在格林威治参加了五月骑马比武大会，亨利在比武大会结束以后骑马赶回伦敦时把他叫到自己身边，说出自己的怀疑。诺里斯矢口否认，但是仍然遭到逮捕，身陷伦敦塔的铁窗之内。

当天夜晚，安妮得到了斯米顿和诺里斯被捕的消息。第二天早晨，她被政务会传讯。虽然主持审查的是安妮的叔叔诺福克公爵。她后来抱怨说，对待英格兰的王后不该如此粗鲁无礼。审查结束时，安妮王后被关押起来，等待涨潮时押往位于上游的伦敦塔。这个消息不胫而走，许多人及时赶到河边，看到一只游艇载着她迅速向上游驶去，有一队士兵押船，她的叔叔诺福克公爵以及宫廷里的两位大臣牛津勋爵和桑兹勋爵也在船上。她在逆臣门被移交给伦敦塔总监威廉·金斯顿爵士。

当天晚上，亨利八世的私生子里奇蒙伯爵在约克宫里照例向他问晚安时，亨利八世大哭，说："感谢上帝的大慈大悲，你和你姐姐玛丽才免遭那个婊子的毒手。她想加害你们俩。"亨利八世经常呼酒买醉，想借此忘却自己的羞辱。神圣罗马帝国大使对此有过描述，他的描述可能带有一定的偏见："在安妮等人遭到逮捕之后，亨利国王比以前更加高兴了。他和女人在外边到处进餐。有时他过了午夜才沿着河边回宫，然后在宫里还要欣赏乐器的合奏和婉转的歌声。这些演奏者则尽力献技，以衬托出亨利摆脱那个瘦老太婆之后的愉快心情。"其实，安妮王后当时年仅29岁。这位大使还写道："最近亨利同卡莱尔主教以及一些命妇一起参加了晚宴，第二天早晨卡莱尔主教告诉我说，亨利高兴得几乎发狂。"

星期五上午，一周前组成的特别法庭开庭审讯安妮的几个情人，法庭的成员中有安妮·博林的父亲威尔特郡伯爵和最高法庭的几乎所有法官。12名骑士奉命组成特别陪审团，判决被告有罪。这几个被告被判处绞刑、掏出内脏并断去四肢，但是必须等到审讯安妮之后方能行刑。三天以后，特别法庭在伦敦塔的大厅里对安妮进行了审讯。占当时贵族人数一半的26名贵族坐在审判台上，主审法官是诺福克公爵，他为了主持这次审讯受命为上议院议长[1]。国务大臣托马斯·奥德利爵士出生于平民家庭，无权审讯王后，所以只能坐在诺福克公爵身旁充当顾问[2]。律师席上坐着奉王命而来的伦敦市长、郡守代表团和平民代表。伦敦塔总监的副官埃德蒙·沃尔辛厄姆爵士将安妮王后带上法庭听取检察长宣读起诉书。其中开列的罪状包括：对亨利国王不贞；答应在国王死后同诺里斯结婚；把挂在项链下端的有毒金属盒交给诺里斯，让他毒死凯瑟琳和玛丽；同她哥哥有乱伦行为；等等。安妮王后坚决否

1 英国贵族受审时，由上议院议长主审。——译者注
2 国会大臣一般兼任议长，如果奥德利是贵族出身，则理应主持这次审讯。——译者注

认各条罪状，并且逐个做了回答。贵族们退庭稍作商议，然后出庭宣判安妮有罪。诺福克公爵宣布了法庭的判决：判安妮王后火刑或砍头，究竟采取哪一种刑罚由国王决定。

安妮勇敢镇定地面对以上的判决。她说，假如国王允许，她愿意象法国贵族那样在刀下归天，而不要像英国贵族那样在斧下丧身。她的愿望得到国王的同意，但在他的版图之内找不到能够用刀行刑的刽子手，死刑只好从星期四推迟到星期五执行，等候神圣罗马帝国所辖的圣奥梅尔借用一名使用砍刀的刽子手。星期四夜晚，安妮几乎没有合眼。伦敦塔的院子里正在搭起一座大约五英尺高的断头台，锤子的叮当声在远处隐约可闻。天亮以后，众人陆续来到院子里，不久国务大臣和亨利的儿子里奇蒙伯爵、克伦威尔、伦敦市市长以及各郡郡守也来了。

1536 年 5 月 19 日，伦敦塔的总监带着安妮出现在刑场的时候，刽子手早已拄着沉重的大砍刀在那里等候了。安妮穿着一件用皮毛镶边的灰缎子晚礼服，里边衬着一件猩红色长袍。她选中这件晚礼服是为了露出脖子，便于行刑。当局给她许多钱，让她施舍给在场的百姓。她对周围的人们简短地说："我到这里来并不是为了向你们说教，而是要在这里结束生命的历程。请你们为国王祈祷吧，他是个好人，尽量公平地对待我。我并不埋怨任何人为我招来了死神，不埋怨法官，也不埋怨其他人，因为我触犯了英格兰的法律，情愿一死。"说完，她取下嵌着珍珠的头饰，露出为了避免妨碍行刑而扎起来的头发。

当一名宫廷侍女用布蒙住她的眼睛时，她跪下来说："请为我祈祷吧。"在念主祷文之前，她低下头轻轻地说："愿上帝保佑我的灵魂。"刽子手走上前来举起砍刀的时候，她又说："愿上帝保佑我的灵魂。"一道寒光嗖的一声在空中闪过，刽子手便完成了他的任务。

安妮被处决完毕的消息报来以后，亨利八世穿上了黄衣服，帽子上插着一根翎毛。十天以后，他在以前的伦敦主教宅邸同简·西摩秘密结了婚。她温柔体贴，是亨利长期盼望的理想妻子。安妮则盛气凌人，也容易感情冲动，一位外国大使在她被处死的前两年写道："这个女人想做什么事情，任何人都不敢反对她，即使敢于反对，也无力做到，甚至连国王本人也不例外。据说国王完全服从她的意志，不希望她做某种事情而她偏要做，还故意大发脾气。"简·西摩却恰恰相反，虽有傲气，但温文尔雅。亨利八世同她和睦愉快地度过了一年半的时光。她是亨利八世所惋惜悼念的唯一王后，在生下一个孩子以后，于 28 岁的芳龄便去世了。亨利为她举行了隆重的葬礼，将她葬在温莎的圣乔治教堂。后来，他自己长眠在她的身旁，他们的孩子成为爱德华六世。

第六章 CHAPTER 6

关闭修道院

简·西摩当王后的时候，宫廷里气象升平，但英格兰农村却怨声载道。亨利八世越来越感到财政紧张，因此教会的财产显得越发诱人。在审讯安妮之前，他曾亲临上议院推荐一项法案，要关闭不满 12 名修士的小修道院。全国将近有 400 所这样的修道院，它们每年的地租总数是一笔相当可观的收入。修道院长期以来日益衰落，做父母的越来越不愿意送儿子去当修士。修道院只好到农村去招收修士，常常打破社会等级观念，吸收贫苦佃农的儿子。即便这样，它们仍然招不到足够的新手来填补空缺。在一些修道院里，修士们失去了维持下去的信心，他们挥霍教徒的捐款，砍伐森林，典当金银餐具，任凭房舍失修倒塌。多年以来，来访的教士发现了许多严重的不正当行为。关闭修道院的主意并不新鲜，沃尔西当年为了筹措资金建立红衣主教学院曾经关闭几所小修道院，从那时起，亨利八世也关闭了 20 多所修道院来充实他的金库。小修道院的修士将调到大修道院去，或者领取年金被遣散回家。国会对这些措施感到满意，因而对关闭小修道院的决定未加阻拦。1536 年夏天，钦差大臣奔赴各地，努力从速解决上述事宜。

此时托马斯·克伦威尔充当亨利八世的新顾问。他在意大利参加过雇佣兵，后来先后当过绸布商和高利贷者，并在沃尔西手下当过差。他在沃尔西手下学到了治国理政的本领，也吸取了沃尔西倒台的教训。他残忍无情，不择手段，玩世不恭，是一个新时代的人。他野心勃勃，精力充沛，机敏过人。他继沃尔西担任国务大臣时，没有像失宠的红衣主教那样讲排场、爱浮华，而是在政教两方面取得了更实际的成就。在辅佐朝政期间，克伦威尔采用新的统治方法代替了现成的制度。几百年来，国策一直由王室制定和执行的，亨利七世改进了这个制度，但在某种意义上，他仍然是中世纪的国王。托马斯·克伦威尔在十年执政期间彻底改革了这套制度，到 1540 年他失宠下台的时候，政府各部门早已开始在王宫之外单独执行政策。他开创了现代英国的政府机构，这一点虽然不像他的其他业绩那样醒目动人，但大概可以说是他的最伟大的成就。他尽管没有得到人们的纪念，仍然是我们伟大国家机构的建筑师。

作为国务大臣，克伦威尔负责关闭小修道院的运动。对此，他采取了冷酷的手段，显示出超人的能力。这个运动受到富有阶级的欢迎，豪门显贵和乡绅以优惠的代价得到各种富庶的领地，有些邻近的商人、市民和朝臣也买到或租赁了被没收的教会土地。许多乡绅长期在修道院的领地上担任总管，这时也把他们世世代代所管理的土地买了下来。中产阶级对教会的特权和财富深感不满，他们反对这些没有参与经济活动的人却能够获得国民收入的过大份额。亨利八世因此确信可以得到国会和富有阶级的支持。从这些关闭的修道院里出来的修士总共约有 1 万名。他们得到了数量可观的年金，因而他们当中的绝大多数人面对这样的结局如释重负，或者镇定自若。其中有些人甚至和修女结婚，许多人则成为大教堂里受人尊敬的教士。通过关闭小修道院，大批土地转归国王所有，这些土地上的进项每年可达 10 万英镑之多。国王还通过出售和租让修道院的其他不动产获得了 150 万英镑，这笔钱可能远远低于那些不动产的实际价值，但它在当时确是一笔巨款。这些交易的主要结果，是使地主阶级和商人阶级站到拥护宗教改革和支持都铎王朝的立场上，即令亨利八世没有这个打算，实际效果也确实如此。

关闭修道院对普通民众的直接影响则难以说清。坚强的雇佣阶级似乎并没有遇到普遍的失业现象，也没有陷于贫苦困境，但是在很长的一段时期里，那些单纯依靠修道院的慈善事业生存的许多贫穷病弱的人无人照管。这种现象在北方尤为严重。

在传统势力异常顽固的北方，新制度遇到的阻力比南方大得多。因而世俗新地主可能比原来的教会地主严酷得多。但是，开始圈地的不仅有俗界地主，在宗教改革以前有的大修道院已经通过某种方式圈地，以便促进农牧业生产。为了满足日益增加的人口和不断发展的纺织业的需要，英国农村开始从农耕转向畜牧业，辽阔的教会领地经过它们的新主人乡绅阶级和商人阶级的新式经营和投资，提供了更多的收益。人们有时指责说，宗教改革运动带来了现代经济制度中所特有的弊端。这些问题即使被认定为弊端，它们早在亨利八世开始怀疑自己第一次婚姻合法性的很久以前就已出现。托马斯·莫尔早已在《乌托邦》[1]一书中向他同时代的人指出了新经济制度的缺陷，不过他生前来不及看到自己的预言实现。

在宗教信仰方面，宗教改革运动也带来了深刻的变化。《圣经》广为流传，它有新的权威，而老一代人则认为，只有教士才可以念《圣经》,《圣经》一旦到了无知的人手里是很危险的。诺福克公爵曾经说："我从来没有读过《圣经》，以后也不想读。新学问出现以前，英格兰真是歌舞升平。唉！但愿一切都像过去那样。"由廷德尔和科弗代尔译成英文的《圣经》全文早在1535年秋末就出版了，此时已经再版多次。政府命令教士鼓励百姓念诵《圣经》，有些人还颇有根据地说，亨利八世在宗教方面的代理人托马斯·克伦威

1　*Utopia*，1516年首版的英国空想社会主义学者托马斯·莫尔的著作，借旅人之口对英国当时情况进行观察与批判，描述了一个以"乌托邦"命名的理想国。——编者注

尔曾经推动《圣经》的翻译工作。在米迦勒节之前，如果没有主教在场，任何人都无权传教，连得到特许权利的教士也不例外。1536 年 8 月，克伦威尔下令用英语讲解主祷文和圣训，不许再用拉丁文。克兰默为了开导众生而拟定的《基督教徒守则》（*The Institution of a Christian Man*）翌年问世，反映出拥护新宗教观念的明显倾向。这是一个巨大的变化，也是新的启示。老百姓的情绪激动异常，在天主教根深蒂固和经济落后的北方尤其强烈。

* * *

秋天，过了米迦勒节开始征收新的税款时，英格兰北部及林肯郡的农民和乡下佬聚众抗捐，发誓保卫教会的旧制度。这场暴乱是自发的，得名为“求恩巡礼”[1]。暴乱的领袖是众人推举出来的罗伯特·阿斯克[2]律师。贵族和上层教士没有参加暴乱。暴乱者在人数上远远超过国王征集的军队，而且国王除了卫队之外没有别的正规军，但是亨利八世立刻显出了沃尔西所说的“国王的胃口”。他拒绝同暴乱的队伍和解，林肯郡的乱民扣留了他的税吏以后，他写了一封杀气腾腾的信：

> 这伙人可恶至极，如果不能说服他们解散，如果不能把他们的 100 名首领套上枷锁交给副官任意处置……我们就无法挽救他们。我们已经派萨福克公爵率领 10 万骑兵和步兵携带军火和大炮兼程前往。……我们还准备了另外一支大军，等乱民一离开他们的住地，这支军队就要开进去毫不留情地焚烧劫掠并消灭他们的妻儿老小。

1 Pilgrimage of Grace，1536 年秋英国林肯郡、约克郡以及坎伯兰郡发生的一场大规模农民暴动。此次暴动起因为英格兰北方民众反对宗教改革。——编者注

2 Robert Aske，“求恩巡礼”暴乱的领导人，起义失败后被处以死刑。——编者注

后来税吏们报告说，老百姓总的说来准备承认国王是教会的最高领袖，这次允许他除了所要求的拨款之外享受教会的什一税等进项。他们说："不过，他这一生中别再指望下议院拨给任何款项，也别想再关闭修道院。"他们仍然对国王挑选的枢密院成员感到不满，要求罢免克伦威尔、克兰默和四名主教，因为这些人有散布异端邪说的嫌疑。

亨利八世坚决地回答说："我从来没有读过、没有听说过、也没有见过君主的枢密院成员和高级教士由粗俗无知的老百姓任命。……你们这些在英格兰最野蛮、最落后的一个郡里生活的老百姓粗鲁而没有经验，却胆敢对国王吹毛求疵，真是放肆。……至于关闭小修道院，这是我国的教俗两界贵族批准的，是《议会法》允许的，并非像你们到处散布的那样由枢密院成员任意决定的。"亨利八世还说，如果叛乱者不投降，就会和他们的妻子儿女一起成为刀下之鬼。约克郡暴乱者也和林肯郡等地的暴乱者有同样的目标，他们的誓言清楚地反映了这一点："我凭着对上帝的信仰忠诚地起誓……坚决把英格兰的败类和奸臣从国王陛下身边和枢密院清扫出去，坚决保护基督的十字架，坚持基督的信仰，振兴教会，打击这几个异端派和他们的邪说。"

1537 年初，叛乱像它兴起时那样迅速地瓦解了。亨利八世决心严惩一些叛乱首领，以示儆诫。仅在卡莱尔一地的大审中，就有 70 人作为逆贼被绞死。当得胜的诺福克将军想对叛乱者宽容一些的时候，亨利八世说他希望多处决一些人，最后总共有 250 多名叛乱者被处死。

叛乱者所反对的是税收和关闭修道院，而亨利八世作出的回答是增加税收，并且在镇压叛乱之后立即开始关闭较大的修道院。政府继而采取措施进一步打击传统教派，在巴黎印刷了大量的英文本《圣经》，这个版本比以往任何一版都大，装帧也最漂亮。1538 年 9 月，政府下令每一个教区购买这一版的《圣经》放在每个教堂里，使全区的教徒可以方便地拜读同一版本的《圣经》。伦敦的圣保罗大教堂购置了六部这样的《圣经》，整天都有许多人挤在那里拜读，据说有声音洪亮的人朗读的时候，人数更多。以后的各种版本

《圣经》均以这一版为基础，詹姆斯一世统治下出版的钦定英译本也不例外。

*　　　　*　　　　*

到此阶段为止，托马斯·克伦威尔在政治舞台上始终一帆风顺。但从这时开始，他遭到了保守主义老派贵族的反对。他们非常欢迎这场政治变革，但希望宗教改革在国王取得最高宗教权力之后立即停止，同时也反对克兰默及其追随者对教义作出改动。这股反对势力的核心人物是诺福克公爵。除了情思恍惚和杂念横生之时，亨利八世能坚持正统思想，因而此时也赞同他们的主张。诺福克一帮的军师是温切斯特主教、后来玛丽女王的智囊斯蒂芬·加德纳。这些首要人物极力指出：法国和神圣罗马帝国可能会入侵英国，实现教皇对亨利作出的废黜王位的判决。亨利本人感到不安，想避免在宗教方面同欧洲列强彻底决裂。天主教的阵线非常强大，克伦威尔在国外能够找到的盟邦只有德意志的弱小诸侯。诺福克的反对派牢记这些重大分歧，静待时机。时机果然来临了。同亨利八世统治时期的其他许多事情一样，这次时机是由他的婚事带来的。

亨利八世拒绝在教义和宗教仪式改革的问题上顺应大陆上的路德宗，因此克伦威尔所能做到的只有谋求同德意志北部的路德宗诸侯建立联盟，把学识渊博的路德宗教士请到英格兰，还有为英格兰的一位公主或者为亨利八世本人同德意志联姻。亨利八世此时已是鳏夫，他打算与大陆上的克利夫斯公国[1]联姻，因为后者在某种程度上和他有着共同的宗教立场，既痛恨教廷，又限制路德宗的发展。这时，外交格局发生了惊人的变化。法国和神圣罗马帝国的大使一同前来谒见亨利八世，他们告诉他说，法国国王弗朗索瓦一世邀请正在西班牙领地的神圣罗马帝国皇帝查理五世在前往根特镇压叛乱时过访巴黎，查理五世接受了这一邀请。这两位君主决定不记旧怨，携手合作。

1　Duchy of Cleves，现在德国境内。——译者注

为了反对两个天主教国家的君主，英国必须同德意志北部诸侯结盟，于是加紧进行有关亨利八世和克利夫斯公国的最大公主安娜结婚的商议。克伦威尔报告说，安娜公主的美貌有口皆碑。“人人都说她身材优美，面似桃花。有一个人说，她的花容月貌远远胜过米兰公爵大人，恰似金色的太阳胜过银色的月亮。”宫廷画师、当代的著名画家霍尔拜因已经奉命前往为安娜公主画像，现在到罗浮宫[1]还可以看到他给安娜公主画的肖像。安娜公主不上像。英国驻克利夫斯公国大使提醒亨利八世说：“这幅像画得很真实。”他还说，安娜公主只会讲德语，不会唱歌，也不会弹奏任何乐器，大部分时间都用来做女红。她年已 30，身材颀长，面容神情坚定而自信，脸上有些浅麻子。但是，据说她聪明活泼，饮啤酒也有节制。

安娜公主在加来度过了 1539 年的圣诞节，在那里等待风暴平息。在那一年的最后一天，她到达了罗切斯特。亨利八世乔装乘自己的游艇去迎接她，带去的礼物中有一张上等的黑貂皮。他在元旦那天怀着急切的心情去看安娜公主，可是一看到她便惊讶不已，大失所望，路上细心盘算好的拥抱、赠礼和问候等一整套计划统统抛到九霄云外。亨利八世咕哝了几句就回到游艇上，沉默了很久，最后他闷闷不乐地说：“我在这个女人身上丝毫看不出人们所说的优点，奇怪的是，那些明智的人竟然作出这样的报告。”他在动身返回时对克伦威尔说：“任凭别人怎么说，她可一点也不美。她只是身材比较匀称，别无可取之处。……如果我早就知道这些情况，她绝不会有机会到英国来的。”他还私下给安娜起个绰号，叫做“佛兰德母马”（Flanders mare）。

国外面临的严重威胁，迫使亨利八世不得不履行婚约。他后来对法国大使说：“你们当时把我逼入了困境，但是谢天谢地我还活着，我的力量也并不像人们预料的那样弱小。”他这时同欧洲的任何人一样深晓有关婚姻的教会法，没有同安娜发生两性关系，因此在法律上为那些想离婚的男子树立了无

1　Louvre，巴黎的宫殿，现在是博物馆。——译者注

懈可击的榜样。他对比较亲密的谋臣说，他这次有名无实的结婚违背了自己的意愿，是出于政治上的需要，是为了防止在世界上引起冲突，也是为了避免安娜的哥哥克利夫斯公爵倒向神圣罗马帝国皇帝和法兰西国王那边。安娜以前同洛林公爵的儿子订过婚，这项婚约尚未彻底废除。实际上，亨利八世是在静观欧洲局势，等待时机，只要条件成熟，他就设法离婚。

诺福克和加德纳发现时机已到，可以借助另一位女人的力量搞垮克伦威尔。当年沃尔西就是这样倒台的。诺福克的另一个侄女凯瑟琳·霍华德在加德纳府上被介绍给亨利八世，使他一见钟情。不久，诺福克集团感到自己有足够的力量向克伦威尔的权力挑战。1540 年 6 月，他们说服亨利八世一并摒弃了克伦威尔和安娜。根据《褫夺私权法案》(*Bill of Attainder*)，克伦威尔被判处死刑，没收财产。他的主要罪状是散布异端邪说和“散发”有毒的书籍，并还受到欺君罔上的含蓄指责。安娜同意离婚，宗教会议宣布她和亨利八世的婚姻无效。她得到一些年金，后来在英国又谪居 17 年。7 月 28 日，克伦威尔被处决。几天之后，亨利八世毫不张扬地同他的第五个妻子凯瑟琳·霍华德结了婚。

凯瑟琳当时只有 22 岁，长着金棕色的头发和淡褐色的眼睛，姿色胜过亨利八世以前的任何一个妻子。亨利八世振奋了精神，恢复了健康，专门住到温莎去减重。法国大使在 12 月份报告说，“亨利国王改变了生活规律，他在早晨五六点钟起床，七点钟做弥撒，然后出去骑马，十点钟回来吃午饭。他说，他在乡村的自我感觉比整个冬天在伦敦的感受要好得多”。

不久，任性而用情不专的凯瑟琳便对比她大 30 岁左右的丈夫感到不满意了。她对表兄托马斯·卡尔佩珀的狂恋被人发现，亨利八世与她离了婚。结果她于 1542 年 2 月在伦敦塔内安妮·博林就刑处受刑。临刑的前夜，她把断头板要来，把头靠在上面练习一下。她走上断头台的时候说：“我将要作为王后而死去，但是我宁愿作为卡尔佩珀的妻子就刑。愿上帝保佑我的灵魂。善良的人们，请你们为我祈祷吧。”

亨利八世的第六个妻子凯瑟琳·帕尔是个已经结过两次婚的小寡妇，她是英国北部湖泊区的人，时年 31 岁，神情严肃，颇有学问，对神学问题也很关心。她于 1543 年 7 月 12 日在汉普顿宫同亨利八世结了婚，成为亨利八世的可敬妻子。她精心调治亨利八世的大腿，可是这条腿的情况越来越坏，在亨利八世结婚三年之后夺去了他的性命。她还缓和了亨利八世同未来的女王伊丽莎白的关系，玛丽和伊丽莎白都很喜欢她，因此她在亨利八世去世以后仍然过着比较幸福的生活。

*　　　*　　　*

亨利八世的青春年华杳如黄鹤，一去不返，他变得暴躁易怒。由于腿痛，他性情急躁，而一些弄臣和像他那样缺乏耐心的人常常惹他生气。他多疑而又残忍，同凯瑟琳·帕尔结婚时正在准备他生前的最后一次战争。苏格兰问题成为这次战争的起因。这两个民族之间仍然存在的刻骨仇恨，并不时在边界上爆发出来。亨利八世重新提出了对苏格兰的宗主权，指责苏格兰人是乱民，要求他们取消同法国的联盟。苏格兰人在哈利顿里格粉碎了英格兰人的一次进攻。1542 年秋天，诺福克指挥的另一支远征军在凯尔索败退下来，主要原因是军需部门失职，不能及时补充给养，导致英格兰军队连啤酒都喝不到。苏格兰人乘机把战争推到英格兰境内，因此招致了灾难。由于指挥不当，组织无方，约一万苏格兰大军在索尔韦沼泽地带的战斗中死伤过半，溃不成军。詹姆斯五世[1]听到重蹈弗洛顿战役覆辙的消息时一命呜呼，把苏格兰王国扔给刚出生一个星期的女儿，她后来成为人尽皆知的苏格兰女王玛丽。

这个婴儿立即成为争夺苏格兰的斗争焦点。亨利八世说她理应成为他儿

1　James V（1512—1542），苏格兰斯图亚特王朝第七位国王（1513—1542 年在位），是詹姆斯四世和英格兰公主玛格丽特·都铎的长子，英格兰国王亨利七世外孙，亨利八世的外甥，玛丽一世、伊丽莎白一世和爱德华六世的表兄。——编者注

子兼继承人的未婚妻，但是苏格兰的太后是法国的玛丽·吉兹公主，她与以红衣主教比顿为首的天主教亲法势力反对和驳斥亨利八世的要求，并且开始同法国人谈判，要把玛丽嫁给一位法国王子。英格兰决不会承认这样一门亲事。神圣罗马帝国的大使借此争取亨利八世支持皇帝的反法斗争，并发现他在亨利的宫中受到衷心的欢迎。英格兰再次同神圣罗马帝国结成反法联盟，亨利八世和查理五世于1543年5月签署了一项秘密协定。从那时到1544年春，备战工作一直在进行。亨利八世把苏格兰战事交给简·西摩王后的哥哥、赫特福德郡的伯爵爱德华·西摩，他自己亲率大军渡过英吉利海峡，和神圣罗马帝国东北部调来的军队一起对法王弗朗索瓦一世作战。

这个计划固然很好，但一经执行即告破产。亨利八世和查理五世互不信任，二人都怀疑对方有单独同法国媾和的企图。亨利八世担心自己会在查理五世的计划中陷得太深，因而停止前进，下令包围了布洛涅。9月14日，布洛涅陷落，亨利八世不虚此行，至少有了一点儿实在的收获聊以自慰。五天以后，查理五世同法国讲和，对亨利八世的指责和规劝置之不理。与此同时，入侵苏格兰的英军火烧爱丁堡并把大片地区夷为平地之后，再无力向前推进，1545年2月在安克拉姆沼泽战败。

亨利八世的处境岌岌可危，英格兰茕茕孑立，面临着法国和苏格兰同时入侵的危险。这种危险的局面要求英格兰人民作出最大的牺牲，他们必须交纳繁多的公债、税金和捐款。亨利八世熔毁金银餐具，抵押自己的地产，以唤起百姓的爱国热忱。他还亲自到朴次茅斯布置对付入侵的威胁。一支法国舰队穿过索伦特海峡[1]，将一批部队送上怀特岛。但是他们不久便被赶走，这场危机慢慢地过去了。第二年英法签订了和约。根据这项和约，英国继续占领布洛涅，8年之后将由法国以重金赎取。条约中没有提到苏格兰问题。苏格兰战争仍以较小的规模继续进行，在比顿红衣主教被暗杀时曾一度趋于激

1 Solent，英国怀特岛与汉茨之间的西段海域。——译者注

烈，但无胜败之分。亨利八世在苏格兰一无所获，他既不愿意宽宏大量地同苏格兰人和解，又没有力量强迫苏格兰人服从自己的意志。在以后的50年里，苏格兰人给亨利八世身后的几代国王增添了许多烦恼。

1546年，亨利八世只有55岁。那年秋天他像往常一样，途经萨里和伯克郡，一路旅行到达温莎，并于11月初回到伦敦。他从此再也没有离开首都。在他临终前的几个月里，每个人都在考虑这样一个问题：王储已经确立，是个九岁的孩子，谁将在幕后操纵王权呢？是诺福克还是赫特福德？是保守派还是改革派？

这个问题的答案来得很突然，也出乎人们的预料。1546年12月12日，诺福克和他的儿子、诗人萨里以叛逆罪被捕，关进了伦敦塔。从萨里的蠢行来看，这种下场实属必然。他出言不逊地预言国王的死期即将来临。他还不合时宜地想起自己是爱德华一世的后代，于是不顾宗谱纹章官员的阻止，佩戴皇家的纹章。亨利八世想起几年前有人提名诺福克作为王储人选并建议萨里娶玛丽公主为妻，他便起了疑心，立刻采取了行动。1547年1月中旬，萨里被处死。

国会通过了判处诺福克死刑的议案。1547年1月27日是星期四，亨利八世批准了国会的议案，诺福克被判处死刑。但在当天晚上，亨利八世本人也奄奄一息了。医生们不敢把实情告诉他，根据《议会法》，预言国王的死期则犯逆君之罪。过了几个小时，安东尼·丹尼爵士“大胆地走到国王的床前，告诉了他的病情，说他看来活不长了，劝他做好准备”。亨利听到这个可怕的消息时很镇定，身边的人提醒他及早请大主教前来，他说他要先“睡一会儿，等到感觉好一些时，我再布置善后事宜”。在他睡着的时候，赫特福德和佩吉特在外面的走廊里踱来踱去，盘算着怎样把国家大权抓到手。将近午夜时分，亨利八世醒来了，派人去找克兰默。克兰默到来的时候，亨利八世已经不能说话，只是向他伸了伸手。几分钟之后，这位英格兰国王便停止了呼吸。

*　　　*　　　*

在亨利八世统治期间，英国不断成长壮大，但是人们普遍记得这段时期的诸多血腥行为，这不免成为亨利八世的可憎污点。两位王后、两位国务大臣、一位贤明的主教、许多修道院院长和修士以及无数百姓由于胆敢违背他的意志被处以死刑。几乎每一个有王族血统的贵族都被他送上了断头台。罗马天主教徒和加尔文宗教徒被控散布异端邪说和利用宗教欺君罔上而受到火刑。这些迫害活动是法官们在枢密院面前甚至在亨利八世本人面前一本正经地做出的杰作，也是充满光明的文艺复兴带来的恶果。黎民中的善男信女受到的迫害、公堂上的严刑拷打以及轻罪重罚等举动真是令人望而生畏，同人道主义的美好原则形成了鲜明的对比。亨利八世的臣民并没有因为对他的厌恶而背叛他。他冲出了欧洲动乱的漩涡，在没有军队和警察的情况下维持了英格兰的秩序，在英格兰加强了别处所没有的纪律性。长达一个世纪的宗教战争过去了，在这场战争中，英格兰人并没有为了信仰问题与自己的同胞自相残杀。亨利八世的统治也有值得称道之处，他奠定了英国海军力量的基础，振兴了国会制度，使人民有了英文的《圣经》，更主要的是加强了颇受欢迎的君主制度。在这个制度下，英格兰人世世代代为祖国的强盛而斗争，而法国和德意志则在内部纠纷中日益衰落。

第七章 CHAPTER 7

新教的斗争

亨利八世的情感和权欲推动了英国的宗教改革运动。他坚信自己是虔诚的天主教徒，但他的几个信仰天主教的妻子却没有为他生下儿子。阿拉贡的凯瑟琳生了后来的玛丽女王，安妮·博林生了后来的伊丽莎白女王，而信奉新教的简·西摩却生了个男孩，他后来成为爱德华六世。亨利八世和他的臣民十分担心发生王位继承之争。为确保他唯一的嫡子能继承王位的愿望和责任感，亨利八世在执政末期不仅同罗马教会决裂，也同自己的一贯宗教信仰决裂。然而，诺福克公爵为主的天主教集团仍然握有王国的大部分权势。他们的亲戚凯瑟琳·霍华德可以被处死，他们的诗人萨里可以被押上断头台，修道院的土地可以被没收，《圣经》可以用英文印刷，可是他们在亨利八世统治期间对改革派毕竟起到了遏制作用。亨利八世限制了克兰默对教义的改革，基本上维护了在宗教方面以温切斯特主教斯蒂芬·加德纳为代表的诺福克集团的利益，并同他们取得了积极的谅解。他希望按照自己的意志执政和择偶，然而，他认为没有必要改变他的臣民生来就熟悉的宗教信仰和礼仪。

新国王爱德华六世即位以后，出现了一股更深更强大的潮流。年幼国王的保护人兼首相是他的舅舅、新受封的萨默塞特公爵爱德华·西摩[1]。他和克兰默开始把亨利八世的政治改革变成宗教革命。他们把德意志、瑞士甚至波兰的学者请到牛津大学和剑桥大学任教，以便向新一代教士灌输革新的教义。国会在1549年予以批准了克兰默以流畅优美的英文写出的《公祷书》[2]。萨默塞特倒台以后，《宗教四十二条法规》（*Forty-two Articles of Religion*）和第二版《公祷书》问世，英格兰在它们有效期间成为新教国家，至少在名义上如此。萨默塞特和克兰默都是虔信的人。他们要求全国接受的宗教观点，他们自己也坚信不疑。人民大众对于宗教斗争则不甚了解，也不关心；也有许多人坚决反对这些外来的宗教观念。

萨默塞特只是亨利八世任命的摄政团成员之一，他的摄政王地位既荣耀又危险，因为这一地位没有法律依据，也没有先例。嫉妒他的人不计其数，连他的弟弟海军大臣托马斯·西摩也有野心。脸色苍白的爱德华六世患结核病，难以久留人世。下一个信奉新教的王位继承人是伊丽莎白公主，她和凯瑟琳·帕尔夫人住在一起。凯瑟琳·帕尔夫人是亨利八世的最后一个也是最幸运的一个妻子，她现在已同海军大臣托马斯·西摩结婚。托马斯·西摩认为在妻子逝世之前向年轻的伊丽莎白公主求爱未尝不可，于是在伊丽莎白公主的卧室里同她嬉戏，引起了流言蜚语。最终，托马斯·西摩阴谋反对他哥哥的证据被人发现，他哥哥摄政王不得不在1549年1月判处他死刑，把他送上伦敦塔内的断头台。于是，摄政王萨默塞特渡过了新国王统治时期的第一次危机。

*　　　*　　　*

1 Thomas Seymour，英国政治家，萨默塞特公爵（Duke of Somerset，1547年设立并授予其该爵位）。采取温和的新教改革措施，后被诬告犯叛国罪被处刑。——编者注

2 *Book of Common Prayer*，主要是指英国国教会颁布的收录教会举行典礼时所使用的词句及圣经精华的书籍。1549年初版，现在的版本是1662年发行的。——编者注

农村的失望和不满情绪比来自托马斯·西摩这样的个人的威胁更加危险。英格兰中世纪时期的生活和经济结构迅速解体。地主发现羊毛生产有巨利可图，而分布成带状的村落则妨碍他们的事业。于是，几十年来，地主同农民之间的斗争连续不断，农民的利益逐渐受到侵犯，最后被彻底吞噬。公地被私人占有、圈起或变成牧羊场。修道院的解散消除了旧制度中最强大也是最保守的势力，推动了已经开始的经济变革。圈地活动不断增加，在全国各地引起强烈不满。在某些地区，多达三分之一的可耕地变成了牧场。新贵们趁修道院解散之机塞满了腰包，可是仍然贪得无厌，人民对他们怒目而视。

萨默塞特必须应付英格兰有史以来最严重的一次危机。国内不但普遍存在失业问题，亨利八世实行的货币贬值也引起了重重困难。著名的牧师们开始大声谴责这一切。休·拉蒂默 1548 年在圣保罗十字架前所作的“关于田地的布道”（Sermon of the Plough），是对都铎王朝的有力抨击。他说：“过去人们富有同情心，现在却毫无怜悯之情。他们的同胞将要冻死街头，他们自己也将病倒路旁，在饥饿中死去。过去，伦敦的富人临死时，捐款给大学的学者作为奖学金，这已成为惯例；任何人临死时都要捐赠巨款赈济穷人。……现在人们的善心早已无影无踪，无人帮助学者，更没有人赈济穷人。上帝的教诲已经为人所熟知，许多人认真研究，努力阐述，可是没有人帮助实现这些圣训。”1549 年春天，拉蒂默又作了一系列布道抨击时弊，论述“人类造成的可怕的、不祥的贫穷状态”：“地主们，新贵们，你们每年的所得未免太多。……先生们，老爷们，我谨奉劝一句：这对国王是不光彩的。只有臣民受到上帝的真正教诲，只有我们的国家不断前进，贫困得以消除，我国的原料得到充分利用，使老百姓免于投闲置散，而能勤于劳作，这才是国王的荣誉所在。如果像有些人说的那样，国王的荣誉代表着大多数人民的利益，那么牧场主、圈地者和地主则毁坏了国王的荣誉，因为原来许多家庭居住的地方现在只有一名牧羊工和他的牧羊狗了。老爷们，先生们，这种行径显然是要奴役自耕农。牧羊业的发展和生产力的提高增加了你们的个人财富。你们过去的财产已经太多，现在却又成倍地膨胀。哪怕教士们磨烂了舌头，也不能改变这种趋势。”

萨默塞特身边的人通过拉蒂默所谴责的手段大发横财。他本人同情农民，组织专门委员会调查圈地问题。这种措施反而加深了不满情绪，鼓励被压迫的民众也来为自己的命运而斗争。随之国内爆发了两次起义。西南地区信奉天主教的农民起来反对《公祷书》，东部各郡的乡下佬奋起反抗地主的圈地运动。这对萨默塞特的政敌是个有利的把柄。1524 年至 1526 年间，德国在宗教改革之后发生了残酷的农民战争，城乡贫困阶级在宗教改革家茨温利的带领下起来反抗压迫他们的贵族。1549 年，英格兰似乎也要发生同样的情况。外国雇佣军镇压了西部的起义，但诺福克郡的起义声势更为浩大，诺福克郡起义为首的是制革作坊主罗伯特·凯特[1]。他在诺里奇[2]城外的穆斯霍尔德山上建立了司令部。那里聚集了 1.6 万名农民，统统住在树枝盖顶的茅屋里。在一棵高大的橡树下，凯特连日审讯掠夺穷人的乡绅。起义者并不杀人，只是把乡绅圈占的公地归还公众，夺取地主的牛群和羊群。地方当局失去了权力，据说萨默塞特也认为起义者的呼声是正当的。混乱局势发展到约克郡，并且立即冲击英格兰中部。

亨利七世的代理人之子沃里克伯爵约翰·达德利[3]抓住这一有利时机。他在亨利八世发动的对法战争中显示了军事才能，并且很注意掩盖自己的本来面目和动机。他自私自利，精力充沛，拥有万贯家财。此时他奉命率军镇压凯特的起义部队。政府感到自己在军事上虚弱无力，允诺无条件赦免起

1 Robert Ket，英格兰反圈地起义领袖，为抗议地主贵族圈占公地提出二十九条要求。起义失败后，以反叛罪被处死。——编者注

2 Norwich，位于威休姆河与耶尔河的交汇处，英国英格兰东部城市，诺福克郡首府。——编者注

3 John Dudley（1428—1471），都铎王朝第一代诺森伯兰公爵，是都铎王朝的将军、上将和政治家，在爱德华六世统治后半期为实际统治者。因支持儿媳简·格雷取代爱德华六世继承人异母姐姐玛丽（玛丽一世）失败，以叛国罪被判处死刑。——编者注

义者。凯特有所动摇。皇家传令官来到他的营地，可是一件意外的小事招来了大祸。凯特站在橡树旁考虑会见沃里克的对策时，一个顽皮的孩子“以粗俗的动作和无礼的言辞”惹怒了传令官一行，立即被他们用火绳枪打死。这次枪杀事件使起义者怒火万丈，于是双方打了起来。沃里克的王牌部队是德意志雇佣军，他们枪法准确，摧毁了农民军的阵列。农民军有 3500 人被击毙，没有伤员。少数人躲在一排农用马车后面，保全了性命，缴械投降。凯特被俘，在诺里奇城堡被绞死。沃里克凭着偶然的事件博得了能者的大名。

萨默塞特的敌人认为自己为恢复秩序立下了功劳。他们把东部的起义归咎于他组织的圈地问题调查委员会，把西部的起义归罪于他的宗教改革。他的对外政策迫使苏格兰人同法国人结成联盟。他丢失了亨利八世夺来的布洛涅。沃里克成为反对派的领袖。这个反对派有“伦敦诸勋爵”（Lords in London）之称，他们商讨措施反对摄政王。没有人采取行动支持摄政王，因此反对派顺利地夺取了政权。萨默塞特在伦敦塔内关了一段时间，出来以后失去了一切权柄，不过仍然可以参加枢密院。后来形势越来越坏，发生支持他的暴动的危险也越来越大。1552 年 1 月，他打扮得像要参加国宴一般，被押上了伦敦塔内的断头台。这个仪容大方、心地善良的人要纠正亨利八世统治时期留下的弊病，结果遭到彻底失败，成为他所得罪的那些凶狠的利益集团的牺牲品。英格兰人民久久不能忘怀这位“好心的公爵”（Good Duke）。

萨默塞特以后的执政者无所顾忌，成就当然更小。弗劳德[1]写道：“传统的制度化为乌有，人民备受痛苦，道德沦丧和社会混乱导致了我们国家的分裂。面对这一切，善于思考的英格兰人一定会在脑子里画一个问号：他们从宗教改革中得到了什么好处？……政府贪污腐败，法庭贪赃枉法，商人损人

1 Froude，19 世纪英国历史学家。——译者注

利己，民众揭竿起义。在廉洁纯正的人当中，佼佼者仍然站在宗教改革一边。”有名无实的英格兰国王爱德华六世已经15岁，病弱不堪，心肠冷酷，自命不凡。他在日记中提到了舅舅的死亡，但是没有写下任何感想。

*　　　*　　　*

沃里克成为诺森伯兰公爵，他的政府在反对社会动荡的斗争中统一了步调。在他掌权的三年里，统治阶级的贪婪暴露得淋漓尽致。改革教义只是进一步没收教会土地的借口，新主教上任必须交出部分主教领地。爱德华六世成立的以拉丁语为主课的中等学校，是伊丽莎白一世统治时期以没收的教会土地资助教育事业的宏伟计划的开端。托马斯·莫尔说，所谓政府“就是富人以国家的名义进行巧取豪夺的阴谋手段”，这个定义非常适合英国这几年的状况。

这个时期有一项引人注目的冒险事业，它使英格兰同东欧的一个新兴大国建立了关系，那时人们称这个大国为“莫斯科维”，后来称之为“俄国”。一些英格兰人产生了一个念头，想经过北冰洋找到一条从东北方向到达亚洲的路线。在亚洲北部的沿海地区，也许会有人购买英国的布匹和其他产品。早在1527年就有一本小册子阐述过这种观点，其中的一句话尤其引人注意：“没有不能居住的土地，也没有不能航行的海洋。”1553年，商业冒险者协会[1]的莫斯科维公司在英国政府的支持下组织了一次探险。公司经理是塞巴斯蒂安·卡博特，他是一个经验丰富的老海员，50年前曾随父亲远航纽芬兰。5月，休·威洛比[2]和理查德·钱塞勒[3]率领三只船扬帆远航。威洛比和他船上的全体人员在拉普兰附近遇难，钱塞勒在阿尔汉格尔过冬，开春时到达莫

1 Merchant Adventurers，英国商人为对抗汉萨同盟而建立的一个协会。——编者注
2 Hugh Willoughby（？—1554），英国探险家、航海家。——编者注
3 Richard Chancellor（？—1556），英国探险家、航海家。——编者注

斯科的伊凡大帝[1]宫中。德意志的汉萨城镇联盟[2]垄断了北欧的贸易，阻止英格兰商人在那里活动。此刻，这种垄断已被打破，英格兰开始同俄国进行贸易。后来钱塞勒再次出航俄国，不幸在苏格兰附近遇到风暴，船沉人亡。他的另一个朋友安东尼·詹金森继续进行他的事业。在伊丽莎白女王的统治时期，詹金森三访俄国，成为沙皇的密友。他沿着马可·波罗走过的丝绸之路到达土耳其斯坦境内的布哈拉，还到过波斯，使英格兰的国旗首次在里海的上空飘扬。不过，这些探险活动并非发生在爱德华六世和他下一代国王的统治期间，而是属于一个更伟大的时代。

根据 1543 年制定的《王位继承法》，爱德华六世的继承人是阿拉贡的凯瑟琳所生的女儿、信奉天主教的玛丽公主。诺森伯兰可能为将来而担心。他企图以伊丽莎白代替玛丽。伊丽莎白已经 19 岁，按她的年龄来说算得上谨慎老练，她拒绝卷入这样的计划之中。诺森伯兰孤注一掷地策划了一场阴谋。亨利七世的小女儿同萨福克公爵结了婚，他们的后嗣被亨利八世定为王位继承人，按顺序排在亨利八世自己的孩子之后。在萨福克的孙子和孙女中，最大的是 16 岁的简·格雷小姐。诺森伯兰公爵把她嫁给了自己的儿子吉尔福德·达德利。年轻的爱德华六世去世后，军事政变已经不可避免。玛丽公主已经 36 岁，她尽量避免同诺森伯兰公爵打交道。爱德华六世病重时，她躲在诺福克公爵的领地，拒绝去见行将就木的弟弟。1553 年 7 月 6 日，爱德华六世驾崩，简·格雷在伦敦被宣布为女王。这一宣告遭到强烈的反对，因为诺森伯兰公爵在全国积怨甚深。老百姓纷纷站在玛丽公主一边，枢密院成员和伦敦市当局也顺应这股洪流。诺森伯兰公爵成了孤家寡人。玛丽在 8 月份带着伊丽莎白来到伦敦。简·格雷和她的丈夫被关进伦敦塔。诺森伯兰公爵屈

---

1 Ivan Ⅳ（1530—1584），史称伊凡四世（1547—1584 年在位），在位期间对中央和地方的行政、法律、财政、军队、宗教等方面进行改革。——编者注

2 German Hansa towns，又称“汉萨同盟”，是德意志北部城市之间 13 世纪逐渐形成的商业、政治联盟，14 世纪时垄断波罗的海地区贸易，并在西起伦敦，东至诺夫哥罗德的沿海地区建立商站。加盟城市最多时 160 个。15 世纪转衰，1669 年解体。“汉萨”德文意思为“公所”“会馆”。——编者注

膝求饶，说自己是始终不渝的天主教徒，曾经对新教徒给予致命的打击。可是他无法逃脱可耻的下场。他对以前的一位同事写道："有一句至理名言：好死不如赖活。如果女王陛下愿意让我活着该有多好，哪怕是赖活着也好。"这段话完全可以作为他的墓志铭。

*　　　*　　　*

玛丽女王大概可以说是英国国王当中最不幸和成就最少的人。她是阿拉贡的凯瑟琳和亨利八世所生的孩子中唯一的幸存者，在亨利八世执政初期长大成人，享受了王储应该享受的一切礼仪。她曾先后同法国王储以及神圣罗马帝国皇帝的继承人订婚。她和母亲一样，是个虔诚的教徒，母亲的离婚以及英格兰同罗马教会的决裂给她带来了悲剧和灾难。《议会法》宣布她为私生女；她还被迫放弃自己的宗教信仰，内心充满着爱父之情和虔诚信仰的矛盾，她的同父异母的妹妹和弟弟在宫廷里比她得宠。爱德华六世在位时，她总是在小教堂里和她的忏悔神父祷告以寻找慰藉。因此，不言而喻，伦敦的新教统治集团对她怀着畏惧的心情。她有西班牙血统，并同神圣罗马帝国大使雷纳德建立了密切的关系。她的登基预示着，英格兰将同神圣罗马帝国恢复关系并结成政治联盟。

可以肯定，除了宗教问题之外，玛丽在其他方面是仁慈的。她接受了低声下气的谋臣和官员的效忠表示。他们当中最有手腕的是威廉·塞西尔[1]，此人在玛丽统治期间一直是政府中的重要人物，他的前程在玛丽之后的下一代国王统治期间则更加远大。伊丽莎白公主处事周到，她下令在她的住处举行弥撒，避免同受到怀疑的人来往。

1 William Cecil（1520—1598），英格兰政治家，履职期间使英国得以打败西班牙的无敌舰队。1571年受封为伯利勋爵。——编者注玛丽巩固了自己的王位之后，便着手实现她的夙愿——重返罗马教廷的怀抱。亨利八世统治末期的诺福克派成员之一、温切斯特主教斯蒂芬·加德纳是她的能干而充满热情的仆人。宗教改革派颁布的教会法案均被国会废除。可是有一点是玛丽无法做到的，她不能把已分给贵族的教会土地再收归教会。都铎王朝的权贵们愿意去做礼拜，然而却不愿意丢掉新得到的土地。即便他们愿意，玛丽也有难办之处。她从未意识到，老百姓把天主教视为外来势力的影响，这种看法在伦敦尤为强烈。他们是在亨利八世统治时期接受这种宣传的，其实在更早的时候就有了这种看法。他们手里有英文版的《圣经》和英文的《公祷书》，信仰宗教改革后的教义。这种信仰虽然是表面的，却很广泛。新教的领袖逃到日内瓦和德意志莱茵兰的城镇。伦敦发生了骚乱，加德纳的生命受到威胁。他白天穿着甲衣，夜晚有 100 人守卫。有一次女王卧室的窗外扔进来一只死狗，这只狗的脖子上系着绳索，耳朵被剪短，身上系着一张写明英格兰的教士应该全部都被绞死的纸条。

玛丽的择偶是最紧迫的问题。下议院主张她同约克王族的后裔德文郡伯爵爱德华·考特尼[1]结婚，可是玛丽打算在国外选择婚配。神圣罗马帝国皇帝查理五世的使节雷纳德动作迅速，玛丽答应同查理五世的儿子、未来的西班牙国王腓力二世[2]结婚。亨利八世在位时的一位诗人之子托马斯·怀亚特爵士策划以武力阻止这门婚事，考特尼在西部组织了反对玛丽的阴谋集团。同西班牙联姻的消息从宫廷走漏出去，到处传说要审判异端，还说西班牙军队要进驻英国。下议院派代表谒见玛丽，求她不要违背民意。玛丽有都铎王族的固执特点，却丝毫不具备他们的政治头脑。此时她梦寐以求的是，天主教的英格兰同哈布斯堡王朝统治下的天主教神圣罗马帝国结成亲密的联盟。

1　Edward Courtenay（1526—1556），德文郡伯爵，一生中有一半以上时间被关押在伦敦塔，后被释放出狱。——编者注

2　Philip Ⅱ（1527—1598），哈布斯堡王朝的西班牙国王（1556—1598 年在位）和葡萄牙国王（称腓力一世 Philip I，1580—1598 年在位），在位时使西班牙国力昌盛，使哈布斯堡王朝称霸欧洲。——编者注

人们关注着伊丽莎白公主的举动，她隐居在哈特菲尔德静观时局。英国的王位继承问题对欧洲各国至关重要，法国大使诺阿耶开始进行具有重大利害关系的活动。当时瓦卢瓦王朝与哈布斯堡王朝进行着使欧洲备受折磨的斗争。在这一斗争中，英格兰站在哪一边是决定胜败的因素。伊丽莎白的举动引起人们的种种推测，有人说她请法国人出谋献策。有人暗示说，她可能和考特尼结婚。局势发展得很快，考特尼突然在西部发动叛乱。玛丽同西班牙的腓力订婚的消息一经宣布，英格兰南部再次发生叛乱。托马斯·怀亚特爵士在肯特拉起队伍，慢慢向伦敦推进，沿途不断招兵买马。伦敦陷入一片慌乱之中，市民们担心自己的家宅受到洗劫。玛丽知道她没有赢得人民的支持，对他们感到失望和不满，然而她并不畏惧。如果怀亚特进入伦敦，她想当一名天主教女王的野心就会成为泡影。她在吉尔德厅[1]发表了一番振奋人心的演说，号召伦敦人奋起保卫她。叛乱者中间存在着分歧。考特尼领导的叛乱遭到惨败，怀亚特为此感到失望。肯特郡叛乱者的目的是强迫玛丽答应他们的条件，而不是要废黜她。伦敦四处发生巷战，玛丽女王的军队歼灭了叛乱队伍。怀亚特被处决。叛乱的结局确定了简·格雷和她丈夫的命运，1554年2月，夫妇俩镇静地走上了伦敦塔内的断头台。

伊丽莎白的生命受到严重威胁。怀亚特曾宣布她和叛乱无关，可是她是唯一有权争夺王位的人，西班牙人要求在他们的王子同玛丽结婚之前处死伊丽莎白。玛丽杀的人已经够多了，任凭雷纳德极力劝说，她仍然不肯夺去异母妹妹的生命。雷纳德在给主子的信中写道，“伊丽莎白女士今天被关进了伦敦塔。据说她怀孕了，因为她和她的母亲一样，是个水性杨花的女人。一旦她和考特尼去世，英格兰就无人争夺王冠和烦扰玛丽女王了”。伊丽莎白自知性命难保，她决定像她母亲那样，要求用刀砍头。她以大无畏的精神激动地否认同考特尼或怀亚特的反叛活动有任何牵连。玛丽大概相信了她的话。不

1 Guild hall，伦敦市政府会议厅。——译者注

管是否如此，几个月以后她获得释放，被送到伍德斯托克。她在那里虔诚地过着与外界隔绝的恬静生活，等待命运之神的眷顾。

到了夏天，腓力渡海北上来到英格兰。玛丽女王到温切斯特去迎接她的新郎。1554 年 7 月，他们以天主教的仪式和 16 世纪的国王所能享受的一切威仪举行了婚礼。加纳德已经不在人世，代替他的是英格兰红衣主教雷金纳德·波尔。波尔的家族被亨利八世屠杀并剥夺一切权利，他一直过着流亡生活。教皇的这位代表不仅是红衣主教，也是王室的一位亲王，他是玛丽女王的堂兄弟，也是“虚伪、作伪证、昙花一现的克拉伦斯”的孙子。他生活简朴，是个狂热的天主教徒。此时他作为教皇使节来到英格兰，和雷纳德一起为玛丽女王出谋献策，要把英格兰强行拉回天主教的怀抱。

玛丽女王杀害了英国最高贵的臣民，在信奉新教的英格兰留下了“血腥女王”（Bloody Queen）的恶名。多少世代以来，英国人在童年时代就从福克斯所著的《殉道者之书》（*Book of Martyrs*）及其插图中了解到那些高贵者英勇牺牲的悲壮故事。1555 年在牛津发生了活活烧死新教主教拉蒂默和里德雷的著名事件。年迈体衰的克兰默大主教令人可怜地放弃信仰，最后在 1556 年 3 月英勇牺牲。这一切在英格兰是人人皆知的历史常识。这些烈士的英勇牺牲使许多对这场斗争抱冷漠态度的人站到新教一边。

这些主教认为，他们的血不会白流。他们在火刑柱前说出了感人肺腑的千古名言。拉蒂默在噼啪爆响的火舌中喊道：“里德雷主教，请不要难过，要像个男子汉的样子。上帝保佑，我们今天将在英格兰烧起永不熄灭的火炬。”

玛丽女王努力把英国的利益同西班牙的利益结合起来，结果徒劳无益。她同腓力结婚是为了保证英国信奉天主教，为了这个理想，她丧失了自己可以得到的一点点个人幸福。她作为西班牙国王的妻子，不顾英格兰的利益，也不听波尔红衣主教等谋臣的谨慎忠告，介入对法战争，致使英国在大陆上仅存的加来堡垒毫无抵抗地丢掉了。这是英格兰的国耻，也是英格兰失去中世纪的力量和荣耀的标志，这使人民感到耻辱，也使玛丽感到内疚。玛丽女王希望生一个孩子，以保证天主教在英格兰的地位，结果未能如愿以偿。单凭一种成就并不能消除她的忧郁之感。她在位期间确实有一些成就，人们对它们没有记载，也没有任何赞扬，它们甚至很少引起史学家的注意。在玛丽女王的短暂统治期间，朝臣们进行了紧缩开支和厉行改革的运动。她逝世的时候，大臣们已经基本扫除了诺森伯兰政权遗留下来的贪污腐败和铺张浪费的弊病。

腓力二世对毫无结果的政治计划不太关心，也有些失望，因此前往尼德兰，然后回到西班牙。玛丽女王陷入离心倾向和不满情绪的汪洋大海之中，身体垮了下来。1558 年 11 月，她因病逝世。几个小时之后，她的助手波尔红衣主教在兰贝思宫里与世长辞。她的统治作为一段悲剧性的插曲已经结束，英格兰人民从天主教到新教的转变就此大功告成。

*　　　*　　　*

起初，新教改革运动在欧洲大陆只是反抗天主教会弊端的局部斗争。几年以后天主教会进行了内部整顿，于是这种反抗的动机便不复存在了，剩下的只是北欧民族对罗马教会整个机构的反叛。这种反叛颇为强烈，似乎同人类思想的发展背道而驰。基督的启示可以带到遥远的未来，到那时再也不需要清规戒律来改造人了。在罗马帝国灭亡之后，利用清规戒律改造古代世界的野蛮征服者曾经是有益的和必要的。在亨利八世以前，贵族之间存在着纠纷，国王同教会之间也有斗争，统治阶级和人民之间也有冲突，但他们有共同的普遍准则。中世纪的弊端和苦难持续了很久，它们似乎是灾难深重的社会所无法避免的客观条件。谁也不能对此提出一些补救措施，也不能为人们寻求任何慰藉。可是宗教改革却带来了一种新的力量，它动摇了英格兰社会的基础，鼓励各阶层人士起来反对旧制度，举起了各个阶级愿意为之献身或采取非常手段的战旗。存续了几个世纪饱经风霜的旧制度现在却被一次大分裂断送了。从此，所有其他的阶级矛盾和利益冲突得到排解和缓和，人民在冲突和苦难中取得一致，制度获得统一。在以后的漫长岁月里，所有欧洲国家都将像英格兰那样加入支持或反对新教改革的阵营。

我们今天很难衡量这场运动的剧烈程度。它在英格兰的破坏性比在德意志和法国小，因为它在较早阶段就已达到高潮，而且处在都铎王朝的有力统治之下。尽管如此，克兰默在爱德华六世统治期间进行的教义改革和加德纳、波尔及其追随者在玛丽女王统治期间进行的反改革却把英格兰人投入十年可怕的动荡之中。英格兰的市民、农民和组成英格兰民族的其他各个阶层，根据以爱德华六世的名义下达的命令沿着一条生路前进，后来又在玛丽女王的命令下朝原来的方向退回去。凡是接到爱德华六世的命令原地不动或者接到玛丽的命令不改变方向的人，都可能面临断头台或火刑柱的威胁。就这样，新英格兰战胜了旧英格兰，后来旧英格兰经过可怕的反击又兴盛一时。在伊丽莎白女王的统治之下，新旧两种制度在殊死搏斗的痛苦中实现了和解。它们的斗争没有停止，可是激烈的程度受到了限制，所以它对我们的民族国家的统一和发展没有构成严重的威胁。

第八章 CHAPTER 8

贤明的伊丽莎白女王

伊丽莎白在 1558 年 11 月 17 日继承了同父异母姐姐玛丽的王位。她当时 25 岁，处理国家大事尚无经验。值得英格兰庆幸的是，新女王通过遗传和教育具备了超人的才能。她的父亲是谁，这是毫无疑问的。令人敬服的威严、金棕色的头发、伶俐的口齿和自然流露出的尊严——这一切都说明她是亨利八世的女儿。她很快又表现出其他特点：在危难之机勇敢镇定，意志受到违抗之时则更加坚决，精力旺盛，几乎永远不知疲倦。她具有亨利八世的许多嗜好和特长，如酷爱狩猎，善于射箭和使鹰，精于舞蹈和音乐。她能够讲六种语言，精通拉丁文和希腊文。她同她的父亲和祖父一样，生性好动，住址总是换来换去，常常没有人知道她一个星期以后要在哪里过夜。

伊丽莎白女王在童年时代经历艰辛，少年时代遭受不幸。她在父亲生前曾被宣布为私生子，被赶出了宫廷。在玛丽女王统治期间，她本来会由于一时疏忽而丧命，可是她显示了小心谨慎和善于掩饰的本领。她在青年时期就学会了什么时候保持缄默，怎样等待时机，如何充分使用自己的力量。许多史学家认为她优柔寡断、吝啬小气。诚然，这些特点使她的谋士们感到失望。不过，国库从来没有足够的钱支持她的冒险活动。而且，在那个汹涌的时代激流中避免作出不可挽回的决定，有时是明智的。那个时代要求一个国家元首精明狡黠，深谋远虑，具有纵横捭阖的能力，而伊丽莎白女王具备了这些特点。她还非常知人善任，赞扬臣民的成绩，批评他们的过错。

伊丽莎白女王头脑敏锐，当时几乎无人能望其项背。许多外国使节承认她谈话巧妙灵活、妙趣横生，这是颇有道理的。不过，她的情绪常被一阵阵的抑郁感影响着，时而兴高采烈，时而怒气冲天。她的思维令人难以捉摸，态度和言语则往往显得生硬，有时甚至近于粗暴。生气的时候，她甚至打财政大臣的耳光，把拖鞋朝秘书的脸上甩去。她同异性的关系比较亲切，可是她在表面上十分爽朗。一位颇有名望的谋臣说："她有时比男子还有气概，可是有时连一般女子都不如。"然而，她却有吸引臣民为她效忠的魅力，这一点大概胜过英格兰的任何一位国王。用现代眼光看，朝臣对她奉承阿谀可能有些奇怪，可是她从来没有亏待过人民。她本能地懂得如何获得人民的拥戴。在某种意义上，她和臣民的关系是一种长期调情的关系。她对国家表示了她从来没有对任何人展露过的温情，臣民对她报以忠诚，几乎达到崇拜的程度。她在历史上留下了"贤明的伊丽莎白女王"的美名，这不是没有原因的。

英国历代国王即位时的局面很少像伊丽莎白即位时这样危险。由于同西班牙的关系，英国丢掉了加来，并且遭到法国的仇视。都铎王朝对苏格兰的政策宣告失败，中世纪法国和苏格兰军事联盟的威胁再次出现。在欧洲天主教世界看来，苏格兰女王、法国皇太子（1559 年继位成为弗朗索瓦二世[1]）的妻子玛丽比伊丽莎白更有权继承英格兰王位，她有法国的力量做后盾，颇有希望戴上英格兰的王冠。苏格兰太后、摄政王玛丽·吉兹奉行亲法和亲天主教的政策。在爱丁堡和巴黎都是吉兹家族在掌权。亨利八世逝世以前，英

1 Francois Ⅱ（1544—1560），法兰西瓦卢瓦王朝第十一位国王（1559—1560 年在位）。——编者注

格兰在财政上已经陷入了捉襟见肘的境地，它在欧洲货币市场安特卫普信用很低，政府必须付百分三十四的利息才能借到贷款。早在爱德华六世在位期间，英格兰货币已经进一步贬值，此时处于一片混乱之中。英格兰的唯一正式盟友西班牙由于宗教问题对新政权产生了怀疑。爱德华六世在位时的一名枢密院书记员对伊丽莎白即位时的形势作过评述："女王经济拮据，王国耗尽财源，贵族贫穷没落，军队缺少优秀官兵；民众混乱，法纪废弛，物价昂贵，酒肉和衣服滞销；我们内部互相倾轧，对外同法国和苏格兰同时作战，法国国王一只脚站在加来，另一只脚站在苏格兰，横跨在我们的王国之上；我们在国外只有不共戴天的敌人，没有坚强忠实的盟友。"

伊丽莎白女王从小就是新教徒，她是新教教义培养出来的优秀典范。她身边聚集了一批最能干的新教教徒，其中有即将成为坎特伯雷大主教[1]的马修·帕克[2]、她任命的掌玺大臣尼古拉斯·培根[3]、当时的一流学者罗杰·阿谢姆[4]和首要人物威廉·塞西尔。塞西尔是个善于应付事变的政治家，在萨默塞特和诺森伯兰掌权期间担任过秘书大臣。在16世纪的英国政治家中，塞西尔无疑是最杰出的人物。他关心国事，勤于职守，凡事三思而行，判断准确。伊丽莎白女王凭着知人之能，对他委以重任。她对他说："我可以肯定，你不会为任何礼物所收买，会忠心报国，同时不受任何个人意志的影响，能对我直言进谏。"年轻的女王把国务大臣的重担交给塞西尔，他当时只有38岁。他们密切合作达40年之久，直到塞西尔逝世为止。当然，他们在日常接触中有时也发生口角和其他不愉快的事情。

缓和国内宗教矛盾和解除苏格兰的威胁是英格兰的当务之急。英格兰在法律上确定为新教国家，玛丽女王为确立天主教的地位而颁布的法律均被废

---

1 Archbishop of Canterbury，为全英格兰的首席主教，也是全英国教会的主教长、全世界圣公会的主教长、普世圣公宗精神领袖。——编者注

2 Matthew Parker，英格兰坎特伯雷大主教，精于讲演与神学研究。——编者注

3 Nicholas Bacon（1509—1579），为伊丽莎白女王掌玺大臣，新贵族。——译者注

4 Roger Ascham（1515—1568），文艺复兴时期欧洲作家，曾任国王秘书、家庭教师。——编者注

除，国王被宣布为英国的最高宗教首脑。然而，伊丽莎白至此并未克服一切困难。人们在争论新的问题，这些问题不仅涉及教义和教会的权力，也涉及政权的性质和基础。自从 14 世纪 80 年代威克里夫[1]运动以来，英格兰社会一直存在着反对教会的一股潜流。由于宗教改革运动的发展，从罗马帝国皈依基督教以来第一次有许多人认为，只要自己确信现存的制度是错误的，就有责任反对它。可是教会和国家息息相关，违抗其中的某一方就是对另一方的挑战。自选教义的主张在当时的社会里是不合时宜的，正如人们不能自己决定遵守哪条法律、服从哪位地方行政官一样。人们至少在表面上必须服从教会，充其量只能沉默地保留自己的意见。然而，在欧洲的剧烈动荡之中，要人们把想法憋在心中实际上是不可能的。他们总是要说话的，私下里秘密交谈，在作品里公开发表意见，这些作品带到哪里，就在哪里引起人们的激情和好奇心。即使规定只有应召议事的人可以合法地议论国是，老百姓仍会仔细阅读《圣经》，用《福音书》[2]作者和耶稣使徒的话去检验教会的教义、制度和各种仪式。

正是在这个时候，清教徒[3]第一次登上了英国的历史舞台，成为此后 100 年里英国社会的重要角色。他们在理论上和组织上主张民主，而在行动上不能容忍和他们持不同看法的人，并对伊丽莎白女王的政教权威发起挑战。尽管伊丽莎白主张信仰自由，并诚恳地说“不干涉人的灵魂”，但她不敢放任清教徒在教会或国家机构里建立自己的组织。少数活跃的分裂力量能够把她精心纺织的太平社会的细纱一撕两断。必须把清教派从敌人的阵营中挽救出来。伊丽莎白女王在实践中看到了后来詹姆斯一世[4]在理论上详细阐述的问题：“没有主教就没有国王”（No Bishop，No King）。她意识到，她的政府如

1　John Wyclif（约 1330—1384），英国神学家、基督教改革运动的先驱。——编者注

2　*Gospel*，指《新约全书》中的《马太福音》《马可福音》《路加福音》《约翰福音》。——编者注

3　Puritan，英国新教运动中要求清除英国国教中天主教残余的改革派。——编者注

4　James I（1566—1625），名詹姆斯·斯图亚特（James Stuart），在位期间主张王权至上、君权神授，间接引发 1649 年与 1688 年两次革命。——编者注

果不控制教会，就无力抵挡欧洲天主教世界的日益高涨的反改革运动。不久以后，伊丽莎白女王必须一面应付来自国外天主教世界的威胁，一面对付国内清教徒的攻势。清教徒的领导者是玛丽女王在位时流亡国外的宗教极端分子，他们从日内瓦和莱茵兰的城镇陆续返回英格兰。

欧洲的宗教改革运动传到英格兰以后立即面目一新。整个社会激烈辩论的新问题，如国内教会同罗马教廷的关系以及同君主的关系、教会未来的组织机构、宗教法、教会财产的利用以及修道院的财产等问题，都只能由国会来决定。清教徒不久便在国会里形成反对派，他们毫无保留地发表意见，拥有日益强大的力量。国会的绅士内部则存在着分歧，他们的意见大概只在以下两个问题上是完全一致：第一，他们一旦得到修道院的土地，便不想放弃；第二，只要不再发生玫瑰战争，便是万事大吉。在其他方面，他们分为严重对立的两派，一派认为变革已经恰到好处，另一派认为还需要进一步变革。这两派后来先后演变为保皇派和清教徒、国教[1]派和非国教派[2]以及托利党[3]和辉格党[4]。由于人们普遍害怕发生王位之争和内战，同时只有国王在政策和法律方面有决定权，两派的分歧才长期处于蛰伏状态。

* * *

英格兰的主要威胁来自北方。法国军队在支持具有法国血统的苏格兰太后。苏格兰贵族中的一股强大的清教徒势力在受迫害教士的怂恿下，拿起武

1 Church of England，英国国教通常指安立甘宗（Anglicanism），或称作盎格鲁教会（Anglican Church）、“主教制教会”（Episcopal Church），是基督新教三个原始宗派之一，也是带有盎格鲁－撒克逊人礼仪传统的宗徒继承教会。清朝传入中国时译作“圣公会”，取义神圣的天主教会（Holy Catholic Church）。宗内有各种教派。——编者注。

2 Dissenter，英国拒不参加国教的教会、派别及其信徒的统称。——编者注

3 Tory，英国保守党前身。1679 年英国议会讨论约克公爵詹姆斯是否有权继承王位时，赞成者则被政敌称为“托利”，词源于爱尔兰语，意为“不法之徒”。——编者注

4 Whigs，英国自由党前身。1679 年英国议会讨论约克公爵詹姆斯是否有权继承王位时，反对者被政敌讥称为“辉格”，词源于苏格兰语，意为“强盗”。——编者注

器反抗太后及法国军队。流亡在日内瓦的约翰·诺克斯[1]猛烈抨击外族统治，强烈谴责“女人的邪恶统治”。他的谴责声明，女子治国是不合理的。伊丽莎白女王不安地注视着这一切。如果法国势力控制苏格兰，他们的下一步行动将是夺取她的王位。由于缺少金钱，伊丽莎白无力采取重大的军事行动，只能派舰队封锁苏格兰港口，防止法国增派援兵。武器和给养从英格兰偷偷地运进苏格兰，交给新教派。诺克斯获准经英格兰返回故土苏格兰，他的说教具有很大影响力。英格兰派一支小部队支持苏格兰的新教徒。在此关键时刻，玛丽·吉兹去世。伊丽莎白女王付出微小的代价，收效却很大。根据1560年的《利思条约》[2]，苏格兰新教获得了合法地位。法国国内也发生了宗教冲突，同时还必须集中力量对付哈布斯堡王朝的大帝国。伊丽莎白女王获得了喘息机会，可以考虑后续的问题。

英格兰国家的安全终究要取决于王位的顺利传袭，这是当时人人确信无疑的原则。伊丽莎白女王的婚姻问题非常棘手，已经成为当时人人关心的政治问题。她对这个问题的态度显示出她的坚强而复杂的性格。全国人民深知她所担负的责任。假如她同英国人结婚，她的权威可能会削弱，求婚者之间也会互相残杀。她对诺森伯兰的漂亮潇洒、满怀壮志的小儿子罗伯特·达德利有强烈而持久的爱情，并封他为莱斯特伯爵。她从朝臣对此事的反应中看出，在国内择婚必然会引起不幸的后果。这条路是根本行不通的。她在登基的最初几个月里，还必须考虑她的姐夫西班牙国王腓力二世的求婚。她的姐姐玛丽女王同西班牙人结婚后遭到了不幸，可是她本人如果同腓力二世结婚可能会得到一个强大的朋友，而拒绝婚事则会使腓力二世在宗教方面的对立情绪爆发出来。1560年，伊丽莎白女王的处境暂时好转，因此可以拖延一

1 John Knox（1513—1572），苏格兰宗教改革家，苏格兰长老会创办者，被誉为“清教主义的创始人”。——译者注

2 *Treaty of Leith*，因政治、经济、宗教诸种原因苏格兰和英格兰在中世纪发生过多次战争，最终于1560年签订《利思条约》而结束，苏格兰新教派获得合法地位。——编者注

时，等待时机。同欧洲的某个国王结婚将会使她卷入这个国家的欧洲政策，也会使她被丈夫的敌人所仇视。国会上下两院恳求独居闺房的女王择夫配偶，生个继承人，结果都白费气力。伊丽莎白女王很生气，表明她不会听任何人的劝告。她决心独居一生，以使人民免于承担联姻产生的义务，同时她还利用未婚这个条件吸引求婚者，分化反对她的欧洲联盟。

* * *

当时的苏格兰国王是玛丽·斯图亚特。她的年轻丈夫弗朗索瓦二世即位不久便与世长辞。1560 年 12 月，她回到了苏格兰。她母亲的几个叔叔吉兹兄弟不久在法国宫廷失势，她的婆婆凯瑟琳·德美第奇取代吉兹兄弟，担任查理九世[1]国王的摄政王。在 16 世纪后半期的一段时间里，法国、英国和苏格兰这三个国家均由女子掌权，不过只有伊丽莎白女王的权力是稳固的。

玛丽·斯图亚特和伊丽莎白秉性完全不同，尽管两人的处境在某些方面有若干相似之处。玛丽·斯图亚特也是亨利七世的后代，身居王位，生活在女子为王的罕见时代。她此时居孀未婚。她在苏格兰的出现打破了伊丽莎白女王通过《利思条约》所获得的微妙的平衡局面。英国贵族中的天主教势力支持玛丽·斯图亚特的要求，北方的贵族尤其活跃。他们当中的一部分人梦想得到玛丽·斯图亚特的支持。伊丽莎白女王了解她的对手，知道玛丽·斯图亚特的政治态度不能摆脱感情的束缚。玛丽·斯图亚特缺乏伊丽莎白女王在童年时代的艰难风险中学会的谨慎自制，她的婚姻反映了两位女王的区别所在。伊丽莎白女王看出并避免了在自己的宫中择臣为夫的危险，而玛丽·斯图亚特在回到苏格兰几年之后，便和自己的堂弟达恩利勋爵亨利·斯图亚特

---

1 Charles Ⅸ（1550—1574），法兰西瓦卢瓦王朝第十二位国王（1560—1574 年在位），在位时法国爆发宗教战争。——编者注

结了婚。亨利·斯图亚特是一个体弱傲慢的青年，兼有都铎王族和斯图亚特王族的血统。这次婚姻产生了灾难性的后果。封建派系的长期斗争在宗教冲突的刺激下更加激烈，玛丽·斯图亚特逐渐丧失了她的权力。她从讲究文明的法国宫廷带来的宠臣不受欢迎，其中的戴维·里乔在她的面前惨遭杀害。她的丈夫也成为反对派的工具，她气愤之下密谋杀死了他。1567 年，她同杀害丈夫的凶手博斯韦尔伯爵詹姆斯·赫伯恩结婚。赫伯恩是个好斗的边疆贵族，他那动辄饮血的宝剑也许会保住玛丽的王冠和幸福。后来玛丽·斯图亚特斗争失败，身陷囹圄。1568 年，她设法逃到英格兰，自投伊丽莎白女王的罗网。

玛丽·斯图亚特在英格兰比在苏格兰时构成的威胁更大，她成为谋害伊丽莎白女王的各种阴谋活动的中心。她的生存威胁着新教英格兰的存在。西班牙的密使偷偷地溜进英格兰，煽动叛乱，拉拢天主教徒。反对宗教改革的各种力量纷纷爆发出来，要摧毁欧洲唯一统一的新教国家。如果信奉新教的英格兰被摧毁，其他所有国家的新教似乎都会遭到扼杀。第一个措施就是进行暗杀。可是伊丽莎白女王有忠实得力的仆人。塞西尔的助手、后来同他争权夺势的弗朗西斯·沃尔辛厄姆[1]追查到西班牙密使和英格兰叛徒的行踪。沃尔辛厄姆是个才思敏捷、学识渊博而又积极活跃的新教徒，在玛丽·都铎女王执政期间一直流亡国外，对欧洲政治的了解胜过伊丽莎白女王的任何一位谋臣。他建立的秘密警察队伍在当时各国无可匹敌。然而，这支队伍再精干也难免有人漏网。玛丽·斯图亚特生存一天，危险就存在一天，心怀不满的民众和包藏祸心的人物会利用她本人和她的英格兰王位继承权来废黜伊丽莎白女王。1569 年，这种威胁变成了现实。

英格兰北部的社会比肥沃的南方落后得多。目空一切、桀骜不驯的半封建贵族感到，他们不仅受到伊丽莎白女王权力的威胁，也受到以塞西尔家族

1　Walsingham Francis（约 1532—1590），英格兰政治家，受封为弗朗西斯爵士（Sir Francis），曾任伊丽莎白一世首席秘书。——编者注

和培根家族为首的大批新贵们的威胁；这些新贵在关闭修道院的运动中发了横财，想进一步攫取政权。尤其重要的是，北方和南方在宗教方面存在着严重的分歧。南方主要信奉新教，而北方仍然是天主教的堡垒。在荒凉贫瘠的溪谷里，修道院一直是社会生活和慈善事业的中心。它们的灭亡导致天主教徒对亨利八世发动“求恩巡礼”活动，如今又使他们对伊丽莎白女王的宗教改革进行顽强的抵抗。有人建议玛丽·斯图亚特和诺福克公爵结婚。诺福克公爵这个爵位在都铎王朝之前的贵族中颇为显赫，他的懦弱头脑现在被调转方向，要对准王位进行一场赌博。不过他及时悔悟了。1569 年，诺森伯兰伯爵和威斯特摩兰伯爵在北方发动叛乱。玛丽·斯图亚特被关在塔特伯里镇，由伊丽莎白女王的表兄、军人亨斯顿勋爵看守。此人是伊丽莎白女王为数不多的亲属之一，始终对她忠心耿耿。叛乱者快要抢到玛丽·斯图亚特的时候，她才被匆忙转移，押往南方。伊丽莎白女王没有及时认识到当时的危险，她说：“这几个伯爵虽属名门望族，可是力量不大。”叛乱者计划占领英格兰北部，等待王军前来进攻。他们内部互不信任。南方信奉天主教的贵族按兵不动。叛乱者似乎没有统一的行动计划，在北方的山区分裂成许多小股武装，后来狼狈地逃到苏格兰境内。天主教徒反对伊丽莎白女王的大规模运动的第一幕就此告终。伊丽莎白女王在惨淡经营 12 年之后，终于完全巩固了自己的统治地位。

*　　　　*　　　　*

罗马教廷迅速采取报复措施。1570 年 2 月，曾经担任教会法庭首席法官的教皇庇护五世[1]下令革除伊丽莎白女王的教籍。从那时起，欧洲天主教世界的首领西班牙有了宗教武器，在需要的时候就可以利用它攻击英格兰。伊丽莎白女王的力量受到削弱。国会对伊丽莎白女王始终不嫁日益不满，不断恳

1 Pius V（1504—1572），意大利籍教皇（1566—1572 年在位）。——编者注

求她择婚联姻。伊丽莎白女王对此十分恼怒，气愤之下采取了行动。她开始同凯瑟琳·德美第奇谈判，1572 年 4 月，双方在布卢瓦结成政治联盟。二者对西班牙都抱着不信任的态度。凯瑟琳意识到，天主教的法国和新教的英格兰都受到了西班牙的威胁。在一个较短的时期内，局势的发展有利于伊丽莎白女王。西班牙的薄弱环节是尼德兰，那个富庶地区的好斗居民长期对腓力普二世的统治感到不满，整个地区即将爆发叛乱。《布卢瓦条约》尚未签字，素称“海上乞丐”（Sea Beggars）的荷兰反专制主义者夺取了布里尔镇，叛乱的怒潮席卷各个低地国家。伊丽莎白女王在欧洲大陆上有了一个潜在的新盟友。她甚至想同凯瑟琳太后的一个小儿子结婚，条件是法国不要乘机入侵尼德兰。由于巴黎发生一次可怕的事变，这门婚事的可能性消失了。在 1572 年 8 月 23 日的圣巴托罗缪节[1]前夕，亲西班牙的极端天主教徒吉兹家族突然对胡格诺教派[2]发起大屠杀，夺回了 10 年前失去的政权。伦敦市群情激愤，英国驻法大使弗朗西斯·沃尔辛厄姆奉召回国。法国驻英大使入宫想就这次事件进行解释时，伊丽莎白女王及其朝臣身穿黑衣丧服默然以对。她在履行新教国家女王的职责之后，还充当法王之子的教母，同时继续就她和法王之弟的婚事举行商谈。

伊丽莎白女王没有实现同法国结盟的计划，因此不得不对法国的胡格诺教派和荷兰人提供秘密援助。由于资金有限，她只能在受助者濒于失败之时给予帮助，因而成功与否完全在于是否找准时机及时提供援助。沃尔辛厄姆已经升任国务秘书，在枢密院里的地位仅次于塞西尔，他觉得这些援助远远不够。他在玛丽统治时期的流亡生活以及在巴黎的多年驻节使他感到，只有

1　St Bartholomew’s Day，是纪念耶稣十二门徒之一巴托罗缪的节日。1572 年 8 月 23 日，“圣巴托罗缪节”前夜，巴黎天主教会在国王的支持下，利用胡格诺派重要人物到巴黎参加该派领袖婚礼的时机，突然发动袭击，杀害胡格诺派教徒 2000 余人，此事件被称为“圣巴托罗缪惨案”，重燃法国宗教战争。——编者注

2　Huguenots，原意“日内瓦宗教改革的追随者”，是欧洲宗教改革运动中的一个宗教派别，宣扬加尔文教义，反对国王专政。1559 年法国的加尔文教会举行全国会议正式确认加尔文信条，他们在法国被称为“胡格诺派”。因《南特敕令》而得到合法地位，后又遭迫害，直到 19 世纪初才得到国家正式承认。——编者注

英格兰对欧洲大陆的新教给予大量的支持和援助，新教才能在那里生存下来。从长远看，同天主教派和解是不可能的，总有一天要发生战争。他要求在最后的较量到来之前，尽力争取和保持潜在的盟友。

塞西尔反对这一主张，他此时已经成为伯利勋爵。自亨利七世以来，都铎王朝一直同西班牙保持着友好的关系，阿拉贡的凯瑟琳同亨利八世结婚集中体现了这种关系，商业方面的利益则使这种关系不断加强。西班牙仍然控制着尼德兰的大部分地区，英国同这样的大国亲善友好可以为自己的羊毛和布匹保持很大的市场。玛丽女王同腓力二世的婚姻曾在英格兰引起普遍反感。然而伯利勋爵认为，不宜因此采取极端措施，不要参与尼德兰叛乱者反对腓力二世的活动。这样的措施会对清教徒极端主义者火上浇油，从而使外交政策掺入危险的狂热情绪。伯利勋爵在 1572 年出任财政大臣，他的态度自此更加强硬。他知道英国财政紧张，担心同西班牙和尼德兰的贸易中断，坚持认为沃尔辛厄姆的政策将导致经济崩溃和灾难。

伊丽莎白女王倾向于这种看法。她不太愿意支持别国的叛乱者。有一次她用嘲笑的口吻对沃尔辛厄姆说，这些叛乱者就是“你和你的基督教兄弟们”。她对顽固的清教派持不赞许的态度。圣巴托罗缪节前夕的屠杀使沃尔辛厄姆的主张显得非常正确，伊丽莎白女王被迫在尼德兰发动冷战，在海上也进行了不宣而战的袭击活动，随之招致强大的西班牙舰队的进攻。

*　　*　　*

上述事件对英国政治具有一定的影响。绝大多数清教徒起初愿意遵奉伊丽莎白女王的教会，企图从内部改造它，他们这时极力迫使政府采取新教的强硬对外政策，同时保证他们的宗教自由。他们在国内拥有强大的力量，在宫廷和枢密院有沃尔辛厄姆这样的同盟者。伊丽莎白女王的宠臣莱斯特同沃尔辛厄姆关系密切。在英格兰的东南部各郡和城市，清教徒甚嚣尘上。他们无视伊丽莎白女王的教会机构，开始成立自己的教会，有自己的牧师和礼仪。他们的目标是建立神权专制。他们同天主教徒一样，认为教会和国家应该分开，各自独立。同天主教徒不同的是，他们认为教会权力应该掌握在长老会手里，长老会应由教徒自由选举，一旦选出，便拥有无限权力，可以在人们生活的许多方面取代俗权进行统治。

对清教徒来说，伊丽莎白女王控制的英国国教的礼拜仪式、包罗万象的教会法和主教统治制度都是邪恶的，都不符合加尔文对《圣经》的解释。英国国教比较软弱，容易妥协。除了伦敦、各个大学和几个大城市之外，其他教区的牧师在伊丽莎白女王执政初期处于无足轻重的地位。有些牧师为了保住薪俸服从爱德华六世的教会，在玛丽女王统治时期又改变了自己的信念，最后为了糊口只好接受一个乡村法庭所说的“女王陛下规定的教义”。他们略懂拉丁文，但几乎连旧版本的布道书也读不下来；他们学识不足，甚至无法作一次像样的布道，他们根本不是挑战者、说教者和粗俗的小册子作者的对手。后一批人具有宗教热情和新观点，能言善辩，不断地把牧师的教徒拉到他们一边，并且向这些教徒灌输新奇惊人的观点，向他们宣传会众有权自行组织教会、自选礼拜仪式和自定教会制度。那么他们难道就不能建立自己的政治制度吗？如果在英国不行，在别的国家大概可以吧？英国社会的表面出现了一条裂痕，这条裂痕将扩大为一条很深的鸿沟。路德宗同君主配合得比较协调，甚至放弃了自己的一切权利；而在欧洲取得发展的加尔文宗则是一股破坏力量，严重影响了历史的进程。玛丽·都铎女王统治期间逃往国外的流亡者返回国内，东山再起。英格兰教会和国家内部自此有了一种爆炸性的因素，最后将被这种因素所炸毁。伊丽莎白女王知道，清教徒大概是她最忠诚的臣民，可是她怕这些人在强烈的冲动之下不仅会引起她所顾忌的对欧战争，也会破坏国内的统一。她和她的政府都不敢放弃一丝一毫的权力，因为当时的形势不允许国内发生宗教战争或其他任何动乱。

伊丽莎白女王的枢密院对此进行了反击。由一批信奉基督教的专员组成的一个机构受权对出版业进行检查。这个机构叫做高等教会法庭，于1559年成立，负责审理触犯教会权威的案件。主教职能和新闻出版审查员职能的结合激怒了清教徒，他们成立秘密的流动印刷厂，数年间印出大量言辞激烈的匿名小册子。1588年，他们的活动达到登峰造极的地步。他们印刷了一批署名“马丁 · 马普雷莱特”（Martin Marprelate）的小册子，攻击那些“板着一副瓷砖面孔的主教”本人及其工作。他们使用的激烈生动的语言表明，他们已经深刻认识到应用英语散文体的可能性。小册子中用了许多粗俗、尖刻的形容词，句子像干草车一样笨拙。有一段时间，印刷机真就藏在干草车里。高等教会法庭的暗探侦察了几个月，搜查那些进行秘密宣传的人。后来，印刷机在一个村子的大道上偶然地从干草车里掉了出来，印刷者被捕。可是，小册子的作者却始终没有抓到。

*　　　*　　　*

天主教徒也在加强攻势。16世纪70年代，不断有天主教传教士从设在法国的杜埃和圣奥梅尔的英国神学院来到英格兰。他们的使命是培养天主教徒的宗教感情，保持英国天主教徒同罗马教廷的联系。他们初到时并未引起政府的不安，伊丽莎白女王也不相信国内的天主教徒有叛国之意，1569年叛乱的失败使她对天主教徒的忠君之心更加确信无疑。1579年前后，一批令人生畏的传教士开始渗入英国。他们是反对宗教改革的耶稣会传教士（the Jesuits）。他们狂热地维护天主教，不顾个人安危，在接受任务之前受到精心挑选，个个都是勇于为天主教世界的复兴而献身。他们的敌人指责他们为了达到目的而使用暗杀手段。他们当中的头面人物是埃德蒙 · 坎皮恩和罗伯特 · 帕森斯。沃尔辛厄姆的密探密切监视着这些人的活动，多次识破他们要杀害伊丽莎白女王的阴谋。英国政府被迫采取极端的措施。玛丽 · 都铎女王在最后3年的执政期间烧死了300多名新教徒，伊丽莎白女王在后30年的统治时期以叛国罪处死了同样数量的天主教徒。

受到长期监禁的苏格兰女王玛丽·斯图亚特自然是引起上述阴谋活动的主要因素。如果把伊丽莎白女王从人世间消灭掉，玛丽·斯图亚特就可以继承英国王位。伊丽莎白女王本人不愿意承认她的生命受到威胁。这些阴谋使英格兰王位由谁继承的问题更加突出。假如玛丽·斯图亚特去世，她的儿子詹姆斯将成为英格兰王位的继承人，而詹姆斯此时安全地处于苏格兰加尔文宗的控制之下。为了避免出现另一个信奉天主教的女王，必须在耶稣会及其盟友害死伊丽莎白女王之前除掉玛丽·斯图亚特。枢密院中的沃尔辛厄姆及其追随者极力劝说伊丽莎白女王处死玛丽·斯图亚特，他们向女王展示了玛丽·斯图亚特参与一系列阴谋活动的证据，希望女王不要心慈手软。可是伊丽莎白女王不愿伤害王室成员。

有些迹象表明，耶稣会教士的使命并非毫无进展。伊丽莎白女王也不因此匆忙行事，她要等待时机。决定性的时刻马上来到了。1584 年仲夏，反抗西班牙的荷兰新教徒领袖“沉默者”威廉[1]在德尔夫特镇的家中被一个西班牙爪牙刺伤，生命危殆。这次暗杀在英国社会引起了强烈的反响，对沃尔辛厄姆要除掉玛丽·斯图亚特的主张极为有利。由于伊丽莎白女王纵容英国海盗袭击西班牙船只，西班牙人早就对她怀恨在心，此刻则怒不可遏。一旦西班牙人在尼德兰恢复秩序，那里将成为他们对英格兰发动总攻的基地。伊丽莎白女王因此被迫派莱斯特率军前往荷兰，防止荷兰叛乱者彻底失败。

*　　　*　　　*

1585 年，信奉新教的贵族自动联合起来保卫伊丽莎白女王的生命。第二

1　William the Silent（1533—1584），荷兰奥兰治王朝的开国国王（1559—1584 年在位），被认为是反对西班牙统治的英雄，也是欧洲最富有的贵族之一。在出使法国时，法王亨利二世讲述了把基督教新教徒赶出尼德兰的计划，威廉听后大为震惊，但缄口不提反对意见，从而获得“沉默者”绰号。——编者注

年，一个叫安东尼·巴宾顿的英国天主教徒策划的阴谋被揭穿，沃尔辛厄姆在枢密院摆出了证据。他的一个侦探打入密谋者内部已有一年多。密谋者得到玛丽·斯图亚特的默许，这是不可否认的。伊丽莎白女王终于被说服，认识到处死玛丽·斯图亚特是完全必要的政治措施。经过正式审讯，玛丽·斯图亚特被判有叛国罪。国会请求将她处死，伊丽莎白女王终于签署了死刑判决书。不到 24 小时，她又懊悔起来，企图取消死刑，可是已经晚了。她知道处死玛丽·斯图亚特对她的王国的安全是必要的，可是一想到自己要对处死另一位女王承担责任，不禁又感到害怕。她心中忐忑不安，觉得不应该由她作出处死玛丽·斯图亚特的最后决定。

玛丽·斯图亚特就刑的场面引起了史学家的极大兴趣。1587 年 2 月 8 日早晨，她被召到福瑟林盖城堡的大厅里，由她的六名随从陪伴着，等待英格兰女王的官员到来。附近乡下的绅士们纷纷赶到刑场观看处决。玛丽·斯图亚特穿着肃穆的黑缎子衣服在预定的时间出现了。在静静的大厅里，她迈着庄重的步伐走向壁炉旁边用布盖着的断头台。庄严的仪式很快结束。热情的彼得博勒大教堂的教长试图使玛丽·斯图亚特在临死的时刻皈依新教，玛丽·斯图亚特严肃地驳斥了他的大声规劝。她说："教长先生，我是天主教徒，死也要像个天主教徒的样子。谁也无法动摇我的信念，你的祈祷对我也不起作用。"

玛丽·斯图亚特在生命的最后一刻精心地打扮了一番。她在准备就刑时由哽咽着的侍女脱去黑缎子长袍，露出猩红色天鹅绒的紧身围腰和衬裙。一名侍女递给她一对大红袖套，她戴到袖子上。这位不幸的女王身着红装站在断头台上，后面是黑色的背景。大厅里只听得"嗖"的一声，玛丽·斯图亚特双腿一软跪了下去。刽子手又砍了一下，在大厅里呆若木鸡的人群面前完成了自己的任务。随着死神的降临，玛丽·斯图亚特要当英格兰女王的迷梦破灭了。刽子手把一个戴着假发的成年妇女的首级提了起来。从裹着血淋淋尸体的衣服里，爬出了一只巴儿狗。

玛丽·斯图亚特的死讯传到伦敦以后，街上燃起了一堆堆篝火。伊丽莎白女王独自坐在自己的屋子里流泪，不过与其说是为一个女性的死亡而难过，不如说是为一个女王的厄运而悲伤。她设法把这件事的责任推到各位谋臣的身上。

第九章 CHAPTER 9

西班牙无敌舰队

现在，战争已经不可避免。形势明显有利于西班牙。墨西哥和秘鲁生产的黄金和白银源源不断流入西班牙，大大加强了西班牙帝国的经济力量，腓力国王因此可以武装一支空前强大的军队。英格兰统治集团十分了解这种局面。只要西班牙控制着新大陆的财富，她就能建立和装备一支支强大的舰队。因此必须在源头或者在远洋运输船只上夺取这笔财富。为了加强自己的财政实力并破坏西班牙对荷兰和英格兰的备战工作，伊丽莎白女王批准对西班牙沿海地区及其在南美洲的殖民地进行突然袭击，她还佯装对此毫无所知。过了一段时间，伊丽莎白女王意识到，这种分散袭击不能对西班牙帝国及其北欧属地造成致命的创伤。因此，国家对这些袭击的支持逐渐公开化。亨利八世时代残存的海军由约翰·霍金斯[1]进行了扩充和改造。此人出身于普利茅斯的一个商人家庭，曾与葡萄牙在巴西的殖民地做过生意。约翰·霍金斯在非洲西海岸猎取黑奴并把他们运往西班牙殖民地的活动中，掌握了航海

1 John Hawkins（1532—1595），英国16世纪著名的航海家、海盗、奴隶贩子。伊丽莎白一世时代三角贸易的开创者和重要的海军将领。——编者注

技术。1573年，他被任命为财政大臣和海军大臣。更主要的是，他培养了一名能干的弟子，即来自德文郡的年轻冒险家弗朗西斯·德雷克[1]。

被西班牙人称为“海洋大盗”（Master Thief of the Unknown Word）的德雷克，对他们的港口和船只构成了严重的威胁。他直言不讳地说他就是要迫使英格兰对西班牙宣战。他袭击运载金银的西班牙船只，并在1577年作环球航行时对南美西海岸的西班牙殖民地进行掠夺。此外，他还不断袭击西班牙在欧洲的港口。这些行动都是促使西班牙对英宣战的因素。英国水兵根据袭击西班牙本土的经验意识到，只要敌我力量相差不远，他们就能够同西班牙人对抗。凭着霍金斯建造的兵舰，他们可以击沉前来战斗的任何西班牙舰艇。

与此同时，伊丽莎白女王的水兵在没有探测过的水域积累了经验。西班牙处心积虑地封锁别国在已经发现的新大陆进行贸易活动，德文郡的绅士汉弗莱·吉尔伯特[2]因此开始向别处探索。他找到一条从西北方向通往中国的航道，并受到女王的重视。他博览群书，研究过当代探险家们的成就。他知道，他可以利用在法国和尼德兰的零星战斗中锻炼的许多探险家。1576年，他写了《漫谈从西北抵达中国和东印度群岛》（*A Discourse to prove a Passage by the North-West to Cathaia and the East Indies*）一书，书末以著名的警句结尾：“一个人如果怕死而不愿为国家效劳，不愿为自己争光，那么他虽生犹死。须知人终有一死，而荣誉则永世长存。”在这种思想的激励下，马丁·弗罗比舍[3]争取到伊丽莎白女王的特许，到汪洋大海中进行勇敢的探索。英国王室和伦敦市为这次探险提供了资金，两艘25吨重的小船扬帆出海，去寻找黄金。弗罗比舍在哈得孙海峡绘制出海岸图以后，开船返回英国。人们满怀期待，

---

1 Francis Drake（约1540—1596），英国著名的私掠船船长、航海家，伊丽莎白一世时代政治家。曾于1577年和1580年进行了两次环球航行。——编者注

2 Humphrey Gilbert（1539—1583），英国军人、航海家、探险家和海盗、纽芬兰的征服者，英国国会议员。——编者注

3 Martin Frobisher（约1535—1594），英国第一个探测北冰洋的航海家。——编者注

以为他带回的黑矿石标本含有黄金。经过检定，这些黑色矿石里不含黄金，人们大失所望。可见在西北方向的探险中是不能牟取暴利的。

但吉尔伯特并不灰心。在英国人当中，他首先意识到，这些海上探险的价值并不仅仅在于发现贵重金属。英格兰人口过密，他们或许可以到新发现的土地上定居。人们开始憧憬在美洲开辟殖民地，有些敢于冒险的人甚至早已向往在大洋彼岸将要建立的新英格兰。起初，他们的目标是十分实际的。为了把贫穷的失业者运到新大陆以及在土著中替英国布匹打开市场，吉尔伯特在 1578 年获得伊丽莎白女王的特许状，可以“去发现不在基督教国家实际控制之下的任何遥远的、野蛮的异教徒土地，并且可以在那里定居”。他率领他的兄弟沃尔特·雷利[1]与和其他许多出身高贵的冒险家，乘 11 艘船作了几次大有希望的航行，可是每次都未能如愿以偿。

1583 年，吉尔伯特以英格兰女王的名义占领纽芬兰，不过没有在那里长期居住。他决定第二年再试一试，于是便启程回国。他的小船遇到了强大的风暴，“一个个海浪像巨大的金字塔一样迅猛地朝小船压来”。一个名叫爱德华·海斯的幸存者记述了当时的情况，这份文稿至今还在。他说：“9 月 9 日那个星期一的下午，护卫舰几乎被海浪吞没，然后又从浪谷中冲了出来。我们欢呼起来，随船的耶稣会教士拿着一本书坐在船尾，当我们靠近他的时候，听到他反复地说，‘我们在海上也和在陆地上一样靠近天堂。’”当晚 12 点钟，吉尔伯特的“松鼠号”（Squirrel）上的灯光突然消失。英格兰向西探索的伟大先驱遇难了。沃尔特·雷利继承吉尔伯特的未竟之业，于 1585 年在美洲大陆附近的罗阿诺克岛建立了一块很小的殖民地。为了向伊丽莎白女王表示敬意将它命名为“弗吉尼亚”[2]。这个词的含义模糊，后来这一名称包括现在的弗吉尼亚州和北卡罗来纳州。这次冒险活动和两年后的探险都半途而废

1 Walter Raleigh（约 1554—1618），英格兰军人和航海探险家，发现了今南美洲圭亚那地区。——编者注
2 伊丽莎白有处女王之称，弗吉尼亚即处女地之意。——译者注

了。此时，来自西班牙的威胁迫在眉睫，国内集中一切力量准备迎击西班牙人。由于西班牙战争，争夺殖民地的斗争又推迟了 20 年。从两国的财力看，在这场战争中双方力量悬殊，但伊丽莎白女王的海军训练有素，将挽救英格兰免遭灭顶之灾。

*　　　　*　　　　*

西班牙人对于侵略英格兰的计划蓄谋已久。他们意识到，英格兰的干涉是他们重新征服尼德兰的很大障碍，不制服英格兰，尼德兰的动荡局势就会无限期地继续下去。从 1585 年以来，他们通过各种渠道搜集了大量情报。英国流亡者向马德里交了详细的报告，许多间谍为腓力二世提供了地图和统计数字。西班牙档案馆至今还存有入侵英格兰的几份初步计划。

兵源不成问题。如果能在尼德兰维持短期的平静，就可以从那里的西班牙驻军中抽调一部分兵力讨伐英格兰。西班牙认为有一个军团就游刃有余了。建立和装备一支舰队则是一项艰巨的任务。西班牙国王的大部分船只来自他的意大利属地，是根据地中海的条件设计的，不适于沿着欧洲西海岸航行或者横渡英吉利海峡。而那些同西班牙的南美殖民地通商的大帆船又太笨重。1580 年，腓力二世吞并了葡萄牙。葡萄牙海军建设者曾经放眼地中海以外的海洋，试验了能在南大西洋活动的各种船只。因此，葡萄牙大帆船成为西班牙舰队的支柱。整个舰队集结在里斯本港。凡是能够动用的船只都被调到西班牙西部沿海，其中包括印第安护航公司的私有帆船。1587 年，德雷克对加的斯湾进行了历史上有名的袭击，迫使西班牙的备战工作又拖延了一年。这次袭击摧毁了大量的物资和船只，人们说是“烧焦了西班牙国王的胡子”（singeing of the King of Spain’s beard）。然而，强大的西班牙舰队竟然在 1588 年 5 月又准备完毕。这支舰队共有 130 艘船，配备 25000 门大炮，载着 3 万人，其中三分之二是战斗人员。这 130 艘船中有 20 艘战舰，44 艘武装商船，八艘地中海式划桨大帆船，其余的是小划艇或运输船。它们的目标是沿英吉利海峡北上，去尼德兰运载由亚历山大·帕尔马指挥的1.6万久经沙场的远征军，然后把他们送到英格兰南部沿海登陆。

著名的西班牙海军元帅圣克鲁兹已经去世，指挥权由梅迪纳·萨多尼亚公爵[1]行使。公爵对这次行动顾虑重重。他采取地中海流行的战术，舰对舰地进行近距离厮杀，士兵跳到敌舰上进行战斗。他的舰队可以运载大量的军队，数量之多实在令人赞叹。舰上的短射程重炮火力很猛，可是远程炮威力不大，所以英国人在决战以前一直避免近战。西班牙舰队的水手同士兵比起来数量极少，且都是些社会渣滓，指挥他们的是出身高贵、毫无海战经验的陆军军官。许多船只年久失修；军粮根据合同由私人提供，供给者营私舞弊，粮食数量不足，而且已经霉烂变质；盛着饮用水的木桶是用没有干透的木材制成的，水不断地从里面渗出来。舰队司令没有海战经验，曾经请求国王腓力二世免去他对这样一次新奇冒险活动的指挥权。

英国人计划在英格兰西南部的一个港口集结一支舰队，在英吉利海峡的西部入口处截击敌人，陆军则集中在英格兰东南部，准备迎击从佛兰德沿岸前来的帕尔马大军。很难断定西班牙人的进攻将在哪里开始。不过根据当时连日不断的西风可以认为，西班牙舰队可能会沿英吉利海峡北上，同帕尔马会合，然后在埃塞克斯郡沿岸强行登陆。

面对西班牙的备战活动，英格兰全国团结一致。天主教集团的主要人物均被囚禁在伊利岛。但总的说来，天主教徒对王权的忠诚仍未动摇。在蒂尔伯里集结了一支军队，人数达两万之众，由莱斯特勋爵指挥。这支军队同附近几郡的军队加在一起，是不可低估的力量。西班牙舰队尚未到来之时，伊丽莎白女王在蒂尔伯里阅兵，并发表了下面这段激动人心的演说：

---

1 Duke of Medina-Sidonia，源于安达卢西亚森卢卡尔（Sanlúcar de Barrameda）领主古斯芒家族的阿隆索·佩雷斯·德古斯芒（1256—1309），西班牙王国最悠久的公爵封号之一。——编者注

可爱的人们，有些关心我国安危的人劝我们要注意如何对待军队，以防背叛行为。不过你们尽可以放心，我不会对我的可爱和忠诚的人民持不信任的态度。只有暴君才有这种疑虑。你们从我的一贯行动中可以看出，我根据上帝的意旨，把自己的力量和安全寄托于人民的赤诚之中。所以，我来到你们中间，决心在硝烟弥漫的战火中与你们同生死，共患难；为了上帝，为了我的王国，为了我的臣民，为了我的荣誉，为了我的祖先，我不惜战死沙场，马革裹尸。我知道自己是个女人，力微体弱，但是我有国王的心胸，尤其是有英格兰国王的心胸，藐视胆敢犯我国土的帕尔马或任何欧洲君主。我面临外患决不退缩，要拿起武器，亲自挂帅，评定和奖赏英勇奋战的每一个人。凭着目前的战斗热情，你们已经值得奖赏。我以国王的身份保证，你们届时一定会得到应有的奖励。

*　　*　　*

霍金斯建设海军的工作此时将要受到检验。他在西班牙殖民地附近从事海盗活动时积累了丰富的经验，多年前就已开始改革英国船只的结构，高出西班牙帆船甲板的船楼被降低了，龙骨被加深，结构有所改变，以加强船只的适航性和速度。最重要的是，船上配置了远程火炮。自古以来，火炮一直被当作“吃闲饭的武器”，只配在短兵相接的战斗开始之前发出隆隆炮声的信号，以造声势。霍金斯建造的大军舰可以在任何海域中航行，因而他反对打交手仗，主张利用新式火炮在远处轰击敌舰。英国舰队的舰长们都盼望着早日试试这一对付敌人大帆船的这种新战术。敌舰体大不便，桅杆林立，船底平坦，因而风大时很容易漂移。尽管霍金斯竭尽全力，到 1588 年只有 34 艘军舰能够出海，舰上所能运载的军队也不过 6000 人。按照惯例，所有私人船只匆忙集中起来，改装成兵舰，供政府调遣。此次总共征调了 197 艘私人船只，其中至少有半数体积太小而派不上用场。

伊丽莎白女王要求她的水兵“警惕帕尔马的行动”，并对把主力舰队派到西边的普利茅斯的策略感到不安。德雷克则主张采取大胆的措施。他在1588年3月30日的奏折中，建议派主力舰队袭击西班牙港口，不是进攻戒备森严的里斯本，而是攻打离里斯本不远的一个港口，迫使西班牙舰队出来保卫海岸线。行动中，英国舰队一定会遇到西班牙舰队，不过可以凭借风势从西班牙舰队旁边溜过去，一帆风顺地进入英吉利海峡，不会有任何危险。

然而，英国政府采用了更为危险的主张，分遣舰队在南部沿海一线分兵把守，准备从全线迎击敌人，并坚持要派一支小舰队到英吉利海峡东端监视帕尔马的行动。德雷克和他的上司、出生于埃芬厄姆的英国舰队司令霍华德勋爵闻讯大吃一惊，对此忧心不已，经过百般努力才避免政府进一步分散他们的力量。一场南风阻止了英国海军袭击西班牙海岸的行动。他们被风吹回普利茅斯，给养耗尽，许多人得了坏血病。

在此种情况下，他们有充分的时间考虑自己的战略。西班牙舰队于5月20日离开塔古斯河口，也遇到了使霍华德和德雷克行动受阻的强烈风暴。有两艘1000吨的军舰被风暴吹断了桅杆，整个西班牙舰队只得进入拉科鲁尼亚港整修，到7月12日才重新启航。7月19日傍晚，西班牙舰队驶近利泽德岬角[1]的消息传到了普利茅斯港。英国舰队便在当晚的微微逆风中出港迎敌。第二天风力增强，霍华德在7月21日致沃尔辛厄姆的信中叙述了这次海战的情况。

那天晚上我们出港时风力很弱，星期六西南风骤然而起。下午3点钟我们望见西班牙舰队，便全力抢占风向对我们有利的位置，今天早晨实现了这一目的。我们看见他们有120只船，其中有4艘双排桨大帆船

1 Lizard，英格兰最南端的岬角。——译者注

和许多艘吨位很大的舰艇。上午9点钟，我们同敌人开战，一直打到下午一点钟。[1]

如果梅迪纳·萨多尼亚在星期六趁英格兰舰队刚出港时从上风处发动进攻，就会给英格兰人以致命的打击。可是他受着命令的束缚，必须沿英吉利海峡北上，同帕尔马会师，帮助把集结在敦刻尔克附近的军队运到英格兰。人们从他给马德里的报告中可以知道，他根本没有看出这次战机。英格兰舰队艰苦、耐心而又冒着危险驶到西班牙舰队的上风处，在西班牙舰队沿英吉利海峡北上的九天里尾随在后，不断用远程炮进行轰击。英格兰人占了上风处的优势。7月23日，风势减弱，两支舰队在波特兰岬角附近停了下来。西班牙人企图用数百名奴隶划动的那不勒斯大帆船进行反击，可是德雷克和霍华德率队先后冲向西班牙的主力舰队。霍华德报告说："西班牙人被迫退却，像绵羊一样聚到一起。"

紧接着，7月25日，双方在怀特岛附近又进行了一次海战。西班牙似乎打算夺取该岛作为基地。由于西风大作，英国人又占了上风的位置，再次把西班牙人赶到加来方向的海域。麦迪纳不了解帕尔马的动向，想要得到他的消息。英吉利海峡对西班牙人实为一段痛苦的历程，英国舰队的大炮猛轰西班牙帆船的甲板，杀伤船员，打击士气，而英国舰队几乎没有受到任何损失。

麦迪纳接着犯了一个致命的错误，他下令舰队在加来锚地抛锚。停泊在英吉利海峡东端的英国舰队到海峡里同主力舰队会合，英格兰的全部海军力量至此兵合一处。7月28日傍晚，在英国舰队的旗舰上召开了军事会议，决定发动进攻。天黑以后，决定性的战斗开始了。东部分遣舰队的八艘船满载炸药，作为火攻船向密集在锚地的西班牙军舰驶去，它们的作用和现代的鱼

1　引自劳顿所著《西班牙舰队败北记》第1卷第273页。——原注

雷相仿。躺在甲板上的西班牙水手一定看到了奇怪的船只向他们驶来，也一定看到了这些船的甲板上有奇异的灯火在移动。突然，一阵爆炸声惊天动地，熊熊燃烧的大船朝抛锚的西班牙舰队漂流过去。西班牙船长们砍断锚链，将船向远海驶去，结果许多船只撞在一起。最大的帆船之一“圣劳伦斯号”（San Lorenzo）失去了舵，在加来港内团团打转。加来总督拘留了这条船上的所有人员。西班牙舰队的其余船只顺着西南风驶向东边格拉夫林。

麦迪纳派人去通知帕尔马，说他已经来到。7 月 29 日黎明时，他靠近格拉夫林海岸的沙滩，希望看到帕尔马的队伍在船上整装待发，可是他望不见一片白帆。敦刻尔克港内水比较浅，只有在春潮来临和顺风时船只才能驶出这个港口，但目前这两个条件都不具备。帕尔马的部队和船只没有在预定的地点出现。于是，西班牙人回头对付紧追不舍的英格兰人。双方激战了八小时，那是一场短兵相接的水上大混战。英国政府收到了简单的战报：“霍华德摧毁了许多西班牙舰艇，击沉三艘，另外四五艘触岸。”英国人的弹药消耗殆尽，否则西班牙舰艇几乎一艘也逃不掉。霍华德本人并没有意识到自己取得了赫赫战果，他在战斗结束的当天晚上写道：“他们的舰队浩浩荡荡，气势汹汹，可是我们终于把他们的羽毛一根一根地拔下来了。”

备受折磨的西班牙舰队撤出战斗，向北驶去，他们的目标是返回国内，绕道苏格兰北部回国的可怕航程开始了。英国人的小舰艇不声不响地尾追在后，西班牙人不止一次地回头反击。双方都没有足够的弹药。

西班牙舰队的水手在回国的航程中显示了他们的娴熟技术。他们在波峰浪谷、怒海狂涛之中摆脱了后面的敌人。英国军舰缺少粮食和弹药，船员抱怨装备不齐全，因此整个舰队被迫调头南下，驶向英吉利海峡沿岸的港口。老天爷帮了西班牙人一次忙。起先，西风把他们的两艘大帆船吹到挪威海岸，撞成碎片，但是后来风向变了。麦迪纳在日记中写道：“我们在苏格兰北部绕过了不列颠群岛，现在正乘着东北风驶向西班牙。”向南航行时，西班牙人被迫在爱尔兰西部靠岸补充淡水。他们早已把骡马扔入大海。靠近爱尔兰海岸的决定又招致一场灾难。他们的船只已经被英国舰队的炮弹打得百孔千疮。此时又受到秋天风暴的打击，有 17 只船撞到岸上。5000 多名西班牙士兵为了寻水而丧生。不过，仍然有 65 艘以上的舰艇在 10 月间回到西班牙港口，它们约占这次出海舰队的半数。

英国没有损失一只船，死亡人数几乎不到 100，但舰长们却感到失望。30 年来，他们总以为自己的实力胜过敌人。现在他们才发现，同他们战斗的西班牙舰队比他们想象的要大得多。他们自己的军舰装备低劣，在关键时刻缺少弹药，商船上的火炮毫无威力，以致敌舰逃走了一半。他们没有为此次胜利吹嘘，而是记录了自己对舰队状况的不满之处。

对于英国人民来说，打败西班牙的无敌舰队简直是奇迹。30 年来，西班牙的强大力量给英格兰政治舞台投下了令人忧郁的阴影。如今英国人爆发出一股宗教热情，为纪念这次胜利而铸造的奖章上有这样一句拉丁文“Afflavit Deus et dissipantur”，即：“上帝一挥神手，他们四处逃走。”

伊丽莎白女王和她的水手们深知，这句话是战斗的纪实。西班牙舰队确实在战斗中受到了打击，但使他们丧失斗志、望风而逃的却是天气。这次战役具有决定性的意义。英国海军本来也可能取得胜利。虽然他们的船只和给养有限，霍金斯的新战术却带来了胜利。英格兰举国上下感到安慰与自豪。几年以后，莎士比亚写了《约翰王》（*King John*），其中有几句话引起了民众的共鸣：

> 尽管全世界都是我们的敌人，向我们三面进攻，我们也可以击退他们。只要英格兰对它自己尽忠，天大的灾祸都不能震撼我们的心胸。[1]

---

1 引自朱生豪译莎士比亚剧本《约翰王》第五幕第七场。——译者注

第十章 **CHAPTER 10**

光荣的女王

1588年，伊丽莎白女王统治时期的危机宣告结束。英格兰打败西班牙的强大舰队以后，成为世界上的头等强国。她抵御了罗马时代以来最强大的帝国的进攻，她的人民因此觉醒而认识到自己的伟大力量。以伊丽莎白女王为偶像的民族精神和民族热情在她执政末年不断高涨。打败西班牙舰队的第二年，斯宾塞[1]所著的道德寓言诗《仙女王》(*Faerie Queen*)的前三部出版了，诗中歌颂伊丽莎白女王为“光荣的女王”(Gloriana)。其他诗人和朝臣也争相歌颂伊丽莎白女王。她是伟大成就的象征，培育了英格兰的一代英华。

海战的胜利开辟了通过冒险活动赢得财富和荣誉的广阔前景。1589年，理查德·哈克卢特[2]发表了他的巨著《重要远航录——英国的航海与发现》(*The Principal Navigations, Traffics and Discoveries of the English Nation*)。这部书以勇敢的航海家的语言记述了他们的冒险经历。哈克卢特道出了那个时代的冒险精神，他写道，英格兰民族“探索世界各个角落的活动中，简单

---

1 Spenser，16世纪英国诗人。——译者注
2 Richard Hakluyt，英国地理学家。——译者注

地说，在多次环球航行方面，胜过任何国家或民族”。在伊丽莎白统治时期结束以前，又一项重大的冒险活动开始了。几年来，英国人不断绕过好望角或者穿过中东的荒漠向远东探索，最后建立了东印度公司。起初，公司的规模很小，只有 2.2 万英镑的资本，而后来的利润却大得惊人。英国在以后的 300 年内经过惨淡经营得以在印度巩固自己的统治建立起大英帝国，这得归功于伊丽莎白女王在 1600 年对伦敦的一批商人和金融家颁发了建立东印度公司的特许状。

跻身于宫廷中显要地位的一批年轻人，不断恳求年老的伊丽莎白女王允许他们从事许多冒险活动。在以后的几年里，他们在世界各地打击西班牙的力量及其盟友，袭击加的斯和亚速尔群岛，进入加勒比海和低地国家，并且为了支持胡格诺教派而骚扰法国北部沿海。这是在财力不足的情况下进行的一场海上追击战，其间也曾出现过几次高潮。伊丽莎白女王的下一代国王在执政的第一年里，也承受了从未正式宣布的西班牙战争所带来的沉重负担。英国政府采取的政策是在世界各地骚扰敌人，支持低地国家和法国的新教徒，以防敌人集中力量打击英国。同时，英格兰还阻止西班牙人夺取诺曼底和布雷顿港口，因为这些港口可以作为第二次入侵英格兰的基地。由于这些坚持不懈地长期努力，荷兰人和法国的胡格诺教派逐渐取得了胜利，使英格兰如愿以偿。新教运动的旗手、法国王位继承人、统治纳瓦拉王国[1]的亨利最终取得了胜利。他的胜利一方面是由于接受了天主教信仰，另一方面是出于战场上的成功。据说，他曾说过，为了得到巴黎而做一次弥撒是值得的。他皈依天主教的行动结束了法国的宗教战争，消除了以西班牙人为后盾的法国国王对英格兰构成的威胁。荷兰人也开始站稳脚跟。不列颠岛的安全终于有了保障。

1　Navarre，曾为独立的欧洲王国，占有比利牛斯山脉大西洋沿岸土地。南部的王国 1513 年被西班牙征服，1515 年并入西班牙；北部的王国 1589 年与法国国王亨利四世联盟，1620 年被并入法国。——编者注

然而，政府的财力不足以发动新的军事攻势，英格兰无法给西班牙人以致命的打击。包括国会批准的税收在内，王室的岁入不过 30 万英镑。王室和政府的一切费用必须从这笔收入里支出。据估计，击败西班牙舰队用了 16 万英镑，而远征尼德兰的军队曾要求每年得到 12.6 万英镑。英国人的热情逐渐消退了。1595 年，雷利再次出外冒险。这一次是到圭亚那寻找理想中的黄金国，不过一无所获。同时，德雷克和年过花甲的霍金斯进行了最后一次远航。霍金斯在途中生病，当他的舰队在波多黎各抛锚时，他在自己的指挥舱里溘然长逝。德雷克由于自己多年的保护人逝世而十分难过，率领舰队前去袭击富饶的巴拿马城。他以昔日的勇敢精神杀入诺姆布雷德迪奥斯海湾，可是此时的情况发生了变化，过去的日子一去不复返了。西班牙在新大陆的殖民地加强了防务，击退了这次进攻。英国舰队退到远海地区。1596 年 1 月，弗朗西斯·德雷克像上战场一样戴盔披甲，死在自己的指挥舰上。当时的英国编年史家约翰·斯托评价他说："他誉满欧美，恰似当年帖木儿[1]蜚声亚非一样。"

英国和西班牙的战争打得难解难分，双方互相进攻，消耗越来越大，海上战争的壮丽时代就这样逐渐过去了。英国年鉴中至今仍然可以找到关于一次英勇战斗的记载，其中叙述了英国舰队的"复仇号"（Revenge）在亚速尔群岛的弗洛雷斯岛附近进行决战的情况。培根[2]在这段记载中写道："1591 年，英国军舰'复仇号'在理查德·格伦维尔爵士的指挥下进行了难忘的战斗，战斗的激烈程度令人难以置信，它可以说是壮丽的诗篇。虽然这是一场败仗，但它却超过胜利的业绩。'复仇号'很像《圣经》中的参孙[3]，因为他在临终时击毙的敌人比他一生杀死的还要多。这艘军舰像被围在一群猎狗当中作困兽斗的牡鹿，同周围轮番进攻的 15 艘西班牙大军舰搏斗了 15 个小时。

1 Tamburlaine（1336—1405），蒙古贵族，建立帖木儿帝国，征服波斯，击破德里苏丹国，大败马穆鲁克王朝和奥斯曼帝国。——编著注

2 Bacon（1561—1626），英国政治家及哲学家。——译者注

3 Samson，基督教《圣经》中的人物，古代希伯来英雄。——译者注

西班牙舰队共有55只舰艇，其他军舰像挑动打架的人一样，远远地观看这场战斗。在参加战斗的15艘西班牙军舰中，有庞大的‘圣腓力号’（San Philippo）。它重达1500吨，居十二‘海上使徒’（Sea Apostles）之首。这样的庞然大物奉命从‘复仇号’面前撤下来时，却暗自庆幸摆脱了一件苦差事。英雄的‘复仇号’舰上只有200名陆、海军官兵，其中有80名病号，可是她坚持战斗了15个小时，击沉两艘敌舰，击伤多艘，大量杀伤了敌舰上的人员，而西班牙人无法杀上‘复仇号’，只是通过妥协的办法缴获了她。西班牙人对‘复仇号’的指挥官和她的经历赞叹不已。”

我们应该记住那些英国的普通水手。他们有时乘着20吨重的小船航行在烟波浩渺的大西洋上，在资金不足的条件下进行冒险活动，伙食差，报酬少。这些人是值得人们纪念的。他们在许多方面受着死亡的威胁，可能病死、淹死、被西班牙人的枪炮打死、在荒无人烟的海岸上饿死和冻死，或者在西班牙人的监狱中被折磨至死。英国舰队司令霍华德勋爵为他们说出了墓志铭式的句子：“在必要的时候，上帝将再次把我们一起派到苍茫的大海上。”

*　　*　　*

战胜西班牙是伊丽莎白女王统治时期最辉煌的成就，然而并非唯一的成就。击退西班牙舰队缓和了国内的宗教矛盾。天主教复辟的威胁逼近时，英格兰迫于形势转向清教派，当这种威胁随着西班牙舰艇在格拉夫林化为灰烬而消失之时，英格兰又回头转向圣公会。过了几个月，后来成为坎特帕雷大主教的理查德·班克罗夫特在圣保罗十字架前布道时，信心十足地攻击清教徒的信仰。他确信，圣公会不是一个政治团体，而是神圣的机构。他以自己的对立派所具有的那种热情，用唯一恰当的理由保卫圣公会：它不是“女王陛下规定的教会”，而是耶稣的使徒们建立的教会，根据主教继承制度，它能够传袭下来。班克罗夫特还看出，为了维护圣公会的事业，需要一支更好的教士队伍，即需要“信仰坚定”的人。他着手培养这样的队伍。克拉伦顿在100年后写道：“他如果再活一个时期，就能很快扑灭日内瓦的火种在英格兰引起的燎原大火。”伊丽莎白女王逝世的时候，这场大火的余烬仍在冒烟，大有随风再起之势。

伊丽莎白女王培育起来的教会已经同她执政初期迥然不同。当年它三心二意，无所适从，而此时信仰坚定，学问高深，同内部的分裂者和外部的对立派进行更加坚决的斗争；它有了成千上万的信徒，他们珍视它的仪式，把这些仪式当作教会的化身。他们把英格兰国教会视为神圣的机构，对它保持着无限忠诚，正如加尔文宗忠于长老会、独立派忠于地方教会独立制一样。英格兰团结一致，使伊丽莎白女王对人民和宗教的贡献发挥了更好的效果。诚然，后来国内将发生严重的分歧。奥利弗 · 克伦威尔称伊丽莎白为“大名鼎鼎、令人难忘的伊丽莎白女王”。他还说：“我们可以问心无愧地这样称呼她。”那些仍然记着充满灾难和暴行的黑暗年代并看到西班牙威胁的加剧和消除的人，一定同理查德·胡克[1]的精辟论述产生共鸣。为了维护伊丽莎白女王的教会，理查德 · 胡克写了著名的《论教会政治体的法则》（*Of the Laws of Ecclesiastical Polity*）一书。他在书中写道：“过去在上帝和吉迪恩[2]的惩罚下，以色列人民有时会发出痛苦的呼喊，而今天成千上万的民众则会唱出欢乐的歌声，今日的成就可以成为我国所有教堂的题词和标志。感谢万能上帝的仁慈和他的仆人伊丽莎白女王的德行，我们已经转危为安。”

*　　　　*　　　　*

16 世纪 50 年代以来大权在握、功勋卓著的人们陆续进入了坟墓。莱斯

---

1 Richard Hooke（1554—1600），英国宗教改革时期的重要思想家。——编者注

2 Gideon，《圣经》中的以色列法官。——译者注

特在 1588 年底逝世，沃尔辛厄姆死于 1590 年，伯利死于 1598 年。在战胜西班牙舰队以后的 15 年里，其他一些人占着统治地位。同西班牙的战争鼓舞了尚武精神，沃尔特・雷利和埃塞克斯伯爵罗伯特・德弗罗等跃跃欲试的年轻人互相争吵，都想带领人马去打击西班牙人。伊丽莎白女王犹豫不决，她知道自己一生尽力开创的安全局面非常脆弱，她也懂得刺激西班牙帝国是很危险的，因为它有东印度群岛和西印度群岛的财富作为自己的后盾。她年纪渐老，同年轻的一代接触很少。她同埃塞克斯的争吵显示了她在性格上的变化。

埃塞克斯是莱斯特的养子，经莱斯特引荐入宫任职。当时的行政大权控制在小心谨慎的伯利勋爵威廉・塞西尔和他的儿子罗伯特手里。伊丽莎白女王宠幸的是心肠冷酷、倜傥潇洒、野心勃勃的皇家禁卫军司令沃尔特・雷利爵士。埃塞克斯比雷利爵士年轻，性情也更急躁，不久便取代了后者，成为伊丽莎白的宠儿。埃塞克斯同样野心勃勃，他开始在宫廷和枢密院里培植党羽，排挤塞西尔父子的势力。他得到安东尼和弗朗西斯兄弟俩的支持。这两个人的父亲是掌玺大臣尼古拉斯・培根，他和伯利是姻亲，在伊丽莎白执政初期曾和伯利共事。伯利对培根兄弟俩漠不关心，引起他们的不满。他们是十分危险的人物，把埃塞克斯当作合适的挂名领袖，利用他迫使伊丽莎白女王采取更有进取性的政策。兄弟俩都曾在英国驻巴黎使馆供职，并且像沃尔辛厄姆那样，建立了令人惊叹的情报系统。在他们的帮助下，埃塞克斯成为外交事务专家，使伊丽莎白女王看到，他不仅金玉其外，而且满腹经纶。1593 年，他被任命为枢密院成员。那时英国同西班牙的关系两次紧张。埃塞克斯很快在枢密院成为主战派的首领。有一次，年迈的财政大臣从衣袋里掏出一本《公祷书》，用手指着他的年轻对手读道："奸诈好杀者必然短命。"1596 年，一支英国舰队在埃塞克斯和雷利的联合指挥下进攻加的斯城。雷利出色地指挥了争夺加的斯港口的海战。西班牙舰队中弹着火，加的斯城垂手可得；埃塞克斯在海岸战斗中大显身手。英国人在这次作战中巧妙配合，他们占领加的斯城两个星期。可是舰队凯旋时没有带回多少财富，伊丽莎白女王为此感到遗憾。舰队出征期间，罗伯特·塞西尔就任国务大臣。

加的斯之战的胜利提高了埃塞克斯在年轻的朝臣中以及在全国的威望。伊丽莎白女王谦和地接见了他，不过心里忐忑不安。她惧怕年轻人的轻率鲁莽和好战精神，埃塞克斯会不会是这种精神的代表呢？年轻人会不会尊奉他为领袖而抛弃她呢？就目前来说，一切都比较正常。埃塞克斯被任命为军械署总管，并且受权截击将要再次进犯的西班牙舰队。后者正在西班牙西部的港口集结。1597年夏，第二次“入侵英格兰”的行动似乎即将发生。英格兰舰队朝西南方向行驶，奔向亚速尔群岛。它们没有发现西班牙大舰队的踪影，不过，亚速尔群岛倒是很好的基地，它们可以在那里拦劫从新大陆来的西班牙运金船。雷利也参加了这次远征。英格兰舰队没有夺下任何一个港口，也没有碰到西班牙运金船；而西班牙舰队却在这时驶入比斯开湾，畅行无阻地扬帆北上。海风又一次救了英格兰。西班牙舰队遇到了强劲的北风，船只难以操纵，被风暴吹散了队形，有沉没的危险，只好退回港口。腓力二世跪在埃斯科里亚尔的小教堂里，为他的舰队祈祷。舰队撤回的消息还没有送到，他突然全身瘫痪。当舰队败归的消息报到宫中时，他已经奄奄一息了。

埃塞克斯回国时，伊丽莎白女王仍然精力旺盛，亲掌权柄。亚速尔群岛之征由于内部争吵和混乱而一无所获，伊丽莎白女王对此十分恼怒。她声称决不再把舰队派出英吉利海峡，她果然这样做了。埃塞克斯离开宫廷，威望一落千丈。他知道自己被误解了，他的朋友们也有同感。他想入非非，考虑着一个又一个对策。一群人聚集在他的周围不断地出谋划策，企图使他重获女王的恩宠。

爱尔兰的动乱日益加剧，似乎正是埃塞克斯再得女王的好感并且重树威望的天赐良机。在伊丽莎白女王统治期间，爱尔兰的动乱一直是棘手的问题。亨利八世名义上当过爱尔兰国王，但他的实权并未扩大。英格兰给爱尔兰酋长加官晋爵，希望他们成为英国式的贵族。可是他们仍然不肯放弃长期互相争斗的部族生活，无视都柏林各位副总督的命令。反宗教改革运动刺激并促使人们反对信奉新教的英格兰。对于伊丽莎白女王的伦敦政府来说，这是个令人担忧的战略问题，因为爱尔兰人的不满情绪可能会被英格兰的敌国所利用。一些精明能干的人先后出任总督，率领小股军队前往爱尔兰恢复秩序，推行英格兰的法律。政府还派可靠的人到爱尔兰定居，加速那里的殖民化。然而，这些措施收效甚微。在伊丽莎白女王统治的前30年里，爱尔兰发生了三次大规模的叛乱。16世纪90年代，爱尔兰爆发了第四次叛乱，引起了旷日持久、代价惨重的战争。

蒂龙伯爵休·奥尼尔在西班牙人的支持下，严重威胁着英格兰对爱尔兰的统治。如果埃塞克斯成为总督并且镇压这次叛乱，他就有可能在英格兰恢复自己的权力。这是一次危险的赌博。1599年4月，埃塞克斯获准率领一支英格兰大军前往爱尔兰。他在那里一无所获，几乎一败涂地。可是他竟然做出了戏剧性的事情。他胆敢违抗女王的明确命令，擅离职守，骑马奔回伦敦。罗伯特·塞西尔静待他的对头由于野心勃勃而陷入失败的泥沼。埃塞克斯同伊丽莎白女王发生了激烈争执，结果被软禁家中。几个星期以后，埃塞克斯和他的年轻伙伴，包括莎士比亚的保护人南安普敦伯爵，孤注一掷地策划了一场阴谋。他们要在伦敦发动叛乱，进攻白厅，逮捕伊丽莎白女王。为了反映这次阴谋的结局，莎士比亚后来在萨瑟克创作了《理查二世》（*Richard* Ⅱ），剧中以国王下台为高潮。

这场阴谋未能得逞，它在1601年2月以埃塞克斯在伦敦塔里身首异处而告终。观看处决的人群中有沃尔特·雷利。他默默地走到白塔[1]的门口，沿着军械库的楼梯爬上去，俯瞰埃塞克斯的断头台。伊丽莎白女王的这个亲信最

1 White Tower，伦敦塔的一部分。——译者注

后也在那里遭到同样的下场。年轻的南安普敦伯爵保全了性命。

伊丽莎白女王对这次利害攸关的阴谋事件比较了解。埃塞克斯不仅仅是一位努力博得并强求女王宠幸的朝臣，而且是宫廷里争权夺势的一个派系的领袖。他知道女王年事已高，企图操纵王位继承问题，控制下一代国王。可是，当时并不是多党政治的时代，而是保护与被保护关系的时代。埃塞克斯同雷利没有原则分歧，培根兄弟俩同塞西尔之间也是如此。官职和权势的好处很有诱惑力，埃塞克斯如果取胜，他可以在英格兰任意封官许愿，甚至对伊丽莎白女王发号施令。伊丽莎白女王经历过长期的政治风云，能够对付这位比她年轻一半的、野心勃勃的朝臣。由于粉碎了埃塞克斯的阴谋，她使英格兰避免了内战的灾难。

就爱尔兰的局势而言，埃塞克斯逃回英格兰对其国人倒是一件好事。接替他的是芒乔伊勋爵。此人是个坚韧不拔、精神饱满的指挥官，很快就镇压了这次叛乱。西班牙在 1601 年派一支 4000 多人的援军在金塞尔港登陆时，为时已晚。芒乔伊击溃了爱尔兰人的队伍，迫使西班牙援军投降。蒂龙伯爵最后也屈服了。爱尔兰终于被英格兰的武力所征服，这虽然只是暂时的征服，但毕竟是一场胜利。

*　　　*　　　*

如果说埃塞克斯威胁了伊丽莎白女王的政治大权，那么他于 1601 年在国会里对女王的立宪权的威胁则更严重地影响着未来的局势。在伊丽莎白女王统治期间，国会的影响和权力一直在扩大。专利权的问题引起了纠纷。一个时期以来，王室通过各种手段弥补自己的微薄收入，这其中就包括对朝臣和其他人授予专利权，以取得一定的报酬。有一些专利权说是为了保护和鼓励发明创造，但它们往往与非法的特权无异，其结果必然是物价上涨，加重每个公民肩上负担。民众对此深为不满。1601 年，这种不满情绪导致了下议院开始正式辩论。一名议员愤怒地宣读了开列着各种专利权的单子，其中包括从制铁业到制作沙丁鱼干的专利，真是各种专利无所不有。另一名普通议员喊道："那上面写了面包专利权吗？"场里顿时举座哗然。这种混乱状况受到议长塞西尔先生的谴责。他说："当有人发言的时候，你们竟然大吵大闹，真是无礼至极。这简直不像是国会，倒像是一所中学。"伊丽莎白女王则采取比较灵活的对策。倘若下院议员们就他们的建议进行分组表决，她的立宪权力的基础就会受到全面攻击。她立即采取行动，废除了一些专利权，并且答应对所有的专利权进行调查。上述手段使她免遭直接攻击。她在王宫里对奉召前来的大批下院议员发表了精彩的演说。她说："上帝置我于万人之上，我实感荣幸，但我能依靠你们的爱戴治理国家，则是最大的荣幸。"这是她同下院议员的最后一次会面。

伊丽莎白女王在她统治期间的动荡年代里表现出的无限活力，现在渐渐地无情地消失了。她在自己的屋里一连数日躺在一堆垫褥上，默默地忍受着常常持续几小时的阵痛。室外走廊里不时回响着匆促不安的脚步声。罗伯特·塞西尔终于壮着胆子上前和她说话："陛下，为了满足人民的意愿，你必须躺到床上去。"他得到的回答是，"臣子，对君王难道可以用'必须'这个词吗？"伊丽莎白女王曾经称之为"黑脸小管家"的坎特伯雷大主教、年迈的惠特吉夫特跪在她的身旁祈祷。1603 年 3 月 24 日清晨，伊丽莎白女王离开了人世。

*　　　　*　　　　*

都铎王朝就这样结束了。100 多年来，它的历代国王都只有数量有限的近卫军，却能够保持王位，维持治安，击退欧洲的军事进攻和外交攻势，指引国家顺利地经历了一系列可能会使它毁灭的变迁。国王和上、下两院精诚合作，国会在这个基础上成为影响重大的机构。英格兰的君主制传统得到恢复和发扬光大。然而，这些成就并不能保证永不消失，国王只有深得人心才能治理国家。王位即将传给苏格兰人，他们在政治上本能地仇视英格兰的统治阶级。都铎王朝所培育的那种同国会的友好关系结束了。新国王即位不久便同这个不断发展壮大的国家的力量发生冲突，结果发生了内战、共和插曲、王政复辟和革命。

PART 5
内战烽烟

THE CIVIL WAR

第十一章 CHAPTER 11

王位的结合

苏格兰国王詹姆斯是苏格兰女王玛丽的独生子。他从少年时期起就受着加尔文宗的严格教育，可是他并不十分喜欢这个教派。他没有金钱，加之受着老师的严格约束，因而长期对英格兰王位垂涎三尺。在他戴上苏格兰王冠之前，这顶桂冠一直是可望而不可即的。埃塞克斯同罗伯特·塞西尔争夺权力和皇恩的斗争，随时可能激怒同詹姆斯只有一些通信联系的伊丽莎白女王，如果她一气之下采取果断行动，詹姆斯就只能望英格兰王冠而兴叹了。现在看来，一切似乎已成定局。在伊丽莎白女王死后的紧张日子里，塞西尔是他的盟友和干练的助手。他被宣布为英格兰国王詹姆斯一世，且未遭到任何反对。1603 年 4 月，他悠然自得地从霍利鲁德宫[1]前往伦敦。

他是个不熟悉情况的陌生的外族人，统治英格兰的能力尚待考验。特里维廉[2]写道，詹姆斯一世"对英格兰及其法律一无所知，在纽瓦克有一个小偷被当场抓获时，他下令不经审讯而凭他一句话把这个小偷绞死"。这个命令没

1 Holyrood，苏格兰王宫。——译者注
2 Trevelyan（1876—1962），英国史学家。——译者注

有得到执行。詹姆斯一世对他的加尔文宗老师的政治观点深有反感，对于国王的地位以及君主掌理国事的神圣权利有自己的看法。他是一个学者，自称为哲学家，一生发表了许多小册子和专题文章。他的著作从抨击巫术和吸烟到阐述政治理论，涉及许多方面的问题。他带着成见和喜欢说教的弱点来到英格兰，殊不知英格兰正在发生变化。随着都铎王朝的终结，人民对君王的盲从也就此告终。西班牙对英格兰已经不再构成威胁。英格兰王位同苏格兰王位的结合使外部敌人在不列颠岛上失去了盟友，甚至很难找到立足之地。都铎王朝曾经利用乡绅阶级同老派贵族抗衡，并且把地方统治权交给该阶级，因此它在都铎王朝结束之后感到自己有很大的力量。英格兰解除了外部忧患，可以集中精力处理国内事务。一个强大的阶级跃跃欲试，也要参与国家的管理。另一方面，詹姆斯继承王位的权利并非没有异议，所以国王的神圣权利又重新搬了出来，以加强他的地位。原先确立这个权利是为了肯定国家主权，反对无所不在的教会势力和大帝国的统治，根据神圣权利要求统治国家的国王，同沿袭古老传统的国会怎样实现和解呢？

比这些重要问题更严重的，是一场即将来临的严重财政危机。从新大陆运来的金银抬高了价格，欧洲各地普遍出现通货膨胀。王室的岁入是固定的，因此它的实际购买力逐年降低。伊丽莎白女王厉行节约，推迟了一场冲突。可是这场冲突不可避免，而且必然引起对宪法的严重挑战。谁对税收问题有最后决定权呢？人人都接受这样一条原则："国王只能根据人民赞同的法律实行统治，不应该把人民不赞成的东西（如捐税等）强加给他们。"不过并没有人对这条原则进行分析，或者探索出它的确切含义。如果这是英格兰的一条根本法律，那么它是从中世纪延续下来的，还是前几代国王对臣民过于放纵所致？它是英国人生来就有、不可剥夺的权利，还是可能被取消的让步呢？国王是否受法律的约束呢？由谁来制定法律呢？在 17 世纪的大部分时间里，人们努力在历史上、法律上、理论上和实践中寻找这些问题的答案。律师、学者、政治家和军人都参加了这场大辩论。人们见到没有发生王位之争，如释重负，因而忠诚地甚至热情地拥戴新国王。可是没过多久，詹姆斯一世和他的臣民在上述以及其他问题上发生了分歧。

詹姆斯召开的第一届国会立即提出了国会特权和国王特权的问题。下议院起草了一份措辞恭敬而语气坚定的奏折，提醒国王说，他们的权利包括选举自由、言论自由以及在国会开会期间免遭逮捕的权利。他们在奏折中还抗辩说："国王的特权可以轻易地与日俱增，而臣民的权利多半是长期原封不动。……据说，人民在他们比较了解的问题上发出的呼声是上帝的意旨。"詹姆斯一世同他的儿子后来在位时一样，对这些反映全国意见的呼声嗤之以鼻，轻率驳回，认为这是出言不逊，欺君罔上。

在此之前，詹姆斯一世一直过着清苦的生活。此时他认为自己是一个富翁了。随他来到英格兰的"苏格兰穷光蛋"也迅速地发家致富。宫廷费用急剧增加。不久，詹姆斯一世出乎意料地发现自己入不敷出。这就需要经常召集国会，议员们通过频繁的国会会议自然有了组织起来的机会。詹姆斯一世忽略了一个问题，即没有像伊丽莎白女王那样通过自己的枢密院官员左右国会。已经受封为索尔兹伯里伯爵的罗伯特·塞西尔同下议院没有直接联系。詹姆斯喜欢说教，常常对议员们说，他有进行统治的神圣权利，而他们则有满足他的一切需要的重要义务。

自古以来有一种根深蒂固的看法，认为国王应该"自力更生"（Live of his own），王室领地和海关的传统收入应该足以维持政府机构。历届国会都把关税收入归于国王，除紧急情况外不另外拨款。为了满足自己的需要，詹姆斯一世不得不强调和重申中世纪国王的征税特权。这种做法立刻激怒了国会。议员们仍然记得，他们不久以前在专利权的问题上对伊丽莎白女王取得了胜利。幸好法官们判定港口归国王直辖，他有权决定增加关税。这笔收入同封建制度下的拨款不同，它随着国家财富的增长和物价的提高而增加。下议院对法官们的裁决提出异议，詹姆斯一世却弄巧成拙，使这个问题成为牵涉到国王特权的法律纠纷。这个问题因此暂时被搁置起来。

詹姆斯一世在宗教问题上早有自己的看法。他即位伊始，伊丽莎白女王在16世纪90年代摧毁的清教徒组织就向他请愿。这些反对国教的人以为，新国王既然来自加尔文宗占统治地位的苏格兰，就一定会支持他们的立场。如果换上一个比较温和的教派，那么在宗教礼仪方面进行一些改革就可能会使它满意。可是詹姆斯一世曾经备尝苏格兰教会的苦头。他意识到，从长远来看，加尔文宗势必同王权发生冲突；假如百姓在宗教方面可以自作决定，那么在政治上也同样可以自作主张了。1604年，他在汉普顿宫为清教徒领袖和国教领袖召开双边会议。他在会上暴露了自己的偏见，指责清教徒企图“使苏格兰长老会同国王势不两立，就像上帝和魔鬼不能相容一样。……这样，随便什么人都可以聚集一起，任意审查我和枢密院以及我们的一切活动。某某会站起来说：‘必须如此如此。’某某则会回答说：‘不，应该这般这般。’……我希望你们过七年之后再向我提出这些要求。到那时我如果胖得喘不上气来，也许会听从你们的意见。那么就让这个政府干下去吧，我以后肯定不会喘不上气来的。这样，我们就会有足够的事情可做，也都会有利可图”。詹姆斯一世的这一席话明确说明，他不会对国教作出任何改革。他的口号是“没有主教就没有国王”。

天主教徒既有忧虑，也抱着希望，因为国王的母亲——太后毕竟是他们的支持者。他们处境困难。如果教皇允许他们效忠国王，詹姆斯一世可能会允许他们在英格兰传教。可是教皇不肯作出这个让步，禁止教徒忠于信奉异教的国王。在这个问题上没有任何回旋的余地。欧洲大陆在服从君主的问题上发生了分歧，詹姆斯一世也积极加入这场争论，曾经攻击伊丽莎白女王的耶稣会在罗马拥有很大的势力，他们出版许多书籍，否定詹姆斯一世的继承权。似乎到处有人在策划阴谋。詹姆斯一世虽然颇能容忍，也不得不采取行动。凡是拒绝参加英格兰国教仪式的天主教徒要交罚款，他们的教士则流放异地。

几个天主教贵族感到失望和不满，计划利用詹姆斯一世和国会在威斯敏斯特开会之机，用火药把他们统统炸死。他们希望这次爆炸事件引起天主教徒的叛乱，他们就可以在西班牙的帮助下于混乱之中重建天主教政权。罗伯特·凯茨比是这个计划的主谋，其次是西班牙对荷战争中的宿将盖伊·福克斯。他们的一个同谋者把这个消息透露给自己的亲戚、一个信奉天主教的贵族。塞西尔也得到这个消息，国会的地下室立即受到搜查。福克斯当场被捕。伦敦市顿时满城风雨。詹姆斯一世召开国会会议，作了慷慨激昂的讲话，说他假如和忠实的下院议员们一同遇难将是何等的荣幸。他说，国王总是处于一般人所没有的危险之中，只因他明察秋毫，才使大家幸免于难。不可思议的是，议员们对他的讲话漠然置之，听完以后便开始处理日常事务，讨论一位患痛风病的议员提出的辞职申请。密谋者们一一被捕，受到酷刑后被处死。这次新奇的、大规模的叛逆活动使天主教徒立即受到残酷迫害，也使他们长期遭到普遍的憎恨。为纪念 11 月 5 日这次逢凶化吉的事件而作感恩礼拜的惯例，直到 1854 年才从《公祷书》中除掉。即使在现代，每逢这个纪念日，人们仍然点起营火，大放礼花，但也有人举行反教皇的示威，这是庆祝活动的不足之处，不过倒也增添了不少热闹气氛。

*　　　*　　　*

这时候出现了一座光辉永恒的纪念碑，它是英语民族具有天才的标志。清教徒的各种要求遭到拒绝，但在汉普顿宫召开的会议将要结束时，清教牧师、牛津大学基督圣体学院[1]院长约翰·雷诺兹博士似乎出于心血来潮，建议修订《圣经》。詹姆斯一世赞成这个建议。教士和教徒依靠的《圣经》版本纷杂，有廷德尔的译本、科弗代尔的译本、日内瓦的版本和伊丽莎白女王组织翻译的《主教圣经》。这些版本的内容各不相同，有的版本加上了各种注解，

1　Corpus Christi College，牛津大学的一所学院。——编者注

弄得面目全非，那些注解反映了门户之见以及教会组织的极端主义论点。每一个教派都使用与自己的观点和原则相符合的版本。詹姆斯一世认为，雷诺兹博士的建议提供了一个机会，可以利用这个机会清除对《圣经》的曲解宣传，翻译出人人能够接受的标准版本。几个月之内，在牛津、剑桥和威斯敏斯特各成立两个翻译委员会，六个委员会总共约有 50 名学者和教士。选择这些人的时候不问他们的神学观点和宗教立场。他们迅速接到了有关翻译工作的指示。每个委员会负责翻译《圣经》的一部分，出稿后由其他五个委员会一一审查，最后由一个十二人委员会定稿。翻译过程中不许带有倾向性，除了解释难译的希腊词和希伯来词或者注明相互参照的条目，不许加任何注解。初步研究工作用了 3 年时间，正式翻译到 1607 年才开始。不过翻译工作很快即告结束。当时邮递缓慢，也没有印刷机，而且各委员会之间路途遥远，但它们终于在 1609 年完成了这一使命。十二人委员会也只用九个月的时间完成了定稿工作。1611 年，詹姆斯一世的印刷厂印出了《圣经》的钦定英译本，即标准译本。

这个标准译本立即发挥作用，并产生了持久的效果。只用五先令就能买到一本，即使在物价暴涨的今天也不超过这个价格。它取代了其他各种版本，在将近 300 年的时间里，没有人认为有必要出版其他译本。在驶向美洲新大陆的移民船上，几乎没有容纳行李的地方。如果移民们能够携带一些书籍，他们多半会携带《圣经》和莎士比亚的作品，后来还有人带《天路历程》[1]，而他们带上的《圣经》几乎全是詹姆斯一世钦定的标准译本。据说，仅用英语出版的标准译本就有 9000 万册之多。至今它已经被译成 760 多种语言。目前这个版本仍然是英美两国的通用版本。我们可以把这些成就看作是詹姆斯一世的伟大功绩，因为标准译本的翻译和编纂工作主要是在他的倡导

1 *The Pilgrim's Progress*，作者为英国清教徒约翰·班扬（1628—1688），讲述基督徒及其妻子先后寻找天国的经历。——编者注

下开始的。这位喜欢卖弄学问的苏格兰人作出了自己从未料到的贡献。然而，完成这部杰作的学者们大多数没有留下姓名，也没有受到人们的纪念。他们在文学和宗教方面，默默无闻地为世界各地的英语民族建立了永恒的联系。

*　　　*　　　*

随着岁月的流逝，詹姆斯一世同国会的关系日益不和。以前都铎王朝比较谨慎地使用国王特权，也从未提出过统治国家的整套理论。詹姆斯一世却不然，他以老师自居，把全国人民当作学生。在理论上，实行君主专制颇有理由，16 世纪的政治局势也有利于他的专制主张。弗朗西斯·培根是他的积极支持者。此人是个律师，早年随同埃塞克斯步入政界，在埃塞克斯垮台后又偷偷地站到伊丽莎白女王一边。他担任过一系列高级法律职务，最后充当大法官。他说，国王在法官帮助下实行的贤明专制卓有成效，因此这种专制是必要的。他的这种理论有失客观，也非常不受欢迎。

后来国王同国会发生了冲突，焦点是国王特权的性质和《议会法》的效力问题。现代的观点认为，国会的法案至高无上，如果没有被废除或者没有颁布修正案，谁也无权更改，这是行使国家最高权力的唯一方式。然而，当时这种观点尚未产生。都铎时代的法案确实使教会和国家发生了深刻的变化，它们似乎无所不能。颁布一项法令需要国会的同意和国王的批准。国王如果不召集国会，国会就不能开会；国王宣布解散国会以后，它也无法开会。除了财政上的困难，一切都不能迫使国王召集国会。如果国王能够通过其他渠道得到金钱，他可能一连数年不召集国会。此外，国王还有一种不成文的特权，以应付国家在紧急情况下的需要。谁能够告诉国王他可以做什么，不可以做什么呢？假如国王根据国家利益并通过立法程序废除某项法案，谁有权判定他的行动是非法的呢？

在这个问题上，以首席大法官柯克[1]为首的普通法律师们挺身站到英格兰历史的聚光灯之下。柯克是英国法官中最有学问的人之一，对这些有争议的问题作出了斩钉截铁的回答。他说，国王特权同国会立法权发生冲突时，应该由法官而不应由国王作出裁决。这个要求很高，如果由法官确定哪个法令有效，哪个法令无效，他们就成了英国的最高立法人，他们将成立一个最高法庭，审查国王法令和《议会法》的合法性。柯克的这个很高的要求并非没有根据。古代有一个传统，法庭颁布的法令高于中央政府的法令。柯克认为，法律不能由人们随意杜撰，也不可更改，它是早已存在的东西，只是需要人们去发现它、肯定它；假使《议会法》同法律相抵触，那么这些法案就是无效的。在提出这个主张时，柯克就没有站在国会一边。他为维护基本的法律原则而提出的主要论点，在英格兰被压制了，而后来在美利坚合众国则受到不同的对待。

詹姆斯一世对于法官的职能抱着完全不同的看法。他认为，法官可以在国王特权同国会立法权发生冲突时作出裁决，不过必须倾向于国王。正如培根所说的那样，他们的职责是充当“国王宝座下的雄狮”（lions under the throne）。法官是国王任命的，由于得到国王的垂爱，他们才能保持自己的职位，所以他们应该像其他皇家官员那样服从国王。这场争论由于培根和柯克的个人之争而愈演愈烈，柯克处于不利的地位。既然法官随时有被国王解职的危险，他们就不可能在国王特权的问题上作出公正的裁决。詹姆斯一世本来企图笼络柯克，把他从高等民事法庭提升到最高法院。但詹姆斯一世未能实现这一计谋，便在1616年将柯克撤职。最高法院的其他法官见此情景都乖乖地站到詹姆斯一世一边。

五年以后，柯克成为下院议员。他发现当时最活跃的律师都和他有同样

---

1 Coke（1552—1634），英国16、17世纪著名普通法学家、法官，被誉为“普通法的化身及王权的反对者”。1628年倡议向英王查理一世提出《权利请愿书》。——编者注

的看法。这些人占据着显要的地位。下议院中的乡绅对国会发展史都不甚了解，也提不出系统的理论来肯定国会的权利，只是感到国王的武断行为和刺耳的论调很不公正。那个时期尽管动乱频仍，但仍不失为尊重法律先例和立宪形式的时代。倘若律师坚决拥护国王，法律界的意见在力量对比的天平上完全倒向国王一边，那么下议院的处境就更加困难了。假如法律先例同他们的主张相反，他们就必须放弃自己的主张，承认自己是改革派。可是，过去的律师们开创的先例为他们避免了这种痛苦的局面。柯克、塞尔登和皮姆等人即使没有法律工作的实践，也都在中殿法学协会[1]攻读过法律。他们形成一个精干的核心，居主导地位。他们精通法律，经常任意解释法律，逐渐自圆其说地提出了一条理论。根据这条理论，国会可以自信地宣布，它为之战斗的不是什么新东西，而是英国人民合法的古老遗产。后来在皮姆领导下反对查理国王的纪律严明的统一战线就这样奠定了基础。

詹姆斯一世对反对派的这些活动非常反感。他不想和解，不过他比他的儿子精明，能够看出在什么时候和解最有利。他只是由于财政紧张才同国会打交道。有一次他对西班牙大使说："下议院是一群无头之鸟，议员们乱哄哄地发表意见。每次开会时，只听见他们乱喊乱叫。想不到我的祖先竟然允许出现这样的机构。我不是本地人，到这里来的时候它已是客观存在，所以只好容忍这个无法撤销的机构。"

* * *

詹姆斯一世的外交政策大概适合当时的和平潮流，不过也常常同那个时代的步伐发生矛盾。严格地说，他登上英格兰王位的时候，英格兰仍然同西班牙处于交战状态。在塞西尔的支持下，他结束这种敌对状态，同西班牙恢

---

1 Middle Temple，伦敦四所享有检定律师权力的法学协会之一。——译者注

复了外交关系。从各方面看，都可以说这是一步明智谨慎的行动。重大的斗争已经从公海转移到欧洲大陆。神圣罗马帝国的哈布斯堡王朝仍然从维也纳控制着欧洲大陆。帝国皇帝及其表弟西班牙国王的版图从葡萄牙一直延伸到波兰，而且，他们的力量有狂热的耶稣会作为基础。下议院和英格兰全国仍然对西班牙怀有强烈的敌意，惶恐不安地注视着反宗教改革运动的发展。詹姆斯一世对此却无动于衷。他认为荷兰人是抗拒国王之神圣权利的乱民。西班牙大使贡多马伯爵在詹姆斯一世的宫中收买了一股亲西势力，而詹姆斯一世却没有吸取都铎王朝的教训，不仅建议同西班牙结盟，还打算让一位西班牙公主和他的儿子结婚。

然而，他的女儿已加入对立派的阵营。这位伊丽莎白公主嫁给了欧洲大陆新教运动的先锋、有权选举神圣罗马帝国皇帝的莱茵选帝侯[1]腓特烈，婚后不久就挑动丈夫公开反叛帝国皇帝费迪南德。帝国法律曾经承认德意志的部分地区信奉的新教，但哈布斯堡王朝企图迫使这些地区皈依天主教，遭到新教国家君主的强烈反对。这场风暴的中心是波希米亚，那里傲慢、顽强的捷克贵族在政治和宗教方面抵制维也纳的中央集权政策。在15世纪的约翰·胡斯时代，他们就建立了自己的教会，同教皇和神圣罗马帝国皇帝进行斗争。此时他们同样无视费迪南德的权威。1618年，他们的领袖在布拉格的宫殿里把皇帝的使节扔出窗外。这个著名的事件引起了蹂躏德意志长达30年之久的战争。捷克人把波希米亚的王冠捧到腓特烈面前，腓特烈欣然接受，成为新教反叛运动的公认领袖。

詹姆斯一世的女儿虽说已是波希米亚王后，但詹姆斯一世并不想为了帮助她而介入这场冲突。他决心无论如何也要避免卷入欧洲大陆的这场斗争，认为同西班牙修好是对女婿最有效的帮助。国会对此感到惊讶和愤懑。他提

1 Elector Palatine of the Rhine，在德国历史上指拥有选举德意志国王和神圣罗马帝国皇帝的权利的诸侯，由1356年“金玺诏书”正式确认，选帝侯选举出来的人称“德意志国王”，经由罗马教皇加冕后的“德意志国王”能够使用“神圣罗马帝国皇帝”头衔。——编者注

醒议员们说，这些问题已经超出他们的权限。有人嘲笑他是个懦夫，可是他仍然不改初衷。他坚持信念，继续保持和平。他的政策是否英明，我们难下断语，不过它在当时肯定是不受欢迎的。

腓特烈很快就被赶出波希米亚，他的世袭领地也被哈布斯堡王朝的军队占领。他的统治犹如昙花一现，因此他在历史上素有“一冬之王”（Winter King）的称号。英国下议院积极主战，许多人为了保卫新教的教友解囊相助，一批批志愿军也集中起来。詹姆斯一世只是满足于同西班牙大使就波希米亚的权利问题进行纯法律性的会谈。他坚持认为，只要英国和西班牙两国的王族联姻，就能够同最强大的国家保持和平。这个计划不应受大陆上任何事变的影响。假如他作为新教运动的旗手投入这场刚刚爆发的战争，也许能够赢得臣民的一时爱戴，但也会受到下议院的约束。国会对于自己批准的军费，必然要求监督其使用情况，况且国会根本不会慨然答应拨款。国内的清教徒也会大声疾呼，反对战争。此外，战争的结局吉凶莫测。詹姆斯一世似乎真的把自己当作欧洲的和平使者，他在苏格兰度过动荡不安的少年时代时，就已十分厌恶和害怕战争。他此时对要求参战的呼声置若罔闻，继续同西班牙就联姻问题进行谈判。

在这场动乱之中，沃尔特·雷利爵士在伦敦塔里走上了断头台。处死他无非是为了讨好西班牙政府。詹姆斯一世即位之初，雷利就被监禁起来，其罪名是策划以詹姆斯一世的表妹阿拉贝拉·斯图亚特取代詹姆斯一世。这个罪名可能是莫须有的，雷利受到的审讯肯定是不公正的。他向往着在奥里诺科河[1]发现金子，因此在长期的铁窗生活中还满怀希望。1617年，他的这个理想化为泡影。为了这次探险，他受到特赦，被放出伦敦塔。他在这次探险中的唯一失策之处就是冒犯了在南美洲的西班牙总督。以前的死刑判决因此重新有效。1618年10月29日，他被送上断头台。英国政府的这个举动意在

1 Orinoco River，在委内瑞拉境内。——译者注

表明奉行新政策——绥靖政策，为英国同西班牙的友好关系铺平道路。这个做法在詹姆斯一世和英国人民之间造成了不可逾越的鸿沟。当然，造成这条鸿沟的还有其他原因。

詹姆斯一世喜欢漂亮的青年男子，这使他的威望明显降低。他的得力贤臣罗伯特·塞西尔去世以后，宫廷受到几件丑闻的连续打击。他的宠臣之一、被他任意封为萨默塞特伯爵的罗伯特·卡尔卷入一场投毒阴谋，作案的显然是他的妻子。詹姆斯对卡尔有求必应，因而起初对卡尔的罪行引起的谴责置若罔闻。他后来发现，实在无法继续保留卡尔的高级职务了。代替卡尔的是个仪表堂堂、聪明伶俐、喜欢浮华的青年，名字叫乔治·维利尔斯。此人不久被封为白金汉公爵，博得詹姆斯的宠爱，成为宫廷里的实力人物。他还同威尔士亲王查理建立了令人钦佩的深厚友情。他坚决支持同西班牙联姻的政策，并且在1623年作了一次浪漫的旅行，和威尔士亲王一起到西班牙马德里去相亲。他们那种有失体统的举止没有博得讲究礼仪的西班牙宫廷的好感。更主要的是，西班牙人要求英国对国内的天主教徒作出让步。詹姆斯一世确信国会决不会对此表示同意。西班牙人拒绝替詹姆斯一世请求神圣罗马帝国皇帝把莱茵选侯国交还腓特烈。最后詹姆斯一世顿然悔悟，宣布说："我决不用女儿的眼泪去换取儿子的新娘。"同西班牙的谈判宣告失败。由于风向不顺，威尔士亲王以及所有对西班牙不再抱有幻想的同伴不能立即启程回国。为他们护航的英国舰队只好在桑坦德等待。英格兰胆战心惊地等待着。威尔士亲王安全抵达朴次茅斯，没有同西班牙公主结婚，也没有动摇对新教的信仰——当这个消息传遍全国时，各阶层人士无不欢欣鼓舞。英国人抱着同西班牙及其一切势力对抗的强烈愿望，如有必要则不惜一战。他们为当年贤明女王伊丽莎白女王粉碎西班牙舰队的壮举而自豪，也为天主教徒崇拜偶像的严重恶习而担忧。福克斯在1563年发表的《英烈传》仍然广为流传，它教导人们把舍生忘我、见义勇为当作自己无上光荣的神圣职责。伦敦的大街上车辆拥挤，车上载着点燃篝火用的柴捆，欢乐的火光映红了伦敦的天空。

詹姆斯一世和枢密院在亲西班牙的道路上已经走得太远，突然刹车必然会使他们受到震动。在这个问题上陷得很深的枢密院对国王说，白金汉公爵由于缺乏耐心和举止傲慢把事情搞糟了。他们把这次失败归罪于白金汉公爵的举止不当，否认西班牙宫廷有无礼之处，还说西班牙在莱茵选侯国问题上的态度无可指摘。白金汉公爵和查理亲王则求战心切力主战争。詹姆斯一世起初有些动摇，他说自己当年对政治略知一二，而如今已届风烛残年。此时，他最喜欢的两个人要求他采取同自己的看法和过去的行动完全相反的政策。

在这个重要关头，白金汉公爵摇身一变，由国王的宠臣变为一时忧国忧民的政治家。他鼓其如簧之舌极力说服国王，同时谋取了国会和人民的支持。他采取一系列行动，承认国会的权利和权力，让步的程度之大是兰开斯特王朝以来所未有的。都铎王朝不许国会干涉外交事务，詹姆斯一世则唯马首是瞻，仿效都铎王朝的做法，而这位“宠儿大臣”却邀请上、下两院的议员发表意见。他们立即发表了明确一致的意见。他们说，继续同西班牙谈判有损国王的尊严，违背人民的利益，不符合王子和公主的利益，也违反以前与同盟国订立的条约。在这个问题上，白金汉公爵毫不隐瞒他同主子的分歧。他公开明确地说，他只奉行一条政策，而詹姆斯一世则以为能够同时奉行两条不同的政策。他并不总是顺风扯旗，他也要发表自己的主张，宁可承担逆君之罪。

国会看到这种局面大喜过望。此时为即将来临的战争筹集资金是当务之急。詹姆斯一世和查理亲王在欧洲发动战争的目的是要夺回莱茵选侯国。但是国会只要求对西班牙发动海上战争，以便夺取从东、西印度群岛运来的财富。下议院对国王的战争目的持怀疑态度，批准的军费不及国王所需数目的一半，并且对军费的使用规定了严格的条件。

白金汉公爵看风使舵，此时在国会拥有很大的名望。他利用这一点优势打垮了他的政敌财政大臣克兰菲尔德。当时克兰菲尔德已经受封为米德尔塞克斯伯爵，是国内著名的“新贵”之一。他是一个发财致富后登上政坛高位的商人。此时他受到国会弹劾而丢官失宠，锒铛入狱。国会对培根也使用过弹劾权这件武器。他在 1621 年被发现有贪污罪，跌下国务大臣的宝座，被迫缴纳罚款并遭到放逐。在许多重大问题得到彻底解决之前，这个武器不会弃之不用。当时存在着重大危机，只不过白金汉公爵和他亲爱的朋友查理亲王熟视无睹罢了。

同西班牙的婚事刚一告吹，白金汉公爵便立即考虑去法国为查理亲王找一位新娘。他和查理亲王在前往马德里的途中路过巴黎时，亲王曾经被玛丽 · 德梅迪西的女儿、路易十三的妹妹昂里埃塔 · 玛丽亚的迷人娇容所打动。她当时年仅 14 岁。白金汉公爵发觉，法国宫廷尤其是玛丽太后很欢迎这门亲事。如果查理亲王同新教国家的一位公主结婚，国王就会同国会团结一致。但英国的统治核心从未考虑走这一步。他们认为，除了西班牙公主，可娶的似乎只有法国公主了。英格兰怎么能够单独对付西班牙呢？如果我们不能依靠西班牙，似乎只好团结法国。老国王詹姆斯一世想看到他儿子结婚，他说他只为这个儿子而活着。1624 年 12 月，他批准了婚约。三个月以后，大不列颠联合王国的第一代国王安息了。

第十二章 CHAPTER 12

“五月花号”

同西班牙的斗争早已使英国国力大减，因而在伊丽莎白女王统治末期，他们无力进行新的冒险活动。有一段时间，人们听不到新大陆的消息。霍金斯和德雷克在他们的早期航海活动中，为英格兰在加勒比海开辟了广阔的前景。弗罗比舍和其他人为了寻找通往亚洲的西北通道，曾经深入加拿大的北极地带。但是，战争的需要压制了进行探险和贸易活动的欲望。关于大量移民的新设想也受到挫折。吉尔伯特、雷利和格伦维尔是这场运动的先驱，他们的大胆计划相继失败，然而留下了令人鼓舞的传统。过了一段时间，一批新人重新举起了他们的旗帜。这些人不像他们那样赫赫有名，但比他们更讲实际，也更幸运。许多讲英语的居民点在北美洲建立起来，这个过程比较缓慢，动机也是多方面的。这个变化开始于 1604 年詹姆斯一世同西班牙签订和约之后。对理查德·哈克卢特所著《论西方拓殖》(*Discourse on Western Planting*) 一书的探讨再度活跃起来。以他为首的一批作家提出的严肃论点重新受到欢迎。他们的论点富有新意，指出英国面临的困境，人们沦入赤贫状态，许多人流离失所，英格兰民族的人力和物力需要新的出路。

*　　　　*　　　　*

物价不断上涨，靠工资维持生活的人捉襟见肘。虽然16世纪的整体生活水平有所提高，但物价涨了5倍，而工资只增加1倍。政府的苛刻条例阻碍着工业的发展。中世纪的同业行会制度仍然盛行，学徒要加入某个行业极端困难。地主阶级同国王保持着密切的政治联系。他们拥有绝大部分土地，控制着地方政权，他们进行的圈地运动使许多农民流落他乡。生活的格局似乎已经缩小，社会结构已经僵化。在新的形势下，许多人丧失利益，失去希望，难以糊口。因此，当时的人们认为，向外殖民大概有助于解决这些严重的问题。

英国政府对此并非漠不关心。同生机蓬勃的殖民地进行贸易可望增加关税的收入，而王室的收入在很大程度上依赖着关税。商人和更富有的地主阶级发现大西洋彼岸出现新的机会，可以进行利润丰厚的投资，逃避各种限制工业的清规戒律，克服欧洲贸易在宗教战争期间的普遍衰退现象。进行海外尝试比较容易得到资本。雷利的失败反映了个人冒险的弱点，但联合股份公司（joint stock company）正在形成，能为大规模贸易活动提供资金。1606年，一批投机商得到国王的特许，成立了弗吉尼亚公司。了解一下早期的投机活动大体上是怎样在美洲大地开始的，这是颇有趣味的事情。

在哈克卢特等专家共同研究之后，制订了一个详细的殖民计划。可是他们缺乏实践经验，低估了向外殖民这个新事物的困难之处。幸好有机会去建立新国家的人并不多，第一批只有几百人。1607年5月，这批人在弗吉尼亚海岸切萨皮克湾的詹姆斯敦定居下来。翌年春天，有一半人在疟疾流行和饥寒交迫之中死去。经过长期的英勇奋斗，幸存者能够自立了，可是国内的倡导者收获甚微。土耳其战争中的军事冒险家约翰 · 史密斯成为这块小小殖民地的总督，实行着严厉的统治。他的助手约翰 · 罗尔夫同印第安人酋长的女儿波卡洪塔斯结婚，在伦敦引起轰动。伦敦公司无法控制这块殖民地，那里的管理工作十分混乱。董事们的目标既不一致，也不明确。有些人认为，殖民活动可以减轻英国的贫困状态和犯罪活动。另一些人则希望在北美沿海发展渔业，从中牟利，或者指望从那里得到原料，以减少对西班牙殖民地原料的依赖程度。这些看法都是错误的。弗吉尼亚的财富产生于一个出人意料的偶然。有人偶然种了一次烟草，收成很好。那时烟草已经被西班牙人引进欧洲，吸烟的习惯迅速扩散开来。对烟草的需求越来越大，在弗吉尼亚种的第一季烟草获得惊人的利润。小农田被人收买兼并成大种植园。这个殖民地开始自力更生。随着不断的发展和繁荣，它开始形成像母国那样的社会，出现了庄园主，其地位相当于英国的乡绅。他们不久便具有独立的思想和自治的能力。在这一方面，同伦敦政府的万水之隔对他们十分有利。

* * *

在詹姆斯一世统治时期，英国社会表面上死气沉沉，但是除了在宫内任人唯亲以及在欧洲忍辱负重这些情况以外，其他较有活力的力量仍在活动。伊丽莎白女王的国教教会的主教们，已经把比较显贵而顽强的清教徒从教会里清洗出去。虽然他们在组织上打垮了清教徒，宗教极端分子的非法小团体仍在活动。他们对这些小集团没有大肆进行迫害，但是一些轻微的限制和特务行为影响了这些小团体的日常宗教活动。诺丁汉郡斯克鲁比的一些清教徒在牧师约翰·鲁滨逊和约克大主教的领地管家威廉·布鲁斯特带领下，决定到国外寻求宗教自由。1607 年，他们离开英国，在荷兰的莱顿定居，希望在宽容勤勉的荷兰人中间找到避难所。他们在那里奋斗了十年，想过上像样的生活。他们是小自耕农和雇农，同这个沿海工业国家格格不入，由于国籍不同而不能加入同业公会，既没有资本，也没有技术。他们能够找到的工作只是一些笨重的粗活。他们百折不挠，坚持奋斗，可是在荷兰仍感前途渺茫。

他们为自己生来就有的权利而过于自豪，难以同荷兰人打成一片。荷兰当局对他们表示同情，但没有采取任何行动帮助他们。于是他们开始放眼他处。

移居到新大陆是逃避一代罪人生活的途径。他们在那里也许可以谋生而不受荷兰同业公会的限制，信仰自己的宗教也不会受到英国教士的干涉。他们当中的一个人写道："他们想去人烟稀少的美洲大荒野，那里物产丰富，适于居住；那里没有文明的居民，只有野蛮人像野兽一样四处栖息。"

1616 年冬，荷兰面临着同西班牙重新开战的危险，这些不安的清教徒多次商讨对策。严重的危险和重大的冒险活动摆在他们面前。除了前人在那个渺茫世界里遇到的灾难、饥馑和失败以外，他们还听到了关于印第安人的可怕故事。故事讲的是印第安人怎样用贝壳活剥俘虏的皮，砍掉肋骨，当着死者同伴的面在火上烤着吃。未来的新殖民地总督威廉·布拉德福德阐述了大多数人的观点。在《普利茅斯殖民史》（*History of the Plymouth Plantation*）一书中，他说出了当时人们的看法：

> 一切伟大崇高的行动必然遇到极大的困难，从事这些事业要有足够的勇气。危险固然很大，但并非没有成功的希望；困难固然很多，但并非不可战胜。可能会出现许多困难，也可能不会出现；人们担心的事情可能永远不会发生，另一些事情可以通过未雨绸缪和适当的手段加以防止；在上帝的帮助下，我们用坚忍不拔的精神来忍受或克服一切困难。没有适当的条件就不要进行这样的冒险，也不要像许多人那样由于好奇和贪利而轻举妄动。但是这些事业的条件非同一般，它们的结局无限光荣，它们的召唤合法而又紧急，所以它们在进行期间可望得到上帝的保佑。他们可能会为这些事业而献身，但即令如此，也同样会得到慰藉，他们的努力将永远值得人们怀念。他们在这里不过是穷愁潦倒的流亡者，可能遭受巨大的苦难，因为十二年的和平时期已经过去。此时只听见战鼓咚咚、磨刀霍霍，而战争的胜败向来是难以预测的。西班牙人可能像

美洲野人一样残忍，那里的饥荒和瘟疫也会像美洲那样严重，那里的自由则比美洲更少，甚至已经没有补救的办法。

这些清教徒初步打算到圭亚那定居，继而又意识到，单凭自己的力量出去冒险是不行的，必须得到英国的帮助。于是他们派人到伦敦，同弗吉尼亚公司谈判，它是对殖民活动感兴趣的唯一机构。公司董事会的成员之一是颇有影响的国会议员埃德温·桑兹爵士，他在公司里的商人支持下，促进了殖民活动。要移居海外的人是一些理想的移民，他们头脑清醒、勤劳刻苦、精于农业。他们坚决主张信仰自由，因此必须说服英国国教的主教们。桑兹同来自荷兰的使节去见国王。詹姆斯一世表示怀疑，他问这些人打算怎样在弗吉尼亚公司的美洲属地上生存。他们回答说：“捕鱼。”詹姆斯对此产生了兴趣，他高兴地说：“上帝保佑！这是正经行业，是使徒们的召唤。”

居住在莱顿的清教徒得到了移居美洲的特许，他们匆忙做着出发的准备工作。他们当中有35个人离开荷兰，在普利茅斯同英格兰西部的66名冒险家会合。1620年9月，他们乘着180吨的“五月花号”（May flowers）向美洲大陆扬帆驶去。

在寒风怒号的大西洋上航行了两个半月之后，他们到达科德角的海岸，意外地在弗吉尼亚公司的属地之外登陆。伦敦授予的特许证因此无效。登陆以前，他们在首领人选的问题上发生了争执。从英格兰西部来的那些人并非虔诚的教徒，不愿意服从莱顿清教徒的领导。向英国上诉是不可能的。如果他们不想饿死，就必须达成某种协议。41名比较重要的人物起草了一份正式的协议。这个协议是著名的历史文件之一，是建立政治组织的自发准则。

以上帝的名义起誓，阿门。我们这些签名者是可畏的君主詹姆斯国王的忠诚臣民，蒙受着上帝、大不列颠、法国以及基督教捍卫者爱尔兰国王的恩宠。为了上帝的光荣，为了传播基督教信仰，为了我们的国王和祖国的荣誉，我们航行至此，在弗吉尼亚北部建立第一个殖民地。我们在上帝监督下和互相监督下，郑重地组织起来，以便更好地维持秩序，达到上述目标。我们将不断制定公平合理的法律、法令、法案、宪法和设立各种官职，以满足和适应殖民地的基本利益。我们保证绝对遵守法纪，服从长官。

12 月份，这些人在美洲海岸的科德角湾建立了普利茅斯城。他们开始了前人在弗吉尼亚同大自然进行过的艰苦斗争。这里没有大宗的产品，他们靠着艰苦的劳动和对上帝的信仰而生存下来。而伦敦的资助者没有获得任何利润。1627 年，他们卖出普利茅斯的股票，普利茅斯殖民地从此开始自主。新英格兰就是这样诞生的。

* * *

在以后的 10 年里，没有再进行有计划地移居美洲的活动，可是普利茅斯这块小小的殖民地指出了自由之路。1629 年，查理一世解散国会，开始了所谓个人独裁时期。随着国王和人民的矛盾不断加深，反对国教的运动在乡村蓬勃发展。欧洲大陆各国普遍出现独裁专制，英国似乎也朝着这条道路发展。许多具有独立精神的人开始考虑离开国内，到荒僻的地方去寻求自由与正义。

正如斯克鲁比的会众集体移居荷兰那样，多塞特的另一批清教徒在约翰·怀特牧师的鼓励下，决心移居新大陆。这个计划起初遇到了困难，后来在伦敦和东部各郡得到一些人的支持，他们热衷于贸易和捕鱼，对移民也感兴趣。有势力的反对派贵族向他们提供了援助。他们步弗吉尼亚的后尘，根据皇家的特许证成立了一个公司，最后定名为“新英格兰马萨诸塞海湾公司”。这个消息迅速传开，不少人表示愿意移居美洲。有一批人先行一步，在普利茅斯北边的塞勒姆建立了定居点。1630 年，该公司派出的总督约翰·温思罗普带着 1000 人随后赶去。他是这次冒险活动的主要人物。他的书信反映了当时社会上的不安情绪，也说明他为什么把家眷也带上茫茫无际的万里航程。他在谈到英格兰时写道：“我确信，上帝不久将对英国的大地实行严厉的惩罚。不过请不要担心。……如果上帝认为移居对我们有利，他会为我们和其他人提供栖身之处和避难所。……教会要逃到遥远的荒漠，这说明灾难即将临头。”温思罗普选择的“荒漠”在查尔斯河畔，殖民地的首府也迁到这个沼泽遍布的地区。波士顿城就是在这里逐渐发展起来的，它在以后的一个世纪里成为反对英国统治的中心，长期以来一直是美洲的文化明珠。

马萨诸塞海湾公司根据它的规章是个联合股份公司，完全是为了进行贸易而成立的。塞勒姆殖民点在第一年里受伦敦的控制。但不知是出于有意还是无意，特许证上面没有说明马萨诸塞海湾公司要在何处开会。一些清教徒股东意识到，他们可以顺利地把公司、董事会和一切机构迁到新英格兰。董事会开会作出了这一重大决定。马萨诸塞自治殖民地从这个股份公司里脱胎而出。掌握公司大权和大片土地的清教徒采取了查理国王实行专制以前的代表制。约翰·温思罗普在这段时间统治着这个殖民地。它迅速发展，在 1629 年至 1640 年之间，殖民者人数从 300 猛增到 1.4 万。公司的力量为普通移民提供了可观的前景。在英国，雇农的生活往往是艰难的。在新大陆，每一个新来的殖民者都可以得到土地，享受着自由，不受英国禁止劳动力流动的种种法规的限制，也不受其他一切带有中世纪色彩的压迫。

马萨诸塞的统治者对自由有自己的看法，认为必须由虔诚的人实行统治。他们像英国国教徒那样不能宽容他人，因而发生了宗教纠纷。并非所有的人都是古板的加尔文宗，在纠纷加剧的时候，一些富有反抗精神的人纷纷离开这个殖民地。在这个殖民地之外，有令人神往的广阔无垠的土地。在 1635 年和 1636 年，一些殖民者迁移到康涅狄格河畔，建立了哈福德城。后来又有许多殖民者从伦敦到达那里，于是那里形成了河滨诸城的中心，后来发展成康涅狄格殖民地。在那远离祖国 3000 英里的地方，他们制定了开明的统治原则。他们宣布了一个《基本准则》（*Fundamental Order*），或曰宪法，同大约 15 年前的“五月花号”协议极其相似。他们那里的所有自由人组织成了民主政府。这个政府在王政复辟以后得到正式承认，在此之前一直小心地行使着自己的有限权力。

康涅狄格的创建者们为了寻找适于定居的大片土地离开了马萨诸塞，宗教之争使其他人也逃离这块殖民地。剑桥大学的学者罗杰 · 威廉姆斯被大主教劳德赶出校门。他沿着传统航线来到新大陆，在马萨诸塞定居下来。在他看来，那里的教会和英国圣公会一样专横。他不久就同当局发生冲突，成为在这个海外殖民点居住的、力图躲避迫害的理想主义者和下层民众的领袖。当地的行政官认为他煽动人们闹事，决定把他送回英国。他得到消息后及时逃走。投奔他的人逐渐增多，在马萨诸塞以南建立了普罗维登斯城。另外一些从马萨诸塞逃出或放逐出来的人在 1636 年也到达他的殖民点。这个殖民点后来发展成罗得岛殖民地。他是美洲的第一位政治思想家，他的思想不仅影响了殖民者，也影响了英国的改革派。在许多方面，他的思想是约翰 · 弥尔顿[1]的政治思想的先兆。他使教会完全摆脱了世俗政府，而罗得岛殖民地在当时的世界上是完全实现宗教自由的唯一中心。这个崇高的事业是靠生产和销售烧酒来维持的，这块殖民地的兴旺发达也是以此为基础的。

这样，到 1640 年，英国已在北美洲建立了 5 个主要的殖民地。弗吉尼亚在名义上是国王直辖的殖民地，1624 年弗吉尼亚公司的特许证取消后，它便由枢密院的一个常务委员会管辖，这种管辖有些名不副实；第一批清教徒建立的普利茅斯殖民地缺少资本，尚未发展起来；马萨诸塞海湾殖民地正在兴起，另外两个是由它派生出来的康涅狄格殖民地和罗得岛殖民地。

---

1 John Milton（1608—1674），英国诗人及散文家。——编者注

除了弗吉尼亚，其他四个殖民地都在新英格兰。这四个殖民地在宗教方面有分歧，而在其他方面非常相似，彼此都在沿海地区，贸易、捕鱼和航海活动使它们建立了密切的联系。不久，它们又被迫联合对付毗邻的殖民地。有一批富于冒险精神的苏格兰人在圣劳伦斯河上游居住了一个时期，被法国人驱逐，便从自己在加拿大的基地向外扩张，在 1630 年完全控制了这条河。另一条河流——哈得孙河控制在荷兰人手里。他们于 1621 年在河口建立了新荷兰殖民地，即后来的纽约。马萨诸塞海湾公司迁到新大陆以后，马萨诸塞殖民地的英国人中断了同英国政府的关系。普利茅斯殖民地在股东们于 1627 年抛售股票以后，实际上已经自治，所以不存在向英国要求独立的问题。这种状况使它们容易受到法国人或荷兰人的进攻并被他们征服，不过这种危险尚未来临。此时英国正忙于国内事务。1635 年，查理一世及其枢密院打算派一支远征军到美洲殖民地，以维护他的权威。殖民者加紧修筑碉堡工事，准备迎战。英国不巧发生内战，查理一世的远征计划被迫搁置起来，殖民地因此又自由发展了 20 多年。

* * *

其他两次以贸易为主的冒险活动使英语民族在新大陆上站稳了脚跟。自从伊丽莎白女王时代以来，英国人一直企图在西班牙控制的西印度群岛夺取立脚点。1623 年，萨福克地方的绅士托马斯·沃纳到圭亚那冒险时一无所获，归途中探索了人烟稀少的西印度群岛的圣克里斯托弗岛。他在那里留下几名殖民者，然后急忙赶回国内，向国王申请进行大规模拓殖的特许证。他得到特许之后，返回加勒比海。虽然他遭到西班牙人的不断袭击，但他在这个有争议的海域建立了英国人的控制权。到 17 世纪 40 年代，巴巴多斯、圣克里斯托弗、内维斯、蒙塞拉特和安提瓜这几个岛均已落入英国人手中，有几千名殖民者到达那里。丰富的蔗糖生产保证了它们的繁荣。西班牙人在西印度群岛的统治受到了威胁。双方在后来的年代里进行了激烈的竞争和战斗。在很长的一段时间里，这些岛屿在经济上比北美殖民地对英国更有价值。

这个时期的另一次拓殖活动是国王本人发起的。在原则上，英国人拓居的所有土地都属于英国国王。他有权根据自己的意愿把这些土地赠给得到承认的公司或个人。正如伊丽莎白女王和詹姆斯一世曾经把工业和贸易专利权授予朝臣那样，查理一世此时也想把向外拓居的权利作为赠礼。1632年，巴尔的摩勋爵乔治·卡尔弗特申请到弗吉尼亚附近拓殖。他信奉天主教，长期渴望进行殖民活动。他死后，他的儿子获得国王的拓殖特许。特许证上规定的条件同当初弗吉尼亚公司获得的条件相似。特许证也把新地区所有权授予申请人，并且要把采邑制度[1]引进新大陆。统治殖民地的权力也授予巴尔的摩家族，使他们拥有任免官员和制定法律的最高权力。朝臣和商人纷纷为这次冒险活动捐款。将要建立的殖民地准备以查理一世的妻子昂里埃塔·玛丽亚王后的名字命名，叫做马里兰。这个殖民地的统治者虽然是天主教徒，他在统治初期倒是有些温和的色彩，因为巴尔的摩由于宣布英国国教作为这个新殖民地的正教，才领到建立这个殖民地的特许证。实际上，查理政权的权力有所削弱，巴尔的摩在殖民地建立的地方当局却扩大了权力，特许证上规定的权利则相应减少。

在大规模移民活动的最初几十年里，有八万多讲英语的人渡过大西洋。自从日耳曼人侵入不列颠以来，像这样的民族大迁徙活动还是第一次。撒克逊人和北欧人曾经使英格兰殖民化，1000年以后，他们的子孙又开始占据美洲大陆。一股股不同的移民像溪流一样汇集到新大陆，为塑造未来美利坚合众国的多重性格发挥着作用。在这些溪流中，最先流到那里的是英国人，其中的主流也是他们。殖民运动的领袖刚到那里便在感情上同英国政府决裂

1 Manorial system，中世纪早期西欧的一种土地占有制，废除了以前无条件地把土地赐给贵族永作私有的办法，改以服军役为条件，可以终生享用但不能世袭。——编者注

了。移民在荒野中建立城镇和殖民点，同印第安人战斗，置身于偏僻和新奇的环境，这一切使新大陆同旧大陆之间的鸿沟更加扩大了。在新英格兰建立和巩固的艰难时期，它的祖国被内战拖得筋疲力尽。当英国国内恢复秩序的时候，北美殖民地已经能够独立于世，并且已经形成了自己的传统和思想。

第十三章 CHAPTER 13

查理一世与白金汉

有许多关于即位不久的查理一世的情况记载，其中最引人注目的是出于对查理一世深有研究的日耳曼历史学家兰克的手笔。他写道，查理一世“刚满 25 岁，可谓风华正茂。他骑在马上仪表堂堂，人们经常看到他娴熟地驾驭烈马。他长于武功，射箭打枪百发百中，甚至学会了给大炮装药。他像他的父亲一样酷爱打猎，而论智力和知识，他不如父亲；论活泼与随和，他不及亡兄亨利。……但在道德上，他却居二者之上。他属于人们所说的完美无瑕的青年之列。他的举止十分得体，几乎近于腼腆。从安详的眼神中，可以看出他的庄重稳健的性格。他具有领悟最复杂问题的能力，而且善于写作。他自幼养成了节俭的习惯，既不奢华，也不寒酸。他善于思考各种问题”[1]。遗憾的是，他曾患小儿麻痹症，讲话也有些口吃。

英国正孕育着一场严重的政治与宗教危机。在詹姆斯一世统治时期，国会的地位已经开始上升，不仅控制着税收决策权，而且干预国家事务的权力

---

1 引自兰克著《英国史》第 1 卷第 537 页。——原注

也越来越大，在对外政策方面尤其如此。有必要指出，英国有文化的人对欧洲事务的关注对民众起着十分重大的影响。他们怎样思考和行动，英国广大民众就怎样跟随。对英国人来说，发生在布拉格或拉蒂斯邦的事情如同发生在约克或布里斯托尔的事情一样重要，波希米亚的疆界和莱茵选侯国的局势同许多国内问题一样受到重视。在金雀花王朝时期，人们由于王室争夺欧洲霸权而关心欧洲事务，而此时的情况已经不同，人们由于狂热的宗教斗争而关注视着欧洲大陆局势。英国人民感到，只有新教取得胜利，他们才能生存，灵魂才能得到拯救，因此他们凝睇注视着同它胜败攸关的每一个进程。不管新教运动在哪里受到进攻，英国都应该带头反击，这种强烈的愿望推动了议会运动，它的推动力量远远超过以往国内问题产生的力量。阿克顿勋爵[1]说："如果没有17世纪宗教运动的推动，世界向民主前进的步伐就会停止。"

然而，俗界问题也是不可忽略的。当年人们接受都铎王朝的统治，是由于它可以结束玫瑰战争所带来的痛苦和混乱状态。而对不断发展的社会来说，都铎王朝再也不能适应它的需要和特征了。人们不禁回忆起过去的年代。柯克和塞尔登等伟大律师把他们的目光引向国会在兰开斯特王朝时期拥有的权利。他们自豪地谈到西蒙·德蒙特福特[2]的功绩，谈到大宪章，甚至谈到盎格鲁-撒克逊国王统治时期的古老权利。对历史进行一番研究之后，他们得出结论：从不列颠岛的习惯中，他们可以继承一整套根本性法律，这套法律对于解决他们眼前的问题依旧适用，同时也是不可缺少的。对他们来说，过去的历史几乎可以提供成文的宪法，而国王却显出背离这个宪法的倾向。但国王在回顾过去历史时，也同样发现了许多相反的先例，尤其是近100年来，有许多先例证明国王可以行使绝对权威。国王和国会各有一套坚

---

1 Lord Acton（1834—1902），19世纪英国历史学家和政治思想家，是自由主义运动的重要人物。担任过下院议员，主编《剑桥近代史》。——编者注

2 Simon de Montfort(1208—1265)，法国裔英国贵族。曾率领贵族反抗亨利三世的统治，成为英格兰实际统治者，并在统治期间召开直接选举产生的议会，被视为现代议会制的创始人之一。——编者注

定不移、立论充分的原则，这给未来的斗争带来了悲壮的场面。

一个比都铎王朝时代更加复杂的社会正在形成，内外贸易不断扩大，采矿和其他工业迅速发展，更大的既得利益集团已经出现。这次推动社会前进的先锋是伦敦市，它一直是维护自由与进步的光荣旗手。那里有成千上万朝气蓬勃、讲话坦率的学徒以及资本雄厚的同业公会和公司。在伦敦之外，有许多地主绅士成为国会议员，他们同新兴工业和贸易建立了密切的联系。在这些年代里，下议院与其说致力于立法，不如说是在努力迫使国王承认古老的传统，以便及时防止最近取得的一切成就沦为国王独裁统治的工具。

在这场艰难而且对我们来说非常可贵的运动中，带头人是一些著名人士。柯克使詹姆斯一世统治末期的国会学会了为自己辩护的本领，也学会了制胜的方法。他本人精通英国普通法，从史实中找出各种先例，把它们结合现实加以利用。有两位乡绅站在他的一边，一位是英国西部康沃尔郡的约翰·埃利奥特爵士，另一位是约克郡的托马斯·温特沃思。二人都有惊人的能力和坚忍不拔的精神。有一段时间他们共同合作，继而互相对立，后来则成为死敌。他们在相反的两条道路上，各自作出了最后的牺牲。在他们身后，是清教徒绅士阶层的领袖登齐尔·霍利斯、阿瑟·黑兹里格和约翰·皮姆，这些人和他们一样具有刚毅的精神。皮姆最后把他们的事业推向更高的阶段。他是萨默塞特人，是个律师，坚决反对英国教会中注重仪式的派别，对殖民冒险活动颇有兴趣。此人善于判断政治风云，并以无情的手段加以利用。

* * *

詹姆斯一世时代的国会主张发动战争，参与欧洲事务。查理一世统治时期的国会也是如此。议员们企图利用自己对金钱的控制权迫使国王和大臣们走这条危险的道路。他们很清楚，战争的负担会迫使国王向他们求援。如果采取他们的政策，即是采纳他们的信念，他们的势力也一定会大有发展。詹姆斯一世采取的往往是不光彩的绥靖政策，因此基本上避开了这个陷阱。而查理一世国王和白金汉公爵都是血气方刚的年轻人。查理一世国王的父亲为他向西班牙求婚遭到无理拒绝，查理一世本人在马德里受到了冷遇，他认为这是一种侮辱，因此主张对西班牙发动战争。他甚至想打破惯例，在国王驾崩后不下令举行新的选举就召集国会。他迅速同法国公主亨利埃塔·玛丽亚结了婚。亨利埃塔带着大批法国天主教徒和教士一到多佛，查理一世的威望就受到严重影响。新国会批准了对西班牙发动战争的军费，同时它还决定，国王在和平时期也要依赖的关税应该由投票表决。关税条例本来在国王的终身统治期内有效，今后每年表决一次。多少个朝代以来，还没有出现过这种做法，这说明国会想重新处理间接税的问题。这个限制激怒了查理一世，刺伤了他的自尊，但动摇不了他要进行战争的决心。这样，查理一世即位伊始便陷入完全受制于国会的地位。另一方面，他对于国会提出的越来越多的要求感到十分不满。

对西班牙战争出师不利。白金汉公爵率军进攻西班牙加的斯，企图取得比伊丽莎白女王统治时期更大的战功，结果一无所获。他回国后，下议院决定弹劾这位服饰华丽、奢侈无能的大臣。议员们对查理说："在这位大人物停止任意干涉国家大事以前，我们反对把我们将要或者能够拨出的款项交给他滥用到有损国家的事情上。"白金汉公爵受到弹劾。查理一世国王为了保护他的朋友，匆忙解散了国会。

当时的政治背景又增加了一个新的复杂问题。查理一世希望同法国结盟，以对付统治西班牙和神圣罗马帝国的哈布斯堡王朝。而法国并不想为了帮助英国收复莱茵选侯国而打仗。在查理一世同亨利埃塔·玛丽亚王后履行婚约的问题上，英法双方也出现了分歧，胡格诺教派的问题则使这个分歧更加尖锐化。掌握实权的新任法国大臣黎塞留红衣主教决心遏制胡格诺教派在法国的独立倾向，尤其是要摧毁他们的海滨要塞拉罗谢尔。英国当然支持信奉新教的胡格诺教派，在纳瓦尔的亨利执政之时就支持过他们。英法两国因此又发生了战争。1627 年，白金汉率领一支大军到法国支持胡格诺教派。他们在雷岛附近登陆，但未能攻下这座城堡，仓皇撤退。白金汉公爵的军事生涯又多了一次劳民伤财的败绩。在国内，安顿士兵留宿的负担使千万家农户怨声载道。当时运用军事法裁决军民之间的纠纷，这种裁决方式造成的不公使农户益发怨恨不已。

这场战争急需军费，而国会则可能利用国王召集他们批准拨款的机会再次弹劾他的朋友白金汉，这两个问题交相进逼，使他狼狈不堪。在战争期间，他意气用事采取了欠妥的办法来筹集军费。他索取义务贷款，许多上层人士拒绝出钱时，他便把他们投入监狱。这些囚犯中有素称“五骑士”（Five Knights）的五个人对这种做法提出控告，最高法院裁决说，这些人是“根据国王的特殊指令”被捕的，所以人身保护权在这一问题上无效。这次事件引起巨大骚动，出现了著名的《权利请愿书》[1]。

义务贷款不能满足国库的需要。国会保证不再弹劾白金汉公爵，查理一世于是同意召开国会会议。全国处于骚动之中。议会重新选举，人们决心反对横征暴敛。1628 年 3 月召集的国会反映了自然产生的民众领袖的意愿。国会支持战争，但不愿意拨款给查理一世国王和白金汉公爵，因为它不信任他们。贵族和绅士、上议院和下议院都坚决保护财产权，也坚决维护与此有关的事业——自由。国王扬言要采取极端手段，说他必须得到“必要的款项，以保卫我们自己，使我们的朋友免于灭顶之灾。……每个人必须凭着自己的良心作出反应，如果你们不顾上帝的意志，不尽力满足当前国家的需要，我就必须……利用上帝授给我的其他手段去抢救可能由于别人的蠢行而丧失的东西。不要把这番话当作恫吓之言，而应奉为规诫，我不喜欢恐吓地位比我

---

1 *Petition of Right*，1628 年英国国会向英王查理一世（1600—1649）提出的一个重要的政治、法律文件，共 11 条。主要内容是要求国王非经国会同意不得向人民募债或征税；非依国家法律或法庭判决，不得逮捕任何人或剥夺其财产；不得依据戒严令随意逮捕公民；不得强占民房驻兵等。英国资产阶级革命胜利后经修订成为英国宪法的渊源之一。——编者注

低的人”。

我们不要将错误只归结到一方身上。国会同意进行战争之后，却又为难国王，企图要国王做出抛弃胡格诺教派的丢脸事情，或者放弃历代国王长期享受的特权。国会的策略比较巧妙，根据它的信念和当时的实际情况来看，采取这些策略是有道理的。国会拨出五笔款项，总额达 30 万英镑，必须在一年之内交齐。这笔钱足够进行这场战争，但国会在一项法案中正式批准这些款项之前，提出了自己的条件。

有四项决议案获得一致通过：凡无合法理由不得监禁任何自由民；应对在押者发出人身保护令[1]，即使是国王或枢密院下令逮捕的人也不例外；如无关押的正当理由，应将这些人释放或者交保释放；每个自由人对其动产和不动产完全拥有所有权，这是他们无可置疑的传统权利，国王或者大臣在未经《议会法》批准之前不得索取税款、贷款或捐款。

在柯克的带动下，下院议员开始起草《权利请愿书》。它的要旨是限制国王的特权，反对义务贷款、未经审讯的监禁、军队进驻民宅和军事管制法。国王的上述和其他做法被指责为“侵犯人民的权利和自由，违反国家的法律和法规”。倘若国王不接受这个请愿书，他便无法得到国会的拨款，必须凭自己的力量维持国会敦促他发动的战争。查理一世采取灵活的手段，秘密同法官们商议。法官们对他说，即使他承认上述的自由，他的最高权力也不会受到影响。他对于这个估计没有把握，因此在上议院作了闪烁其词的答复。全场顿时哗然，不仅下院议员大声喊叫，与会者的大多数莫不如此。他只好采纳了法官的建议，完全承认应该按照众人的愿望办事，同时心里有所保留。他说：“现在我已经尽了力量，假如这次国会会议不能得到良好的结局，那便是你们的过错，与我无关。”听到这番话，众人大喜。下院议员投票通过了各项拨款决议，他们认为做了一笔成功的交易。

1　*Writ of habeas corpus*，将犯人立即送往法院处理的命令。——译者注在这场混乱的斗争中，英国人为自己的自由奠定了重要基础。政府出于政策的需要可以监禁任何人的权利遭到了否决。通过艰苦斗争赢得的这一胜利，给各个时期的各国守法公民带来了基本权利。如果触犯现有的法律，只有陪审团的审讯才能决定被告是否应受监禁。国王认为，这样有碍他行使权力。当然，他可以借口说，在紧急情况下，必须把危险人物监禁起来。当时的统治者尚未想出“监护”（protective arrest）和“逃跑者格杀勿论”（shot while trying to escape）这样的字眼，这些词语是人们在后来的一个时代创造出来的。

在议会运动的表面之下，潜伏着巨大的危机。欧洲各国的君主一意孤行，日益骄横。法国议会自1614年的巴黎会议以来，一直没有召开过会议；后来直到1789年爆发革命时才重新召开国会会议。常备军的出现使贵族和平民失去了反抗能力，因为这支军队善于使用火器，并拥有大炮。前几个世纪里，尽管社会动荡不安，却没有一位国王胆敢无视国会的“立法权和反抗力量”（bills and bows），如今国会却处于软弱无力的地位。

*　　　*　　　*

国王和国会双方都有更高的要求。国王得到拨款以后，便过分地相信法官的保证，认为自己的权力不会受到损害。下议院则提出了进一步打击的对象，反对天主教仪式派和英国国教仪式派的发展，抱怨战争指挥不当。由于海军软弱无力，贸易活动在英吉利海峡受挫。下议院恢复了对白金汉公爵的攻击，并且质问国王说，屡招祸患者继续担任要职，与国王关系密切，难道这对国王及国家的安全是有利的吗？国王和白金汉公爵则希望，如果发动一次成功的战役，就能够替胡格诺教派解拉罗谢尔之围。查理一世国王解散了国会。他再次召集国会之前，将同他的宠臣在外交和政治上取得人人满意的成就。援救国外的新教徒，比迫害国内的天主教徒要好得多。如果国王能够为拉罗谢尔解围，他甚至可以要求拥有对国内的天主教徒施恩的权利，这并不是有损名誉的事。可是命运女神另有安排。

白金汉公爵深知他自己是众矢之的。他打算再次率军前往拉罗谢尔，显然指望重获全国的一些支持，至少也可以分化他的敌人。这位统率大军的总司令决心已定，在朴次茅斯准备扬帆启航。船上备有新器械，能够破坏黎塞留为封锁拉罗谢尔港而设置的水栅。可是就在这时，他被一名狂热的海军中尉刺死。

凶手的名字叫约翰·费尔顿，他似乎生性喜欢邪念，因此干出此事。他由于没有得到提升而心怀不满，看到从未打过仗的军官得宠晋级更是愤愤不平。从他留下的书信中可以看出，他还考虑着更大的问题。国会在国王面前指责白金汉公爵奢侈浮华和贪污腐败，这对他产生了重大的影响。他认为，人民的利益是至高无上的法律，“上帝批准了这个法律，凡是对国家有利的事情就应当视为合法的”。行刺以后，他立即混入人群中。当他听到有人骂是哪个无赖刺死这位高贵的公爵时，他站出来说：“不是无赖干的，而是一个正直的人干的，这个人就是我。”他身材消瘦，长着一头红发，黝黑的面孔显得意气消沉。周围的人们对他叫嚷不休，他反唇相讥说：“你们心里却在为我的行动而欢呼。”一些船上的水手欢呼他的名字。后来在死期将至之时，他发觉自己错了。他认识到，“公共利益不应成为某项恶行的借口”。他希望在就刑前能够有机会表达这一想法。

白金汉公爵的去世对年轻的国王是一个沉重的打击。国王没有原谅埃利奥特，认为他的煽动性讲话导致了费尔顿的罪行。同时，这次刺杀使国王摆脱了窘境，因为国会的不满随着白金汉公爵的死亡而消失了。这次刺杀还给他带来了婚后的第一次融洽生活。在此之前，他在道义上和精神上一直受着“斯蒂尼”（Steenie）的影响。此人是他青少年时期的密友，他对这个密友无所不谈。他已经同王后分居三年，甚至有人说，他和王后从来没有真正完婚。他还遣散了王后的所有法国随从，这使王后不免暗自伤怀。白金汉公爵去世以后，国王对王后产生了爱情，从此他们开始共同对付一切狂风暴雨。

* * *

下议院批准了五笔款项，在税收问题上却没有让步。下议院投票通过的税收权仅有一年的有效期，一年之后，国王仍然按照世世代代的惯例通过他的税吏收税。全国各地支持议会的人因此义愤填膺。拒绝交税的人被扣押财物，受到监禁。从这一行动中可以看出，国王根本上无视《权利请愿书》，并且企图否认他曾经接受这个请愿书。请愿书印发以后，人们只看到国王对第一次的闪烁其词的答复作了补充，而没有看到他后来以传统方式明确作出的肯定答复。另一名司令官率领军队远征拉罗谢尔，结果再次失败。黎塞留红衣主教设置的水栅成功地阻挡了英国军舰及其反水栅器械，胡格诺教派最后在绝望之中打开城门向法兰西国王投降。他们的失败使全英国感到震惊和痛苦。

1629 年初国会再次开会时，议员们对内政和外交问题满腹牢骚。不过他们的攻击是从宗教方面开始的。下院议员们采取非常强硬的态度，他们认为有关反对天主教教义的法令过于宽容和松弛，对此进行了长期的辩论，因而个个怒火中烧。这种情绪使他们当中的大多数人团结一致。其中的狂热分子持偏激的意见，热衷于净化腐败的教会，同奠定英国自由基础的爱国者一致行动。这些感到烦恼的议员把英国的宗教偏见视为团结的纽带和战争的动力，正如穆斯林依靠《古兰经》保卫自己的领土，犀牛依靠自己的尖角，老虎依靠它的利爪一样。

下议院在一个内容全面的决议案中宣布，凡提倡天主教仪式者、在税收获准前进行征税者或帮助征税者以及交税者，均为社会之公敌。以前扣在白金汉公爵头上的许多罪名此时落到财政大臣理查德·韦斯顿的头上，说他即使不是耶稣会的教徒，也是天主教徒，参与过非法的征税活动。这些罪名罗列在一份谏书中。国会议长被拉拢到国王一边，他在 3 月 2 日宣布，国王决定把国会会期推迟到 3 月 10 日，因而阻止了谏书的通过。会场上顿时掀起了怒潮，议长站起来准备退场，被态度坚决、身强力壮的议员霍利斯和瓦伦丁按坐在椅子上。黑杖侍卫[1]被拒于门外。霍利斯背诵出谏书的原文，议员们以鼓掌欢呼的方式予以通过。接着下议院四门大开，议员们一拥而出。他们在近期内不可能在下院的会议厅重逢了。很明显，国王和下议院已经决裂至无法继续合作。一个星期以后，国会被解散，查理一世的个人独裁从此开始了。

1　Black Rod，引导下院议员到上院听证并负责维持上院秩序的官吏，因手持黑仗而得名。——译者注

第十四章 CHAPTER 14

个人独裁

查理一世的个人独裁并非悄悄地或逐渐地建立起来的，他公开宣布过自己的意图。他说：“我们通过经常召开国会会议已经向人民表明，我们是乐意让国会发挥作用的。然而，国会最近滥用权力的行为使我们目前不得不中止国会的活动。如果有人想规定我们召开国会会议的时间，我们将认为这是自以为是。召集国会和解散国会的权力一直在我们自己手里。如果人民更清楚地看到我们的利益所在以及我们的行动意义，如果那些惹是生非使国会解散的人受到应有的惩罚，那么我们很愿意重新召开国会会议。”

这一政策需要有其他重大措施进行配合。首先，必须同法国和西班牙实现和平。没有国会的支持，查理一世就无力进行海外战争。实现和平并不难。法国政府和西班牙政府自动释放了它们在拉罗谢尔和尼德兰抓获的俘虏，这说明它们根本不把英国的力量放在眼里。第二个条件是至少把国会的部分领袖争取过来。在这个问题上一定进行过长期的争论。在那个时代，几乎人人都想博得国王的恩宠，有人采取恭顺服从的方式，有人采取拉派反对的途径。国王认为，埃利奥特是不肯和解的人物，而亨利·萨维尔爵士、托马斯·迪格斯和温特沃思则是可以争取和利用的人。迪格斯起初甘愿为议会事业坐穿牢底，后来在王恩的感召下很快就回心转意了。在其余的人当中，温特沃思是最值得争取的人。他在讨论《权利请愿书》的时候，态度就颇为温和节制。在他对国王的激烈攻击中，人们看出他还有肯定国王的倾向。他具有超人的能力和野心，他具有强大的影响力可以决定国王企图建立的制度之成败。

因此，查理一世努力争取他辅佐朝政。甚至在白金汉公爵在世之时，这位议会领袖就作出了明显的和解表示，既不失其尊严，又非常得体。查理一世争取他的支持此时已成为实行个人独裁的必要措施。这对温特沃思来说当然也是求之不得的。他知道自己目光远大，绝非他人之所及。他是个天生的政治家，需要施展抱负的舞台。1628 年 12 月，他成为北方事务委员会主席和枢密院成员。从此，他不仅放弃了他曾经精辟阐述的一切观点，也抛弃了同他并肩战斗的所有朋友。他在权力和国王恩宠的台阶上步步高升，而他的政敌、曾经长期同他为友的埃利奥特却被戴上轻视国王政府的罪名，在伦敦塔内慢慢地死去。重视现实的温特沃思开始考虑另一套原则，这套原则同他过去拥护的一切主张是完全对立的。有人对此作过详细解释，指出这种转变并不完全是突然发生的。有人认为，他是唯一能够使国会和国王重新合作的人。当时人们对国王的宠幸和社会义务看法不一，我们考虑这些看法时必须有所保留。兰克作过一段公正而尖锐的论述："英国的政治家能够把他们在枢密院和内阁里的活动同他们在国会里的活动统一起来，这一点使他们比其他国家的政治家更加伟大。当然，如果他们没有在国会里的地位，便无法在枢密院和内阁占据一席之地。……一位大臣的行动必须同他在议会里的行动协调一致，这条原则对于杰出人物在道德和政治上的成长是极端重要的，然而人们尚未清楚地意识到这一原则。从温特沃思的行动中可以更加明显地看到这一点。他反对压制他的政府，只是为了使自己成为这个政府所不可缺少的人物。他有一次坦率地说，他自然喜欢国王对他微笑，而不喜欢对他皱眉。他反对政府的话音未落，便应邀加入这个政府，虽然它的政策并未改变。"

所以，温特沃思激起的仇恨同庸庸碌碌的大臣受到的仇视大不相同。他是“变节的魔鬼”“堕落的天使”和“国会的叛徒”，无论是辉煌的政绩和练达的行政手段，还是出众的口才和不凡的品格，都不能使他的旧友饶恕他的背叛行为。他们可以有 11 年的时间观察这些官场风云。

萨维尔和迪格斯早已接受了官职，几名反对国王的著名律师也被说服，唱起拥护国王的调子。温特沃思完全被国王拉拢过去。议会运动的次要人物当中有的在国王的狱中受到迫害，有些人像霍利斯、黑兹里格和皮姆那样，在抑郁的谪居生活中常陷入沉思或感慨万端。

个人独裁的第三个条件，亦即最无情的条件，便是决定一切的金钱。怎样筹措金钱呢？首先必须厉行节约，不要打仗，不要进行任何冒险活动，也不要发生任何动乱，国事活动减少到最低限度，尽量保持平静。这些是查理一世的新制度中必然奉行的原则。我们在 20 世纪的今天回顾一下，从这个专制政权中至少可以看出布莱特和科布登在 19 世纪力图达到的目标。政府机构虚弱不堪，一切海外冒险活动均已停止。王室必须依靠传统税收中的微薄收入节俭度日。在维多利亚时代有一句口头禅：“传统的税款不值得一收。”（An old tax is no tax）全国人民通过艰苦的努力积攒起大量的财富，他们的钱袋越来越满。国内呈现一派升平景象，不会出现大的纠纷。国王及其文雅尊贵的朝臣们实行着有节制的统治，他们的形象曾经出现在范戴克[1]的画笔下，他们的礼貌和道德为所有的人树立了榜样。查理国王是一个专制君主，然而也是一个没有武力的专制君主，没有任何常备军推行他的敕令。宫廷里对宗教分歧比任何地方都更有容忍精神。国王坚信他是根据国内的传统习惯进行统治的，他的法官极力声明这一点，他的人民也难以否认这一点。如果把这段个人独裁时期当作名副其实的暴君专制时期，那就未免太可笑了。后来在克伦

1 Van Dyck（1599—1641），也译凡戴克，佛兰德画家，巴洛克风格画派画家，1632 年被查理一世请到英国当御用画师。——译者注

威尔的军政长官的压迫下，所有的英国人都眷恋17世纪30年代这段平静的时期，把它看作轻松安定的时代。遗憾的是，人类寻求的不仅仅是安定。一个人在命运的道路上本来可以适可而止，坐享其乐，但他的本性驱使他继续向前闯，其结果可能更好，也可能更坏。

国王的特权范围十分广泛，而且界限不清，他可以在这个范围内征税。查理一世在法官的支持下，尽力采取各种权宜手段。他不仅继续征收人人熟悉的船舶吨税[1]和镑税[2]，而且提高了某些项目的税率。他授权专员在收取一定的税金之后批准某些人的非法地产权，并且减轻对土地买卖过程中欺骗行为的处罚。他对许多幼年继承人的地产行使监护权，从中得到大笔收入。他举行加冕仪式的时候，有些人没有应召前来受封爵士，他对他们统统处以罚款。长期以来，他们出席加冕仪式只是一种形式，可是他们这次的缺席却给国王增加了一笔收入。查理一世把伊丽莎白女王和他的父亲不顾议会反对而批准的零星专利权重新加以调整。现存的反专利权法案中有许多漏洞，查理一世因此以更高的要价重新批准专利权。许多专利权授给了有朝臣和地主参加的财团。实际上，这是国王赐给一些得力收税者的间接税收。每批准一项专利权，国王就得到大笔款项，而且还能够从每年的贸易活动中提取可观的收入。从中受益的人一概拥护个人独裁，而许多一无所获的人则站到反对的立场上，使得反对派的阵营日趋强大。人们普遍对伦敦的发展感到不安。伦敦包括郊区在内的人口有20多万；而且住宅拥挤不堪，随时可能发生瘟疫，因此公众舆论要求严格限制新住宅的建设。尽管如此，许多人仍然建起了新宅邸，伦敦和其他城市不断扩张。国王的专员此时又有了新的工作，人们面临两种困难的选择，一是拆毁房屋，二是交纳罚款。有些住房较差的穷人拆毁了他们新建的房屋，但绝大多数人付了罚金。

---

1 Tonnage，对船运的每吨货物所收的税金。——译者注

2 Poundage，每一镑钱或每一磅货物的税金。——译者注

这时，担任爱尔兰总督的温特沃思刚柔相济，使爱尔兰王国对英国王室比任何时候都更加驯服。他排解了部落之间的世仇，恢复了秩序和繁荣。他以爱尔兰人普遍默许的手段，建立了一支爱尔兰军队，并筹措了一大笔保护金，以维护查理一世的统治。他在历史上的名望与他在爱尔兰的统治是分不开的。经过七年的努力，他平定了爱尔兰，搜刮了它的财富。他没有采取明显的激烈措施，也没有诉诸流血手段，而爱尔兰却成为他手中驯服的工具。

由于谨慎节俭的政府采取上述措施，查理一世在不召集国会的情况下能够维持统治。反对势力仍在伺机而动，他们珍视和支持的信念尚未从他们的头脑里消失。但是他们没有表达出来，也没有一个集中的目标。交通的落后、聚会的危险以及愉快平静的生活抑制了他们的行动。如有机会，他们一定会发动猛烈的进攻，而此时却满足于安谧的日常生活。英国是个很好的地方，春夏秋三季各有乐趣，冬天人们则有圣诞节的欢乐和其他娱乐活动。从事农业和猎取狐狸的活动使好动的人各得其所，引以自慰。农产品丰富，物价相当稳定，劳动阶级的不满问题已经消失，《济贫法》[1]的执行情况完全体现了博爱精神。普通绅士无权参与治理国家，但在自己的领地上还是统治者。他们通过每季开审的地方法庭统治着各郡，他们只要奉公守法，忍气吞声地交纳税金，就能够平安无事。在这种条件下，议会势力要想促使他们关心国家大事，就必须作出很大的努力。心中积怨的人在寻找时机，准备发泄处于蛰伏状态的不满情绪。

* * *

不久，查理一世的律师和“警犬”（sleuth-hounds）注意到了多年以来形成的一个奇怪现象。英国有一条古老的法律，大概源自阿尔弗烈德大王的时

1 *Poor Law*，1601年英王室通过德针对圈地运动后英国增加的贫困人口予以政府救济的法案。——编者注

代，根据这条法律，全国都应承担维持舰队的费用。可是长期以来，只有沿海各郡交纳这笔费用。这支海军难道不是不列颠和平与自由的保障吗？既然全国受益，为什么不由全国承担海军的支出呢？各郡应该同样负担海军的费用，不列颠岛国对它的人民提出的这个要求是再正当不过的了。且不谈古老传统，仅就这个要求的正确性来说，如果把这个要求提交给一个忠诚的国会，也会得到一致批准。然而，内陆地区不交海军军费的做法已经成为惯例。即使在西班牙无敌舰队大举进攻的年代里，伊丽莎白女王也未能破例。查理一世决定解决这个问题。1635 年 8 月，他对全国征收“船舶税”（Ship Money）。

白金汉郡一名前国会议员挺身而出，坚决反对国王，带头抗税。他的税款估计不超过 20 先令，可是他坚持任何税收必须得到国会批准的原则，拒不从命，结果受到惩罚，财产被扣押，自己身陷囹圄。他的名字叫约翰·汉普顿。双方都把他的抗税活动当作风标。议会派没有其他方法表达他们的意见，便把汉普顿的案子当作一次较量，希望它引起全国的注意，并且欢迎有人成为牺牲者，以便搅动犹如一潭死水的社会。他们希望人民对个人专制大发牢骚。另一方面，王室由于自己的观点在理而受到鼓舞。汉普顿案件因此轰动一时，永垂青史。在里兹伯勒太子城有一座方形尖塔，上面刻着他的大胆主张：内陆郡同皇家海军毫无关系，只有国会要他们交纳“船舶税”，他们才能照办。结果王室获胜。法官们的判决甚有道理，并未显出曲解法律的迹象，可是国内民怨沸腾。1637 年最终收缴了百分之九十的“船舶税”，而 1639 年只收到百分之二十。全国各地的有产阶级从舒适的生活中振作起来，重新提出《权利请愿书》中的口号。

单凭这些活动并不足以激起全国民众的情绪。议会派懂得，他们把自己局限在法律问题上是不能取胜的，于是他们继续煽动宗教情绪，把宗教情绪当作将英国人从冷漠的态度中唤醒的可靠手段。这时候出现了查理一世的昏庸军师、坎特伯雷大主教威廉·劳德。他是个虔诚的国教徒，坚决反对罗马教廷和日内瓦的教派，是脱离加尔文宗运动的领袖。他渴望参与政治，原系白金汉公爵的密友，据说是白金汉公爵几次最成功的演说的起草人。在宗教问题变得头等重要之时，他毅然放弃牛津大学的学术生涯，登上国家政治的舞台，进入枢密院。伊丽莎白女王的国教教会依赖国家，教会单凭自身无力应付各种压力。国家和教会因此建立了非正式的合作关系，国家承认教会的财产，教会宣传服从国家的职责以及国王的神圣权威。

劳德并不是这种合作关系的倡导者，但他努力加强这种关系，只是不合时宜。他在改革中用栏杆把圣坛隔开，重新强调宗教仪式和教士的尊严。教士同会众的关系更加疏远，教会的权力显著加强。查理一世的宗教观点和他的政治主张同步发展，民众的不满情绪迅速高涨。劳德还为国王发现了新的财源。根据伊丽莎白女王时代的法令，每个人都必须到教堂去做礼拜。至于他们内心有何感想，那是无关紧要的，但在形式上他们必须信仰国教。后来这个制度逐渐废弛下来，有些人嫌麻烦而不去做礼拜，另外一些人甚至觉得这是一件可憎的事情。此时，英国各地的男男女女突然因为没有去做礼拜被拉到法庭上，每次被罚款一先令。一般人都知道这是怎么回事。它并不是财政署法庭上律师和法官处理的大问题，而是带有愚弄性质的新花招。早已被惹怒的清教徒认为这是宗教迫害活动，他们纷纷议论史密斯菲尔德[1]的火刑，认为目前形势必然导致那样的宗教迫害活动。在国王危机重重的时刻，多年来经过百般努力加以怀柔安抚的议会派又加紧进行反对活动。

普林和其他清教徒作家在特权法庭上受审，被处以枷刑、烙刑和割耳刑。这对查理一世的政府不过是白璧之瑕，它同不久以前和今后一个时期的其他国家政府相比，还算是温和仁慈的。

其实，即使听其自然发展，英国也未必会发生大的叛乱。点起火炬的地

1 Smithfield，位于伦敦市圣保罗大教堂西北部，是牲口市，也以处决新教徒的刑场而著称。——译者注

方反而是斯图亚特王族的故乡、查理一世的出生地苏格兰，这支火炬迅速地在那里燃起燎原大火。劳德对这个北方王国的宗教局面感到不满，说服国王采取措施加以改善。苏格兰人必须采用英格兰人的《公祷书》，同他们的英格兰兄弟取得广泛的一致。

查理一世除了要在不列颠全岛统一宗教仪式以外，还有世俗和物质的目标。他父亲詹姆斯国王生前在苏格兰恢复了主教制度，企图以此约束敢于发难的长老会。詹姆斯还巧妙地支持苏格兰贵族反对苏格兰教会的权欲。查理一世刚刚即位，便颁布一项法案，企图剥夺贵族自宗教改革以来得到的所有教会土地，结果使贵族产生了离心倾向。更重要的是，他决心改革主要落入贵族腰包的什一税，减轻小地主的负担，增加牧师的俸禄。他甚至打算加强苏格兰的主教权力，从而遭到苏格兰贵族的坚决反对。而另一方面，作为国王代理人的苏格兰主教发现他们自己在地主和教士面前越来越不受欢迎。为了加强苏格兰主教的力量，教会法得到新的解释，其中强调了国王的地位。新的《公祷书》在伦敦起草完毕，以统一苏格兰的宗教活动。1636 年公布了这些《公祷书》，其中似乎没有哪一本预见到这将带来的必然后果。

查理一世和他的谋臣们并不想对新教教义表示异议，更不想转向罗马天主教，他们想强调新教注重仪式派（Protestant High Church）的观点。他们重申国王的最高权力（Royal Supremacy），规定了更严格的仪式，尤其是充实了圣餐仪式。在这个过程中，他们同上层阶级的物质利益、各个阶级的宗教信仰和苏格兰民族的独立精神发生了冲突。苏格兰人民普遍感到不满，迅速产生强烈偏见。他们认为，同时也被他们的民族领袖灌输，英国国王将强迫他们屈服罗马天主教且已迈出灾难性的第一步。他们怀着重重疑虑逐字逐句地阅读了《公祷书》。国王不是娶了一个天主教徒做王后吗？王后不是在自己的小教堂里崇拜偶像吗？天主教徒不是已在英格兰各地受到默许而对新教的信仰构成日益严重的威胁吗？不是已经出现了同罗马建立联系的打算吗？

1637 年 7 月，苏格兰的政教上层人士集中到爱丁堡的圣贾尔教堂（St. Giles’s Church），准备首次郑重朗读新《公祷书》。显然，许多牧师和无数教徒从苏格兰各地来到爱丁堡。当教长企图宣读新《公祷书》的时候，一阵怒吼和漫骂淹没了他的声音。一名下层妇女甚至拿起脚凳，朝这只原形毕露的披着羊皮的狼打去。整个仪式变成一场骚乱。爱丁堡这座古老的都城里群情激愤，主教和国王的权威在这里受到了挑战。爱丁堡藐视王权，没有任何力量能够阻挡这座古堡的怒潮。查理一世闻讯大为吃惊。他极力向苏格兰臣民保证，以令人信服的语言说明他仇视天主教，并且表示愿意修改新《公祷书》。这些努力均告枉然，只有立即废除这部令人讨厌的《公祷书》才是有效的措施。可是国王没有收回《公祷书》，双方仅就一些枝节问题开始了长期的谈判。国王连连让步，而苏格兰人的愤慨情绪却有增无减。在这次长期的舌战和法律方面的斗争中，我们再次看到了大规模骚动的序幕。苏格兰人根据律师的精明建议，起草了一份请愿书。至此，国王才被迫收回了新《公祷书》，但为时已晚。一场风暴已经兴起，推动着苏格兰人勇猛前进。他们仍然表示忠于国王，沉重的打击落在主教们的头上。查理一世终于放弃了最初制定的政策，但为时已晚，一场日益强烈的反抗运动已被激起。在 1637 年整整一年里，查理国王表面上仍然一再让步，实际上是不断认错，但他一直考虑使用武力。同时，苏格兰民族正在形成一个统一的整体，向教会和国王发起了挑战。

1638 年初，苏格兰人放弃请愿书，同查理一世签署一项协议。这项协议中没有多少新内容，主要是重申了 50 年前在詹姆斯六世统治下人人同意的宗教信仰。那时，欧洲大陆的宗教战争连续不断，人们反对罗马教廷的权力和种种弊端。如今，这个协议成为全国团结的神圣纽带。所有在协议上签名的人作出保证，决心“坚持和保卫上述的真正信仰，未经最高宗教会议和国会审查批准，不对宗教活动作任何改革”。他们当中最弱者的遭遇同所有人都有着利害关系。1638年2月28日，在爱丁堡的多明我会[1]宣读了这个协议。萨瑟兰伯爵第一个在协议上签名，随后有许多重要人士也签了名。他们感到自己被大众的所谓“着了魔似的狂热”推动着，身不由己。教堂里有许多人蘸血签名。一张张复制的协议书几乎散发到每个城镇和村庄，供人们签名。这个协议体现了一个民族宁死不向罗马天主教屈服的坚定信念，查理一世引起了一场风暴，而且他没有料到会有这样的后果。

面对这场风暴，查理一世只好再次作出让步。经验丰富的苏格兰政治家、后来随着查理一世走上断头台的汉密尔顿侯爵作为俗界专员被派往北方，奉命同苏格兰人重修旧好。汉密尔顿侯爵的奋斗目标只是为了保持一定的尊严，为国王的暂时退却挽回一点面子。他旋风似的四处规劝苏格兰人。于是他们决定召开宗教会议，由爱丁堡协议的签名者组成的委员会着手组织从来没有举行过的选举活动。这次宗教会议在格拉斯哥的圣芒戈大教堂召开，苏格兰的宗教信仰在会上占主导地位，一位炙手可热的俗界人士支持这次大会，他身穿戎装，坐在大教堂中央，身旁围着各个阶级的狂热追随者。

* * *

查理一世将汉密尔顿派往苏格兰之前，同他进行了一次重要谈话。查理对汉密尔顿说，如果妥协不成，他可以调集军队镇压叛乱。“如果在当地没有足够的军队怎么办？”汉密尔顿问道。查理答道：“那么就从英格兰增派军队。我将率军亲征，宁可抛头颅，也不让最高权威受到轻视。”国王所说的这种局面果真出现了。苏格兰宗教会议敌视国王的权威，它要解决宗教纠纷，而此时已落入俗界武夫的控制之下。他们追求的政治目标是要求废除主教制度。查理一世下令解散宗教会议，而宗教会议则决定设置常设机构。宗

1 Dominican Order，也译“多米尼克派”，天主教托钵修会主要派别之一。——编者注

教会议作出这一决定时，完全知道将会引起什么后果。苏格兰宗教会议在1638年11月不顾钦差大臣的要求，拒绝解散。人们一直把这一行动同1789年法国国民议会首次抗拒国王意志的行动相提并论。这两个事件的经过和背景无疑是不同的，但它们的相同之处是经由一系列因素最终导致了处死国王的严重结局。

受到挫折的和平使者汉密尔顿回到白厅，为自己向国王提出的绥靖建议而一再引咎自责。现在他表示赞成采取严厉措施。枢密院对这个问题进行了长时间的讨论。有人问道，为什么要对仍然表示爱戴国王的整个民族大动干戈呢？没有钱和军队，也没有英格兰同心协力的支持，凭什么对他们发动战争呢？更主要的是，查理一世的大臣们看到了苏格兰叛乱对英格兰局势具有致命的反作用。英格兰的局势表面上十分平静，实际上非常紧张。倘若苏格兰的骚乱发展下去，它到何种地步才能停止呢？查理一世依靠法庭的帮助，已经在没有国会的情况下统治了10多年，虽然遇到一些麻烦，但还能实行有效的统治。可是北方的苏格兰竟敢公开蔑视国王的权威。劳德在英格兰同身在爱尔兰的温特沃思经常联系。二人都主张及早镇压苏格兰的骚乱。这个主张占了上风，查理一世和苏格兰人都在备战。

查理一世开始调集军队。枢密院考虑调动温特沃思的爱尔兰军队，甚至打算雇佣西班牙军队。他们计划从西班牙雇佣两万步兵作为核心，再以主要来自苏格兰东部高原地区的大量亲英分子组成一支军队。然而，苏格兰的反对派可以求助的国外力量更加强大。古斯塔夫斯·阿道弗斯指挥的一些苏格兰旅和苏格兰将军们在德意志立下的辉煌战功，使苏格兰有了无与伦比的军事潜力。亚历山大·莱斯利在30年战争中晋升为陆军元帅，他感到祖国在召唤自己，应该回到苏格兰为同一事业而战斗。对他来说，在新教徒同罗马天主教会的大规模冲突中，苏格兰是一个侧翼战场。苏格兰对她的海外武士发出的呼吁颇有吸引力，成千上万的人回到苏格兰。其中有训练有素的官兵，也有在艰苦的战役中千锤百炼、经验丰富的军事家。他们立即成为正规军的中坚力量，他们当中产生了组织严格、精明能干的参谋人员和运筹帷幄、用兵如神的总司令。苏格兰贵族久仰莱斯利的大名，佩服他的军事才能，听从他的指挥。贵族之间的前嫌涣然冰释。数月之后，英格兰还远未做好充分准备，而苏格兰已经建立了不列颠岛上最强大的军队。这支军队军事素养好，还有善于指挥的军官，尤其重要的是，它受到强烈的、甚至狂热的宗教精神的鼓舞。教士们身佩刀剑，手提马枪，以他们的说教配合教官的训练。士兵排列成行，虔诚地祈祷，唱着圣歌。总的说来，无论在宗教方面还是在政治方面，他们的言行都是十分严谨的。他们仍然尊重国王，有时甚至欢呼他的名字。可是他们的战旗上写的口号却是“为基督的荣誉而战，为协议而战”（For Christ's a Crown，and the Covenant）。苏格兰的反抗阵线在冷酷而坚定的信念中形成了。1639 年 5 月，这支约有两万人的强大军队开到苏格兰边界，准备对付查理一世及其谋臣组织起来的松散无力、缺乏斗志的军队。

从一开始就可以清楚地看出，查理一世的军队不大希望同苏格兰人作战。与此相反，和谈倒是开始了。6 月 18 日，双方签订了《贝里克和约》。苏格兰人答应解散他们的军队，归还他们夺取的王室城堡。查理国王同意在同年 8 月召开宗教会议和国会会议，这两个会议以后定期召开，前者处理宗教事务，后者解决俗界问题。查理国王拒绝承认格拉斯哥宗教会议通过的条例，因为它们攻击他的君主职责。不过，他暂时同意废除主教制度。他制订新《公祷书》时的乐观计划到头来落得这般地步。其实，查理国王签订《贝里克和约》不过是缓兵之计。苏格兰反对派很快就识破机关。于是独立精神之火燃遍苏格兰各地，人们因归还王室城堡而怒不可遏，为解散苏格兰军队而惴惴不安。汉密尔顿侯爵重返苏格兰，陷入愤怒的汪洋大海之中。1639 年 8 月底在爱丁堡召开苏格兰议会，要求国王的枢密院对苏格兰议会负责；国王在任命驻军指挥官，尤其是在任命要塞指挥官时，也应该听从苏格兰议会的意见。议员们抨击财政部的权力过大，因为当时货币不断贬值，他们尤其攻击货币的管理工作。他们甚至要求说，授勋封官也应该根据他们的意愿来决定。这些意图明朗化以后，汉密尔顿侯爵起初只能用休会的办法拖延时间，最后宣布闭会到 1640 年 6 月。苏格兰议会闭会以前，选出了享有全权的代表委员会，它实际上就是苏格兰政府。

在西欧复杂局势中，苏格兰人不仅是新教运动的积极战士，也是法国人反对奥地利—西班牙联合势力的同盟军。他们认为，查理一世闭关自守的中立外交政策有利于天主教。他们企图同法国恢复亲密的传统联盟。到 1639 年底，查理一世发现北方已经有一个独立的国家和政府傲然挺立，这个国家和政府在形式上仍然奉他为国王，实际上决心在内政和外交上自行其是。这种形势不仅有损国王的特权，也威胁着他的完整版图。他感到战争已经不可避免。可是他有什么力量进行战争呢？

汉密尔顿从苏格兰回来以后，提出了一个尖锐的问题："如果执行国王的决定，钱从哪里来？没有国会，怎么能够筹集到钱款呢？"在爱尔兰任职的温特沃思被召回英格兰，以加强枢密院，他在宫廷里威望较高，因为他在倾向于天主教的爱尔兰不仅恢复了秩序，而且使爱尔兰人对英国国王普遍表示忠诚。这位总督在爱尔兰实行文明的专制，他建立并训练了一支有 8000 人的爱尔兰军队。他确信自己有能力先后在苏格兰和英格兰实行独裁制度，他在不列颠的姐妹岛上已实现了这一点。"彻底"是他的信条。我们无法断定，他如果获得成功还会在这条路上走多远。他极力主张对苏格兰开战，希望战争开始后英格兰人对苏格兰人的宿怨就会死灰复燃。他希望再次赢得弗洛顿战斗式的胜利，随时准备在必要时把他的爱尔兰军队投入苏格兰战争。

* * *

在这个决定性的时刻，英国的君主本来可以继续实行在欧洲各地逐渐推广的专制制度，可是形势发生了变化。查理一世并不想违背传统的法律，因为他对这些法律比较了解。他尊重教会和国家的传统，而残忍精明的冒险家、个人能量随着危机的加深也与日俱增的温特沃思则缺少这种精神。温特沃思清楚地认识到，国王的岁入不足以维持这场战争，于是他得出必须召集国会的结论。他过于自信地认为，下议院会比较顺从，后来事实证明这个判断是错误的。根据这个判断，一个重要的行动开始了。经过近 12 年的个人专制之后，查理一世发出召集国会的令状，英国各地开始了选举。国会同国王进行的举世闻名的斗争也就从此揭开了序幕。

议会势力虽然没有发表意见的机会，可是也没有停止活动。在比较温和的专制制度下，他们牢牢地控制了全国许多地区的统治权。突如其来的选举活动一开始，他们便很快组成了国会，在上届国会失败的地方重新举起了战旗。而且，当他们重新提出 1629 年国会所提的问题时，他们已经压抑 11 年的仇恨和怒火也随之迸发出来。查理一世只好恭恭敬敬地把被他轻蔑地赶走的那些势力请回来。由于时过境迁，国会的成员有所变动，上届国会的成员只有四分之一参加了这次国会。埃利奥特已经死在伦敦塔，温特沃思则已受封为斯特拉福德伯爵，并且成为国王的首相。在重新当选的上届议员当中，有一个人居于众人之首，他能力出众，学识渊博，报复心切。此人便是皮姆。后来称为“短期国会”的这届新国会一组成，他便成为核心人物。他的同时代人克拉伦登在评论他时写道：“他看出了政府的错误，并且知道如何使这些错误显得更加严重。”他在一次长时间的精彩演说中重新陈述了主要的问题和种种弊病。查理国王及其主要大臣斯特拉福德伯爵和劳德并没有从新国会中得到安慰。相反，他们听到的尽是愤怒的呼声，他们意气用事在数日后便轻率地解散了国会。召集这次国会的结果直接把英格兰抛入了激烈斗争的旋涡。

召集国会的权宜之计显然是行不通的，斯特拉福德伯爵因此又奉行“彻底”的信条。苏格兰军队在边界地区集结起来，而英格兰只能组织起一支松散无力的军队。把军队调上战场需要钱，也需要正当的理由，当时这两个条件都不具备。许多豪门显贵为查理一世提供捐款或贷款，以保卫英格兰王国。英格兰的天主教徒尽管默默无闻，受到压制，却仍然对国王感恩戴德，慷慨解囊相助。他们的捐赠是秘密提供的，也是被秘密接受的。可是这区区之数对于战争只是杯水车薪，何济于事？

斯特拉福德伯爵想把他的爱尔兰军队调来，但枢密院担心会引起更强烈的反响，不敢作出这样的决定。他以北方事务委员会主席的身份，在约克将贵族粗暴地训斥了一顿，可是贵族的反应很冷漠，令人失望。不久，苏格兰人有秩序地渡过特威德河。骑兵站在上游以减缓水势，协助步兵涉水过河。他们一直挺进到泰恩河才遇到抵抗。两支军队像签订《贝里克和约》以前那样安营对峙。苏格兰领袖发动入侵时看到英格兰各地蓬勃发展的议会运动和清教徒运动而兴高采烈，而皮姆则处于这两个运动的联合势力的中心。又过数日，两军仍然相安无事。一天清晨，一名苏格兰骑兵在河边饮马时离英军的前哨太近，有人开枪将这个鲁莽的骑兵击伤。苏格兰军队万炮齐发，英格兰军队全线溃退。当时有人写道："从来没有哪支军队在少数敌人面前如此望风披靡。"英格兰士兵则振振有词地说，他们逃跑并不是由于惧怕苏格兰人，而是因为他们自己心怀不满，主要是没有军饷。苏格兰军队势如破竹，直抵纽卡斯尔城下。这时苏格兰的将军们宣布他们为英国的自由而战，呼吁所有拥护议会运动和清教徒事业的人给予援助。有人干脆对纽卡斯尔的政法官说，这座城市实际上已被攻克，政法官听到此话，竟然乖乖地打开了城门。当时斯特拉福德正在约克积极组织防御，徒然希望英格兰大地受到的凌辱会重振人们所盼望的民族精神。他还企图在枢密院争取多数支持，调用爱尔兰军队，结果也是枉然。

正在伦敦开会的许多贵族要求国王召集上院贵族开会，不让下院议员参加。这样的会议已经有几百年不开了。目前的危机不正需要召开这样的会议吗？查理一世同意召开这种会议的要求，可是贵族会议所能做到的只是建议召开国会而已。国王一人并不能保卫英格兰，只有国会才能把英格兰从苏格兰人的铁蹄下拯救出来。此时查理一世的情绪十分消沉，他备尝个人失败之苦。他的敌人正策划彻底消灭他，他们最后实现了这个目的。为了打击他，他们重建了一个党派和阵线，用以消灭任何他们试图打击的任何目标。

第十五章 CHAPTER 15

国会造反

各种不屈不挠的力量强迫查理一世去做他最担心的事情。苏格兰侵略军占领了达勒姆和诺森伯兰。他们的领袖同英格兰的议会势力和清教徒保持着密切的联系。他们不仅提出了对苏格兰有影响的要求，还提出另外一些他们知道会对英格兰有强烈影响的要求。侵略军没有切断通往伦敦的海上煤炭供应线，而在占领区大肆抢掠。查理一世无力制服他们。斯特拉福德认为他能够守住约克郡，可是他所能办到的仅此而已。枢密院建议同苏格兰人讲和。苏格兰人要求英格兰在答应他们的要求之前每月付给他们四万英镑，作为驻扎在英格兰的苏格兰军队的费用。经过讨价还价，这个数目减少到每天 850 英镑。于是，这两支刀剑入鞘、互相对峙的军队在无定期的谈判期间应由王室提供费用，而此时的王室早已一文不名。“主教战争”[1] 已经结束，真正的战争尚未开始。

全国各地纷纷要求召集国会。至少有一半上院议员尚未离开伦敦，同皮

1 Bishops’ Wars，1639 年至 1640 年英格兰同苏格兰的战争。1637 年坎特伯雷大主教命令苏格兰教会在举行宗教仪式时采用英国国教的《公祷书》，激起苏格兰反抗，成为英国资产阶级革命的导火线。——编者注

姆联系密切的贝德福伯爵带领其中的一部分人走访枢密院，提出了召集国会的要求。他们甚至暗示说，假如国王不签发召集国会的令状，他们就撇开他单独召集国会。王后及其身边的谋士们急忙给查理一世写信说，他们认为召集国会是唯一的办法。查理一世本人也得出同样的结论。在这段时间里，他在思想上发生了重大变化，他认识到必须修改他的王权理论。他同意召集国会，表示接受民众和国王之间的新关系。

召集国会暂时缓和了严重的紧张局势，选举议员的活动转移了各派势力的狂热情绪。那些反对国王的上院议员也支持要伦敦金融界交纳款项的提案，并且愿意充当担保人，伦敦金融界这才同意在国会开会期间交纳5万英镑，以维持在英格兰北部的苏格兰占领军的费用，并防止英格兰军队哗变解散。

接连不断地举行大选是使人们振奋精神的最好办法。人人兴高采烈，举杯相庆。这次大选的组织工作不如1639年苏格兰大选那样妥善，不过得势派系的领导人还是行色匆匆地到各郡游说，为他们的追随者鼓劲。查理一世也向贵族中站在他一边的重要人物发出呼吁，并得到了一些响应。有些地方出现四五个候选人互相竞争的情况，但总的趋势对王室十分不利。1643年流传的一本小册子写道："我们选举的人不必有任何长处，只需要有敢于抗上的精神。"在"短期国会"的493名议员中，有294名再次当选，占总数的五分之三。新当选者几乎全是反政府的人。著名的反对派候选人无一落选。国会中支持国王的人则不到三分之一。

1640年11月3日，英格兰有史以来最令人难忘的一次国会开始工作。它的会期较长，在各届国会中位居第二，它的力量来源于政治观点和宗教观点的某种结合。召集这届国会是当时社会的需要所决定的。当时的社会不断发展，需要立足于比都铎王朝的专制时期更广泛、更坚实的基础之上。由于策略上的需要，这届国会利用了苏格兰侵略军对英格兰的威胁。苏格兰的高级专员和教士到达伦敦时，热烈的欢迎场面使他们感到惊讶，英格兰人欢呼他们是救星。他们还发现在英格兰议会势力中，有些朋友比他们更加痛恨主教。谈判周复一周地进行着，一切开销均记在国王的账簿上，可是只有国会才有能力支付这笔钱。英格兰和苏格兰的各种势力联合起来，重新提出对几百年来的行政和宗教制度实行重大改变的要求。詹姆斯一世继承英格兰王位以后，英格兰和苏格兰这两个王国的王位合二而一。现在两个王国的主要政治力量却联合起来，为共同的目标而斗争。这是詹姆斯一世和他的儿子查理一世万万没有想到的。这些力量像一堆炸药装进了大炮，炮口对准了查理一世和他的忠实大臣。

在这些大臣中，斯特拉福德格外令人怨恨。新的下议院领袖皮姆和汉普顿迅速获得了怒火满腔的大多数议员的拥护。议员们要求先发泄怨恨，然后再拨款，国王对此没有表示异议。可是只有进行报复，议员们的怨恨才能发泄出来。斯特拉福德掌握了皮姆等人同苏格兰侵略军联系的充分证据，只要国王签发令状，就可以把他们定为叛国罪。据说斯特拉福德准备公开这个重要案件，但是皮姆采取了先发制人的措施。国会的愤怒、曾经发誓放弃的旧怨以及自我克制着的各种不满情绪，像火山爆发一样喷向“可憎的伯爵”（the Wicked Earl），这在英国史卷上简直堪称空前绝后。11 月 11 日上午，圣斯蒂芬小教堂[1]四门紧锁，钥匙放在桌子上，任何外人不能进入，议员们也出不去。下午很晚的时候，皮姆和汉普顿在 300 名议员的簇拥下，带着弹劾斯特拉福德的文件去上议院。斯特拉福德已奉国王之命回到伦敦，那天上午上议院的贵族们曾经恭恭敬敬地向他问好。他听说情况有变，便又回到议院。可是这时一切都变了，迎接他的是一片指责声。有些人喊道，讨论这个问题时他应该退场。他只好照办。不到一个小时之后，这位权倾一时的大臣变成了犯人，跪在被告席上听候贵族的发落，这使他自己和众人都感到吃惊。黑杖侍卫收去他的佩剑，将他逮捕。他穿过人群走向黑杖侍卫的看守所时，众

1 St. Stephen’s Chapel，英国议院的一部分。——译者注

人都对他怒目而视。他的垮台至少在猝不及防这一点上容易使人想起泰比里厄斯[1]的奸臣塞哲纳斯的下场。

国王的大臣均遭到了类似的下场。劳德大主教在上议院受到弹劾，他想辩解，但是被剥夺了发言权，由水路押往伦敦塔。国务大臣弗朗西斯·温德班克爵士和其他一些人逃往欧洲大陆。掌玺大臣约翰·芬奇爵士离开他的上院议长席位，身穿官服，用刺绣的袋子提着英国的国玺，到下议院为自己辩护。他言语动人，乱哄哄的议员们霎时肃然静听，可是这只能使他争取一点时间逃往国外。这一切都是愤怒的下院议员造成的。他们有伦敦市民的支持，有远方的苏格兰军队作为后盾，还得到上院贵族的赞同。

在我们看来，清教徒革命的主要特点是适可而止。而此次斗争中，双方仇恨满腔，冷酷无情，不仅国会议员们彼此怒目而视，想把对方送上断头台，伦敦街头的老百姓也彼此冷眼相对，甚至厮打一番。不过，他们最后还是尊重法律，尊重人的生存权利。在这场残酷的斗争中，暴力受到有效抑制，即使在它爆发为内战的时候，人们仍然遵守惯例，使他们执行自己自由意志时的偏激行动不同于前后某些历史时期的野蛮兽行。

*　　*　　*

下议院被人们的恐惧心理和各种谣传而困扰。它谨慎地支付军饷给苏格兰侵略军，因为此时真正缺钱的是英格兰军队。关于兵变和军事阴谋的谣传不胫而走。皮姆以冷酷无情的方式利用这些谣传。只要国会手足无措，这些谣传就会成为事实。下议院多数议员咄咄进逼，要求废除主教制度。已经成为英格兰北部的实际控制者并且对伦敦的局势有着举足轻重影响的苏格兰人企图建立长老会制度。局势至此确实出现了逆转。有 1.5 万人签署了一份请

1 Tiberius（前 42—37），也译提庇留、提比略或提贝里乌斯，古罗马皇帝（14—37 年在位）。——译者注

愿书并提交国会，要求“连根”拔掉主教制度，这一提议获得大多数议员的支持。但是，此时首次出现了有力的对立阵营。有700名教士对国王和大主教的原则表示不满。他们签署了另一份请愿书，建议把主教的权力限制在宗教事务的范围内，并且在宗教事务的某些方面对他们的权力再加以限制。但这也是一道防线，沿着这道防线可以组成一支捍卫主教制度的大军。众所周知，查理一世认为，从十二使徒开始世代相传的主教制度同基督教信仰是不可分割的。英国的主教制度开始于圣奥古斯丁时代，亨利八世同罗马天主教的决裂也没有打破这个传统。查理一世坚决要保留任命主教的传统权利，反对派认为这种权利是危险的权力源泉。在这场宗教斗争中，对立的双方既是基督教徒，也是新教徒，他们的分歧在于教会的统治方法。双方都决心为自己的主张斗争到底。在政治上，反对个人专制的斗争已经取得绝对优势，但在宗教方面，两派的力量势均力敌。皮姆看到了这一点，决定推迟正面辩论的时间。于是两份请愿书被交给一个专门的委员会。

对斯特拉福德的审讯也在同时进行。下院议员们根据对法律的不同解释，为他寻找罪名，但他们立即发现很难给这位积怨甚深的大臣定罪。显然，斯特拉福德是多数人为之战斗的事业的大敌，也是人民权利与自由的大敌，但要证明他有叛国通敌的死罪却是不可能的。在威斯敏斯特宫内用木头搭起的审判台上，坐着公卿显贵、政治家和高级教士等头面人物。大厅里三分之一的地方挤满了观看的人群。国王和王后也每日出庭，坐在他们的专座上，希望亲临现场能够使迫害活动有所收敛。斯特拉福德出色地为自己进行辩护。他每天早晨先跪拜审判长，然后向上院议员们和观众鞠躬[1]。他每天通过说理和呼吁顶住了指控，并且成功地驳斥了“累加叛国罪”（Cumulative treason）的理论，继而把弹劾运动操纵者的论调归纳为这一错误理论。一些所谓的错误行为累加起来怎么能够构成叛国罪呢？他还尖锐地提出了关于英国自由的

1 只有上议院才有权审判贵族，斯特拉福德是贵族，因此在上议院受审。——译者注

重要原则："法无明文规定不为罪（no law，no crime）。"那么他触犯了什么法律呢？他凭着自己的雄辩之才，或者像他的敌人所说的那样凭着演戏的本领，影响了观众的看法，也影响了他们的感情。查理一世日夜对上议院做工作，为了救出斯特拉福德，他不惜作出任何让步。查理一世已经向斯特拉福德保证说，他不会失去自由，也不会丧失生命。包括所有重要人物的夫人在内的观众逐渐表示同情，上院议员们自己也流露出同情心。到了审讯的第 13 天，斯特拉福德有了很大的生存希望。

皮姆和他的同事们这时又对斯特拉福德进行了一次致命的打击。枢密院秘书亨利·范内爵士的儿子是反对派的活跃分子。他干了一件卑鄙的勾当，偷出了他父亲保存的 1640 年 5 月 5 日枢密院会议记录。经过许多动荡的年代之后，他自己为这件卑鄙勾当付出了生命的代价。记录上记载着斯特拉福德的这样一段话："只要权力允许，你就可以采取任何措施。他们拒绝了，而你应该为上帝和人类尽职。你在爱尔兰有一支军队，可以把这支军队调来征服这个王国。请保持信心，苏格兰一定坚持不了 5 个月。"

下院议员们认为这段话就是斯特拉福德的罪状，他鼓吹用爱尔兰军队征服英格兰。根据上下文来看，这段话似乎是针对苏格兰的，当时苏格兰正在进行反对国王的叛乱。枢密院秘书亨利·范内爵士反复看了看记录，却说不出或者不愿意说出"这个王国"指的是英格兰还是苏格兰。其他枢密院官员受诘问时都说记不得这段话了，不过他们还谈到，当时讨论的是如何征服苏格兰的问题，而不是如何征服英格兰的问题，他们从来没有听到有关把爱尔兰军队用于苏格兰以外地方的任何暗示。可能人人都会想到，如果这支爱尔兰军队用在苏格兰获得成功，后来就一定会用到其他地方。不过这不是当时的争论焦点。斯特拉福德的回答说明了一切问题，他说："如果枢密院成员没有完全理解或者甚至误解某人在枢密院的发言，这一发言竟然构成罪行，那么这会产生什么后果呢？恐怕没有人再敢同国王直言进谏了。"律师们表示赞成他的看法。毫无疑问他已经赢得了审判的胜利。

下院议员们受挫之后，声称要提出新的证据。斯特拉福德要求说，如果允许提出新的证据，他也应该有同样的权利。上院议员们表示同意他的要求。这时下院议员当中突然有人喊道："退场！退场！"他们一窝蜂似的回到圣斯蒂芬小教堂，重新锁上大门。难道英国自由的公敌将要逃脱法律的惩罚吗？他们知道斯特拉福德是他们的敌人，因此要把他置于死地。他们想放弃审讯的程序，通过《议会法》的途径给他定罪。皮姆和汉普顿并没有亲自提出起草死刑判决书的计划，而是让他们的一个主要追随者提出这个建议。建议一出笼，他们便发动外面愤怒的暴民全力支持。上院议员们不理睬下议院的行动，以明显的同情心倾听斯特拉福德的辩护。斯特拉福德的话对他们震动很大："议员先生们，这是我目前的不幸，也永远是你们的不幸……如果你们不凭着自己的智谋去预防不测，我的血就将为你们的灭亡铺平道路。倘若惯于进行这种迫害活动的博学绅士们对你们下毒手，倘若你们的朋友和律师不能接近你们，如果你们的敌人出来作证，如果敌人不是根据法律而是根据事情的后果和罗织的罪名把你们的言论、意图和所处的环境定为叛国的罪状，那么你们本人、你们的财产和后代就会处于极大的危险之中。请先生们考虑一下，刚才采取的这些危险的做法会引起什么样的后果呢？"

"那些先生们口口声声说他们在维护国家的利益，反对我的专横统治。可是请允许我说一句，我也在维护国家的利益，反对他们肆无忌惮的叛国罪行。如果给予他们这种自由，如果你们和你们的后代被这些人摒于国家大事之外，国王和我们的国家会受到何等的危害呢？至于鄙人，如果不是为了诸位先生的利益，如果不是为了给我留下两个孩子、已经进入天堂的圣徒般的妻子（指他的第一个妻子）的利益（说到此处他痛苦万分），我就不会努力支持灾难重重的家宅了。我希望世上大多数人认为，我通过自己的遭遇，已经表现出我对上帝、国王和我们国家的诚笃之情。可是我不得不在这个时候忍痛离开自己的家庭。"

1641年4月21日，下议院以204票对59票的多数通过了死刑判决书。

在投反对票的少数人当中有原来反对国王的主要人物迪格比勋爵。他以超人的智谋极力驳斥自己的同党，可是毫无效果，反而被怀疑为叛徒，这引起一片惊慌和愤怒的浪潮。楼上的一块木板发出破裂声，他们以为是炸药爆炸。投反对票的 59 个人的名字迅速被散布开来，他们被说成是保护叛徒的叛徒。每天都有许多人封锁通往国会的道路，而且气氛日益紧张。被认为支持斯特拉福德的上院议员们慑服于周围的狂热气氛。奥利弗·圣约翰在上下两院的全体会议上要求判处斯特拉福德死刑时，不仅提出法律上的理由，还提出了革命性的主张。他说，国会和低级的专门法庭不同，它不受现有法律的束缚，有权根据形势的需要制定新的法律。国会的唯一准则是关心人民利益。它是一个政治机构，代表从国王到乞丐的所有人，可以为全民族的利益同个人进行斗争，也可以剥夺腐败者的性命。当时一直有一种主张，认为只有法律存在，才能谈到犯罪的问题，没有法律规定就无所谓犯罪。可是对于企图推翻一切法律的人来说，这个理由是不适用的。圣约翰说：“打碎狐狸和狼的脑袋从来就不算是残忍或者不合理的行为，因为它们是猛兽。养兔者诱捕鸡貂和其他害兽，也是为了保护兔子。”

斯特拉福德听到这些复仇的呼声时，知道大势已去，他将双手伸过头顶，似乎在请求苍天的怜悯。在参加弹劾的上院议员中，只有一半人敢于投票赞成判处斯特拉福德死刑，以他们的优势决定了他的厄运。他们意识到，如果放走斯特拉福德，国王就会利用他继续同国会斗争。伊丽莎白女王的宠臣的儿子、心怀不满的埃塞克斯伯爵残忍地说过：“树倒必然猢狲散。”

在其他方面尚有一线希望。查理一世试图将伦敦塔和在押的斯特拉福德控制在自己手里，但镇守伦敦塔的威廉·贝尔福爵士紧闭大门，不让国王的队伍进入，而且轻蔑地拒绝了斯特拉福德的大笔贿赂。“依法制裁”的呼声响彻伦敦街头。几千名乱民聚集到王宫前要求处死斯特拉福德，其中有许多人携带着武器。国会里有人扬言说，他们将要弹劾王后。

这是查理一生中最大的痛苦。他此刻关心的不是能否挽救斯特拉福德，而是国王的权威是否会同他一起覆灭的问题。他请求主教们给予帮助。主教中除二人外都向国王忠告说，他必须把自己作为一个普通人的感情和国王的感情区别开来。但是，真正使查理一世得到解脱的是斯特拉福德本人。斯特拉福德在上议院投票表决之前给查理写了一封令人赞叹的信，他请国王不要因他个人而许下危及王权或国内安定的诺言。查理一世最后作了彻底的让步，并且为此而抱憾终生。他批准了死刑判决书。他的良心仍在鞭挞着他。他在放弃国王权威的第二天早晨，派年轻的威尔士亲王去请求上议院把死刑减为终身监禁。在场的议员们拒绝了这一要求，甚至拒绝给斯特拉福德几天时间来安排后事。

刑场上聚集了无数围观者，其数量之多是不列颠岛上前所未有的。斯特拉福德从容不迫、大义凛然地死去了。他清楚地知道自己有旷世之才，而且雄心勃勃，抱治国之宏图。他通过议会道路追求权柄，由于博得国王的赏识得以掌管大权。他建立了符合自己意愿的制度，并使之为自己的意志服务。对他进行审讯和判处死刑的人将无法洗清他们的罪恶，因为他们把一个无法定罪的人杀害了。不过，如果他得展雄图，或许会把英国的自由之窗关闭多年。

* * *

在斯特拉福德受审和被处以死刑这一事件的冲击下，查理一世作出了其他许多让步。《三年会期法案》（*Triennial Bill*）规定至少三年召集一次国会，必要时可以撇开国王召集国会。该法案彻底结束了查理一世的个人专制。船舶吨税和镑税每次批准后只能征收一年，同时国会抨击了征收造船税的做法，因抵抗缴造船税而受到处罚的人应得到补偿。查理一世不得已同意了这一切。此外，他同意另一项措施的时候一定是完全屈服了。这项措施是为了“防止本届国会不合时宜地解散”，如果它自己同意解散则又当别论。查理一世是在批准斯特拉福德的死刑判决书的同一天同意这项措施的，它实际上是一项法律，规定这届国会应长期存在。这届国会因此得名为“长期国会”（Long Parliament）。同时还采取了一系列缓和民怨的补救措施和改革方案。法官们以前只有对国王俯首听命才能保住乌纱帽，而此时必须依靠秉公执法才能保住饭碗；亨利七世为了约束贵族而建立的星室法庭后来成为压迫人民的工具，此时被取消了，推行宗教统一政策的最高教会法庭也被取消；枢密院的权力受到严格限制；《权利请愿书》中提出的个人权利，尤其是关于个人不应遭到任意逮捕的权利最终得到了确认。查理一世批准了上述决定。他意识到自己过分苛刻地行使了王权，从此放松了控制。斯图亚特王朝从都铎王朝继承下来的整个制度发生了根本性的动摇。

世事总是变幻莫测。坚定、粗犷、固执的英格兰人不管自己以前的行动如何，纷纷四处寻找稳固的立脚点。从斯特拉福德身首异处的那一天开始，出现了一种保守主义倾向，这种倾向虽然只存在于一部分人当中，却在全国各地表现出来。查理一世在国会的会议上曾经孤立无援，身边只有人人憎恨的大臣，而此时越来越多的人同情他。假如他任凭这种情绪自然发展，他可能会拥有雄厚的社会基础。清教徒极端狂热，向英国国教进攻，同苏格兰入侵者沆瀣一气，这也引起强烈的敌意。在这场敌对的斗争中，力穷势孤的王室只是旁观者，但它经过耐心巧妙的努力可能会东山再起，纵使不如当年强大，也会取得比较牢靠的地位。从此，斗争的双方不再是国王和人民，而是两个派别，它们的斗争一直持续到现代社会，而且还在争夺英国的统治权。20 世纪初，人们还能够看出自己的祖先在这场长期的斗争中属于哪个派别。

查理一世认为，同苏格兰和解会给他的统治带来一线希望。驻扎在北方的苏格兰军队同威斯敏斯特宫内的清教徒势力遥相呼应，形成一股不可抗拒的力量。查理一世决定亲自到苏格兰去，在爱丁堡召开国会会议。皮姆及其追随者无法对此提出异议，温和派则赞成这个计划。查理一世的秘书、明察秋毫的爱德华·尼古拉斯爵士写道：“如果国王同苏格兰人解决争端，同苏格兰和睦相处，那么英格兰国内的一切争端也将随之得到圆满解决。”于是查理一世动身前往苏格兰。至此，公布新《公祷书》的时代以及把苏格兰和英格兰在政教两方面统一起来的梦想早已成为遥远的过去了。查理接受了他所深恶痛绝的一切事情。他争取苏格兰反对派的好感，虔诚地听他们的布道，像苏格兰教会的教徒那样唱圣歌，同意在苏格兰确立长老会制度。可是查理一世的这些行为都无济于事。苏格兰的保皇派策划绑架反对派领袖阿盖尔侯爵，不过没有成功。苏格兰人指责查理一世参与了这个阴谋。他们的敌意根深蒂固，查理一世垂头丧气地返回英格兰。

在这个本已局势动荡，又出现新的可怕的危机。斯特拉福德被处死以后，他所建立的制度曾经压制的一切力量统统爆发出来。以前唯命是从的爱尔兰国会也立即发泄它对斯特拉福德统治的不满。同时，信奉罗马天主教的凯尔特人[1]对英格兰的新教大为反感。斯特拉福德建立的纪律严明的爱尔兰军队已经解散。查理一世的大臣们企图利用爱尔兰人的宗教信仰为国王的事业服务，可是一切努力皆属枉然。那里最早的当地居民和饥肠辘辘、备受压迫的穷苦大众把矛头对准英格兰管辖区内外的乡绅、地主和新教徒。1641年秋，像法国扎克雷起义那样的农民起义震撼了爱尔兰。有产阶级带着他们的家眷和随从逃到几个设防的城市。兰克写道：“无人能够描绘出各地对手无寸铁的人们大发雷霆和进行迫害的可怕景象。成千上万的人丧失性命，尸横遍野，成为飞鸟之食物。……宗教仇恨和民族情绪交织在一起，形成一股可怕的力量。西西里人反法起义的动机和圣巴塞洛缪节之夜大屠杀的动机结为一体。”各地纷纷出现惨不忍睹的暴行，政府在最高法院法官的带领下毫不留情地进行反击，在农村地区见到男人就杀，实行焦土政策。有关这些暴行的消息传到英格兰以后，人们都为之愕然，他们尽管各有所忧，而对这种事情

1 Celtic people，由共同语言和文化传统形成的欧洲早期的一个松散族群，包括爱尔兰人、苏格兰人、威尔士人等，也是现代英国人两大族源之一（另一族源为日耳曼人）。——编者注

则久久不能忘怀。这种情况对查理一世危害甚大。清教徒从爱尔兰的暴行中看到，或者自以为推测出，如果主教中亲天主教一派同国王的专制权力结合在一起，他们一定会面临同样悲惨的厄运。他们把爱尔兰人视为可以任意宰杀的野兽。他们后来在胜利之时所采取的残酷暴行，就是从爱尔兰的暴行中得到启发的。

*　　*　　*

在查理一世离开伦敦期间，国会势力可以随意活动。这给查理一世带来的好处超过他自己在英格兰勤于政务的所得。9 月至 10 月间，保守势力迅速抬头。英格兰和爱尔兰的军队既然已经解散，谁还能指责王室利用军队搞阴谋呢？英格兰人不管对宗教和立宪问题采取哪种立场，均不愿为供养苏格兰侵略军而缴税。苏格兰的长老会教派对大多数英格兰人没有多少吸引力。他们对英格兰的国教感到不满，因此要在宗教改革的大动荡年代产生的偏激教派中寻找精神慰藉，或者在清教内部的再洗礼教派[1]和布朗教派中寻找刺激，后两种教派既反对长老会制度[2]，也反对主教制度。1641 年底，下议院发生了很大变化。皮姆及其追随者仍然占据主要地位，而且比以前更加偏激。同时也出现了反对派，他们也像皮姆及其支持者那样坚定。上议院同下议院产生了分歧，开会时多数议员站在国王一边。清教徒从民族事业的忠实仆人变为偏激好斗的派系。即使对那个崇尚坚忍精神的时代来说，这场斗争也未免过于持久和激烈，光靠舌战是不能解决问题的。人们感到右手发痒，想抓起刀剑厮杀一番，似乎只有诉诸武力才能解决问题，推进他们的事业。

正是在这个变幻莫测的时期，皮姆和汉普顿提出了《大抗议书》（*Grand*

1　Anabaptism，是欧洲宗教改革时期产生的新教派别。——编者注
2　Presbytery，基督教教会体制的一种。——编者注

Remonstrance），企图以此重整队伍。几个委员会用数月时间草拟的这份冗长的文件，实际上是一份党派宣言，其目的是宣传国会在纠正过去的弊端方面所取得的成就，并且阐明国会领袖的未来方针。皮姆希望把形形色色的追随者重新联合起来，因而放弃了进行宗教改革的极端要求。抗议书中要求限制主教的权力，不过没有提出废除主教制。队伍日益壮大的保守派，即人们有时候所说的"主教派"（Episcopalian Party），感到抗议书是对他们的侮辱，决心抵制到底。他们不喜欢皮姆的做法，打算"用掩饰国王的过错而不是张扬这些过错的办法来争取国王"。皮姆准备把这场斗争推向新的高潮，争取民众的支持，力求国会完全控制宫廷大臣。在一封关于爱尔兰叛乱的信件中，他早就提出要求说，国王"任命枢密院成员和大臣时应该得到国会的同意"。他扬言说，如果国王不作出这个让步，国会将自行处理爱尔兰问题。他的这个要求是对王权的全面挑战。可是枢密院的情况和一年以前大不相同了。许多过去反对国王的人在迪格比及其父亲布里斯托尔伯爵的带领下，开始同皮姆为敌；以前攻击劳德的急先锋威廉主教开始杀回马枪；福克兰和科尔佩珀反对大多数人的暴行，不久便在查理一世的政府中任职。爱德华·海德，即后来的著名历史学家克拉伦登，掀起了针对抗议书的一场辩论。他坚持说，现在的目标是保持安定，如果《大抗议书》得到批准，尤其是如果它公之于世，目前的争端会更加激烈，而且会旷日持久。

议员们就抗议书进行了长时间的认真辩论，虽然他们控制着自己的感情，但是讨论仍然很激烈。最后，他们在午夜时分对略加修正的抗议书进行投票表决。一年以前国会开会的时候，支持国王的议员不到三分之一，而此时抗议书仅以 11 票的多数通过。多数派提议将抗议书立即付印。这时所有的下院议员都站起来进行最后的意志的较量。大约凌晨 1 点钟的时候，中殿法学会的律师杰弗里·帕尔默先生要求书记员记下所有持异议者的姓名。长期以来以及在以后的很长时间里，上议院允许少数派发表意见，但在下议院，多数人的意见就是整个下议院的意见。帕尔默似乎是想问谁要表示反对意见，许多人立即站起来喊道："都反对！都反对！"四处挥动着带着羽毛的帽子，人人紧握刀剑，有些人甚至拔剑出鞘，用手按着剑柄的圆头。菲利普·沃里克议员对此时拥挤不堪、灯光暗淡的圣斯蒂芬小教堂作了描写，他写道："我以为我们都坐在死荫的幽谷[1]里，像阿布纳和乔布[2]的后代那样，彼此揪住头发，要将自己的剑插入对方的腹中。"多亏汉普顿及时委婉地进行劝阻，才避免了一场流血事件。然而讨论就此中断，只有经过战争才能为前进的道路铺下新的踏脚石。

代表剑桥市的议员奥利弗·克伦威尔一直不引人注意。他举止粗犷，但仍不失作为托马斯·克伦威尔的后代的风范。他在离开下议院时对福克兰说："假如抗议书遭到否决，我在第二天早晨就会变卖所有财产，永远离开英格兰。我知道有许多正直的人抱着同样的态度。"他和皮姆对大西洋彼岸的新土地充满希望，那里非常荒凉，但他们准备不惜牺牲生命而为之奋斗的事业却可以在那片荒地生存。他们的思想在美洲引起反响，直到 100 多年以后，经过大规模的流血斗争，这种反响才平息下去。

*　　　*　　　*

查理一世虽然在苏格兰和爱尔兰受到挫折，但他意识到有越来越多的人支持他，因而采取了一系列极端错误的行动。他试图以下议院多数派的力量组织一班朝臣。上议院反对派的 12 名议员宣誓就任枢密院成员。几个星期之后，伦敦各派势力听到这些议员以过分尊敬的口吻谈到国王时，便对他们大肆攻击，骂他们是落伍者。查理一世仍在费尽心机寻找稳固的立脚点，邀请皮姆担任财政大臣，结果碰了钉子。后来科尔佩珀担任了这个职务，福克兰

1　Valley of the Shadow of Death，源出基督教《圣经》，表示临近死亡。——译者注
2　Abner and Joab，《圣经》中的人物。——译者注

出任国务大臣。接着，查理一世突然改变初衷，决定以严重的叛国罪名法办他的五名主要敌人。这是亨利埃塔·玛丽亚王后促使他采取这一激烈行动的。她讥笑查理一世是胆小鬼，并且对他说，如果他还想再见到她，就应该严厉制裁那些日夜策划推翻国王并杀害王后的人。查理一世当然肯定地认为，皮姆企图弹劾王后。

在王后的刺激之下，查理一世带着三四百名军士——我们可以把他们称为“保皇党”（Cavaliers）——来到下议院。这是发生在 1642 年 1 月 4 日的事情。在此之前没有一个国王到过下议院。他的官员上前敲门并宣布国王驾到的消息时，各派议员面面相觑，惊讶不已。查理一世的军士封锁了大门。他进去时，全体议员起立相迎。议长威廉·伦索尔离开议长席，在他面前跪下。他在议长席上落座之后，对下议院说了一番动听的话，然后要求议员们交出皮姆、汉普顿、霍利斯、黑兹里格和斯特罗德这五名有罪的议员。王后宫里的一名宫女向皮姆告了密，五名议员早已逃走，被伦敦市民兵和法官保护起来。伦索尔议长不能提供任何消息，他说：“我的眼睛只能朝着下议院指出的方向看，耳朵也只能听取下议院的指示。”查理一世知道自己这一步落空了，对惊恐的议员们扫视一眼，失望地说：“我知道，这几只鸟已经远走高飞了。”他比较客气地搜查一番之后，便带着怒气冲冲、大失所望的军士离开了下议院。他一离开，下议院里便发出低沉、持久的“特权，特权”的抱怨声。由于这个事件，代表伦敦市的议员至今在会议的开幕式上仍然坐在下议院的政府大臣席上，对伦敦市保护这五名议员的行动表示永久的谢意。

这一插曲过后，伦敦民众怒不可遏。愤怒的人群自发地涌上街头，在王宫外面乱喊乱叫，吓得查理一世带着朝臣离开首都，逃到汉普顿宫，直到他受审和就刑之时才重返伦敦。在他怒闯下议院之后的头一个星期里，五名议员便在伦敦当局的保护下得意扬扬地回到下议院。2000 多名武装人员陪同他们沿泰晤士河而上，两岸各有一支军队同河上的船队一齐前进，每支军队带着八门大炮。国王从此不可挽回地失去了伦敦。他步步撤退，先后退到纽马基特和诺丁汉，最后退到约克。他在1642年初的数月里，一直在约克等待时机。在这段时间内，英格兰为之付出惨重代价的斗争使查理一世逐渐恢复了权威，建立起一支军队。这时英格兰出现了两个统治中心。皮姆、清教徒和国会的残余部分以国王的名义在伦敦实行独裁统治；在国王的身边聚集着昔日英格兰的民族精英，他在摆脱伦敦乱民的威胁之后，再次成为拥有实权的国王。这两个中心慢慢地扩充着军队和物资，准备进行内战。

第十六章 CHAPTER 16

大叛乱

查理国王同国会在1642年的头几个月里进行的谈判，只是加深了双方的分歧。他们都在加强自己的力量。圆颅党[1]的一名军官写道："究竟是国王应该像神一样任意进行统治，而全国人民应该像野兽一样受到强制，还是人民应该受到自己制定的法律的统治，并生活在根据他们的意志产生的政府之下，这便是保皇派同我们的分歧所在。"他如果加上"或者据说是根据他们的意志产生的政府"的字样，这句话前后就更加妥帖了。1642年6月1日，国会向国王提出了19条建议，这实际上是最后通牒。他们要求，枢密院成员、各大臣和太师应由国会任命；国会应该完全控制民兵和平定爱尔兰所需的军队，也就是说，应该掌握"刀把子"，以何种教派为国教也应该由国会作出决定。简言之，国王应该交出一切政教大权。在似乎很明确的立宪问题的背后，存在着宗教矛盾和阶级斗争。清教徒在国会里占据优势，英国国教的仪式派则在宫廷里占有优势；商人和厂主等"新阶级"以及一些郡里的许多

1 The Roundheads，即英国议会派，其成员皆剪短头发，故名。——译者注

雇农要求分享一些政治权力。在此之前，政治权力几乎为贵族和世袭地主所垄断。

当我们回顾内战前夕各派力量的组合情况时，发现这些力量的划分并不简单，兄弟阋墙、父子相争的现象屡见不鲜。保皇党处于劣势，不过仍有不可忽视的力量。他们呼吁人们忠于国王，同忠于国会的人对抗，他们号召国教徒团结一致，同狂热的清教徒进行斗争。他们喜欢有悠久传统的、优越的专制，不喜欢渺茫而暗淡的民主。保皇党的一名骑士在战斗前不得已带上佩剑时写道："上帝说过，'不许犯我神权帝王'。"双方的军队投入战斗时各怀疑虑，但都抱着自己的崇高理想。两派当中都有道德沦丧的朝臣和积极主战、野心勃勃的政客以及闲居蛰伏等待全国性的冲突给自己带来利益的雇佣兵。总的说来，参加这场悲剧性冲突的两派是保皇派和议会派。

议会派大言不惭，提出越来越多的要求，这使两派形成明显的阵营，并把许多人赶到国王一边。大部分贵族逐渐加入保皇党的队伍，商人则普遍站在议会派一边；不过有许多贵族支持皮姆，也有许多自治市坚决支持保皇党。各郡的绅士和自由民也明显地分为两派，离伦敦较近的人一般支持议会派，而北部和西部地区则多半支持保皇党。两派都以国王的名义进行斗争，也都承认国会制度。圆颅党人常常提到"国王与国会"，他们命令他们的第一任总司令埃塞克斯伯爵把国王和王子从罪恶朝臣的控制中"拯救"出来，如有必要可以使用武力。查理发誓实行君主立宪制，尊重王法。这场斗争从来不是专制与共和制的斗争，用兰克的话来说，"一方维护有君主存在的议会制，另一方拥护有议会存在的君主制"。在阶级矛盾和政治斗争的背后，宗教冲突是主要的动力。克伦威尔说："起初两派并不是围绕宗教问题进行斗争，但上帝最后把这个问题投入冲突之中，把它作为多余的东西摆在我们面前。最终证明这是我们最宝贵的东西。"

70 多年来，英国一直处于歌舞升平的时代，只有几名军官在欧洲大陆打过仗，其余的人对军事一无所知。保皇党人受过击剑训练，娴于狩猎，又得到猎场看守人和随从的帮助，因而在战争初期占了优势。查理国王在约克郡注视着赫尔的形势。以前同苏格兰人对峙的军队解散时，武器都储藏在那里。刚刚 12 岁的威尔士亲王和 9 岁的约克公爵前往赫尔，受到隆重的接待。可是当查理本人要进去的时候，该城的守备司令约翰·霍瑟姆爵士则将其拒之于城门之外，并且下令士兵登上城墙严阵以待。查理只有几千名民兵，于是只好吃了闭门羹。然而这不只是闭门羹，而是一个沉重的打击，因为武器是决定生死存亡的关键。诺丁汉郡城乡一致表示效忠，查理于 8 月 22 日在那里举起战旗，号召忠诚的臣民到他的麾下参加战斗。这是通知人们履行封建义务的传统信号，使人们想起了祖先的忠君美德。德昆西[1]以锋利的笔触揭露了一些人的悲剧：他们“和平相处，同桌进餐，有着血缘关系或姻亲关系。1642 年 8 月的某一天之后，他们彼此再也不以笑脸相迎，而以兵戎相见。在马斯顿荒原、纽伯里和内斯比等地的战斗中，无情的军刀砍断了友爱的纽带，鲜血冲刷了传统友谊的记忆”。

* * *

查理一世国王在诺丁汉对议会派宣战时，只有 800 骑兵和 300 步兵，他能否拼凑一支军队还是个问题。议会派的暴行帮了他的大忙。到 9 月底，他已有 2000 骑兵和 6000 步兵。数星期后，他的军队又激增一倍多，同时，全国各地也在为他招兵买马。在荷兰避难的王后卖掉王室珠宝，购置军火，雇佣训练有素的军官，把这些武器和人员送往英格兰。可是，查理一世同他的臣民进行一番斗争才保存下来的海军却支持议会派，海军设置的封锁线很难通过。豪门显贵为国王提供了大量钱财，据说纽卡斯尔侯爵为保皇派花了将近 100 万英镑，伍斯特侯爵花了七八十万英镑。牛津大学熔毁了金银餐具，

1 De Quincey，英国评论家。——译者注

许多大宅第里也竞相仿效。剑桥大学也想这样做，克伦威尔得知后则以武力阻止之。议会派从伦敦的财富和正常税收中筹得大笔款项，以此建立并训练了一支2.5万人的军队，指挥官是埃塞克斯。同保皇派的做法一样，许多团队都是由名人以个人名义建立起来的。就建立一个团或者一支军队来说，查理一世国王只能授权组建而已，而议会派甚至能够提供装备。议会派的军队素质低劣，但他们对自己的事业有一股狂热的精神，弥补了纪律和军事技术方面的不足。德意志教官训练的伦敦市民兵早已具备了不可轻视的战斗力。

查理一世巧妙地避开埃塞克斯的军队，到西边同威尔士军队会师，然后挥戈南下，直捣泰晤士河流域和伦敦。这个意图暴露以后，伦敦陷入一片恐慌之中。议会派急忙致信查理一世，建议他重返国会，同时命令埃塞克斯追上查理。查理一世前有伦敦守敌，后有追兵，他不敢处于二者的夹击之下。10月23日，保皇军趁议会军的后队还未到达基尼顿村之际，在沃里克郡的埃奇希尔杀个回马枪。这次战斗的特点是，双方都不了解情况，但都充满着战斗热情。查理一世的外甥、莱茵选侯国的鲁珀特王子及其弟弟莫里斯王子刚刚参加过欧洲战争，他们星夜赶到他的身边，接过骑兵的指挥权，击溃敌军左翼的所有骑兵。鲁珀特王子杀意正浓，或许是受了手下骑兵的影响，紧紧追击议会军，一直杀进基尼顿村，掠夺了敌军的辎重车辆。此时，查理一世国王和保皇军的步兵在没有骑兵支援的情况下，抵挡着议会军步兵和数队骑兵的猛攻。经过一阵血肉横飞的混战，连查理一世的禁卫军也被打散，大炮被夺，王旗一度被敌人缴获，旗手埃德蒙·弗尼爵士阵亡。汉普顿率领的议会军后卫赶到基尼顿村，鲁珀特王子和他的骑兵只好丢弃了辎重车辆。他们及时回到战场，使查理一世免遭失败。两军各自撤回早晨的阵地，疑惑不安地注视着对方。在这一回合中，至少有5000英国人战死沙场，基尼顿村的牧师埋葬了其中的1200人。

人们认为，埃奇希尔之战是一场不分胜负的战斗。这场战斗本来可以轻而易举地以国王的胜利而告终。埃塞克斯作出正确的决策，继续前进去保卫伦敦，实际上也是在撤退。查理占领班伯里，怀着胜利的喜悦进入牛津。从此牛津成为他的军事总部，一直到战争的结束。

迄今常常有人质疑，查理能否在埃塞克斯之前赶到伦敦？如果他到达伦敦，会出现什么样的情况呢？鲁珀特王子在埃奇希尔战斗的第二天大力主张采取进军伦敦的方针。保皇军很可能同伦敦市民发生激战，而人数仍占优势的埃塞克斯大军则会继续进逼。保皇军从牛津进军，沿途解除地方部队的武装，把他们驱散，查理对此表示满意。他又接到议会派的第二封信。双方开始了谈判，然而没有正式停火。埃塞克斯的主力部队迅速接近伦敦，已经同守城部队取得联系，并且在布洛涅特福得到了援兵。鲁珀特王子在泰晤士河畔对他们发动进攻，击溃并无情地追歼他们。每一派都指责对方背信弃义。议会派说，他们的军队在谈判期间无故遭到攻击，受到德国式的残酷虐待。保皇派指出，埃塞克斯正在马不停蹄地同伦敦守军汇合。双方的指责都没有多少根据。议会派说查理一世失信，这种指责未免失之公证，因为当时的军情需要如此行动，而且大批军队正在向军事要冲挺进。

几天以后，在伦敦以西几英里的特恩哈姆格林，查理一世国王遇到了埃塞克斯的野战军和伦敦守军的联合力量。查理一世在兵力上处于不到一比二的劣势。一阵炮击之后，他开始向牛津方向撤退。一些人认为，避免这场战斗对他是幸运的。从这一点来看，我们可以认为，埃奇希尔战斗之后避免向伦敦冒进的主张颇有道理。立即杀向伦敦可能高奏凯歌，也可能被处于优势的敌军揪住决战，最后被打得一败涂地。1642 年的战事至此告一段落。

* * *

在战火燎原的英格兰，每个郡、每个城镇、每个村庄和许多家庭都分为两派，人们注视着两支大军的冲突和行动。双方都希望这些军事行动能够尽快决出胜负，进而实现和平。当他们发现一时无法达到这个目标而且还要进行势均力敌的长期战斗时，暂时停止的敌对行动便重新爆发了。战斗和劫掠暴行遍布全国。立宪问题、宗教问题和地方家族之间的世仇交织在一起，引起新的、激烈的党派斗争。两派占据的区域大体上同 19 世纪保守党和自由党的势力范围一致。这场内战造成的裂痕影响英国达 200 年之久。在当今实行普选制的英国社会，仍然奇怪地残留着这次内战的影响。

1643 年初，战火燃遍了各地。派系、教派以及各个阶级和利益集团之间展开了殊死的斗争。大多数港口、城镇和工业中心站在议会派一边，被称为“旧英格兰”（Old England）的那些落后地区则拥护国王。在北部和西部两大地区，国王的力量颇为雄厚。此时亨利埃塔·玛丽亚王后已经从荷兰回到北方。她冒险冲过封锁线，将满满一船的大炮和弹药带到约克郡海岸的布里德灵顿。议会派的军舰曾经在后面紧紧追赶。当时正值退潮，军舰一直驶向海岸浅水区，直到不能前进为止。军舰向王后的船只开炮轰击。王后的随从誓死保卫王后的船只和宝贵的物资。王后本人光着脚躲避呼啸而来的炮弹。人们认为，议会军舰队司令巴滕炮击王后的行为是不正当的、不光彩的。在那个时代，男女之分、地位之别和尊敬妇女的骑士气概在人们心目中仍然占有一定的地位。而在当今时代，已经有一位皇后被杀死在一间地下室里，文明时代的公众却对此没有作出任何反应。

亨利埃塔·玛丽亚王后在热烈的欢呼声中进入约克郡。忠于王室的人将道路挤得水泄不通，他们看见王后身后那数目可观的大炮无不兴高采烈。有些人原来以为，她作为女人可能会劝说国王进行和谈实现和平。结果恰恰相反，她像安茹伯国的玛格丽特那样桀骜不驯，无所畏惧，给查理一世国王增添了战斗信心。

起初，决定性的战斗并非发生在北方。国会开始怀疑埃塞克斯能否胜任将军的本职。主和派支持埃塞克斯，而主战派则支持威廉·沃勒爵士，并把他派到西部指挥战斗。西部康沃尔郡的人忠于国王且骁勇善战。在那里指挥保皇军的是运筹帷幄、兵法多变的一流将军拉尔夫·霍普顿爵士，他同沃勒进行了三次小规模的激战。他们二人尽管私交颇深，但正如沃勒在写给霍普顿的信里所说的那样，“每个人必须在名誉和忠诚的问题上尽自己的责任”。霍普顿指挥的康沃尔人在巴斯城外的兰斯多恩向沃勒的阵地展开猛攻。沃勒部队的主力是伦敦的骑兵。这些骑兵全身盔甲，犹如“流动堡垒”，双方均称之为“龙虾”（the Lobsters）。保皇军向山上的“龙虾”进攻，使他们陷入混乱。沃勒被打败，而霍普顿的军队伤亡甚众，只得退到德维齐斯城。霍普顿军中几乎唯一的弹药车爆炸，他本人也受了伤。他的骑兵在莫里斯王子带领下逃离战场。莫里斯王子在牛津得到骑兵生力军之后，速返战场。这时沃勒在朗德威高地列队迎击。保皇军向“龙虾”们发动进攻，把他们赶下陡峭的山坡。霍普顿趁势率领步兵从城里杀出，大获全胜。

在这一胜利的鼓舞下，鲁珀特王子率领牛津生力军同霍普顿部队会师，先向布里斯托尔城招降，继而发动进攻，终于迫使该城投降。布里斯托尔是当时英国的第二大城市，城内的居民大多数支持保皇派。他们破坏议会军的守备，把鲁珀特王子当作救星。港口里的军舰宣布效忠国王，皇家海军因此有希望控制布里斯托尔湾。查理一世至此控制了英格兰的西部地区。

查理一世在约克郡也取得了胜利。在那里指挥议会军的是费尔法克斯勋爵和他的儿子托马斯爵士，他们的部队主要来自利兹、哈利法克斯和布拉德福德。克拉伦登在几年之后写道：“这三个人口众多、财源充足的城镇均以纺织工人居多，自然仇视绅士阶级。”费尔法克斯父子包围了约克。富有、肥胖、傲慢、不谙军事但忠心耿耿的纽卡斯尔侯爵带着领地上的勇猛亲兵“白衣军”（white-coats）前去解围，到夏天时在艾德瓦尔顿荒原打败了费尔法克斯父子。这时，议会军队伍中出现了手持长柄镰刀或大棒的农民，他们有“棒子手”（the Clubmen）之称。他们参战后只是增加了屠杀的对象。这次败北之后，议会派在北方的堡垒只剩下赫尔孤镇了。斯卡伯勒城的守备司令、重要的国会议员休·乔姆利早已背叛圆颅党，率领部下开城投降。镇守赫尔的霍瑟姆长期以来一直属于坚定的议会派，此时却转到保皇派一边。这种转变在某种程度上是他的俘虏迪格比勋爵劝说的结果，但无疑也是查理一世连连取胜所致。要是在一年半以前，在赫尔以及该镇的弹药对全局有决定性影响的时候，他可以轻而易举地把一切拱手交给保皇派。可是此时他已经在市民中培养起誓死抗敌的精神，市民们并没有随着他转变立场。他们把他和他的儿子逮捕起来，从海路押到伦敦。保皇派在英格兰中部也取得了优势。黑斯廷斯家族在莱斯特郡占了上风，查尔斯·卡文迪什本人虽然在盖恩斯伯勒附近同克伦威尔上校激战时战败阵亡，他的家族却在林肯郡取得了优势。克伦威尔上校建立并训练了东部各郡联盟的骑兵，同卡文迪什作战时初次把这支骑兵投入战斗。可是这支骑兵仍然不能阻止保皇派夺取林肯，双方的骑兵从来没有成功地扼守过城镇。

*　　　*　　　*

查理国王具有一定的战略眼光，他虽然不像杰出的军事家那样洞察一切、行动果断，却也能纵观全局，大胆行动。1643 年初，他计划向伦敦全面进军。霍普顿将从西面进军，纽卡斯尔侯爵从北面南下，他自己从牛津出发，三路军队要直捣伦敦，粉碎这个叛乱中心。到仲夏时节，他的战略计划似乎进行得比较顺利。但是他没有力量和足够的权威进行大规模的联合行动。西部地区的激战使他失去了最忠诚的战士。霍普顿的军队通过汉普郡和苏塞克斯步步东进，后来由于没有得到西部保皇势力的支援而中途受阻。这些保皇势力打到普利茅斯城下时便感到心满意足。驻守普利茅斯的议会军活动频繁，四面袭击保皇派军队。既然保皇派占领区内有一座城池忠于议会派，查理确实难以抽调那里的地方武装去参加全国性的战役。纽卡斯尔侯爵不听劝阻，执意从陆上攻打赫尔城。该城附近海潮汹涌，设置栅栏封锁港口是不可能的。由于纽卡斯尔侯爵的北方军队没有南下增援，英格兰中部的战斗显得势均力敌，难决胜负。王后和其他积极主战的朝臣敦促查理孤军挺进伦敦。

另一方面，格洛斯特是布里斯托尔和约克之间残存的唯一的议会派堡垒，这个堡垒一旦失守，保皇军的军舰和运输船只就可以在塞文河上畅通无阻，牛津和英格兰西部也会同支持国王的威尔士连成一片。因此，查理在武运亨通之时决定围攻格洛斯特。他的决定很可能是正确的。英国是个顽强的国家，它的人民不顾从其他地区传来的不利消息，在当地英勇奋战，而且在感情上不会发生轻易屈服。更主要的是，根据可靠消息，人们确信守备司令梅西准备投诚。于是，查理在 8 月 5 日包围了格洛斯特。

在伦敦，国会的主宰者、议会派的军事统帅皮姆陷入严重的困境。他的计划连连受挫，一切希望均已破灭。作为政府首脑，他被迫为越来越不得人心的战争筹集军费，其手段和查理一世在 1640 年对苏格兰人采取的手段如出一辙，而同他维护的原则却格格不入。这些手段中包括索取义务贷款以及几乎向每一个人征税。伦敦弥漫着强烈的保皇情绪以及反战情绪。议会不肯让步，而强烈的保皇主义倾向也难以被压服。有一次，70 名商人由于拒绝交纳他们认为非法的税金而被捕。还有一次，几百名妇女聚集到威斯敏斯特宫前，要呈交一份和平请愿书。当骑兵冲入她们中间时，她们怒不可遏，试图把骑兵从马上拉下来，口里喊道："我们把皮姆这条狗扔到泰晤士河里去吧！"骑兵们抽出军刀，残忍地朝妇女们砍去，沿着王宫追赶她们，以致许多人受伤。剩下不到 20 名议员的上议院通过一项决议，明确要求举行和谈。甚至连空荡荡的下议院也以微弱的多数同意上议院的建议。皮姆身患绝症，生命垂危。那一年年初，他最伟大的同伴汉普顿在查尔格罗夫菲尔德同鲁珀特王子的骑兵交战时受伤身亡。皮姆的事业即将崩溃，死亡在一连串灾难中渐渐逼近他。这似乎是对他的一切斗争的唯一奖赏。但是他毫不畏惧，同所有的人进行斗争。他心脏的最后一次跳动也许会扭转乾坤。伦敦的所有清教徒奋起反对和谈，他们当中的教士极力劝说民众，主战的人群包围了威斯敏斯特宫。下议院撤回它的妥协性决议，要求立即解救格洛斯特。

埃塞克斯伯爵理所当然地失去作为一名将军的名望，人们怀疑他政治上三心二意。他一直忠于自己所支持的事业，此时却希望双方和解。他提出了不切实际的解决方案，但他的动机是理性的。他建议国王离开保皇党的军队，严守中立，保皇党和圆颅党各以同等数量的骑兵、步兵和大炮到指定的地点决战，直到上帝作出裁决为止，双方均应接受上帝的裁决。这个方案实际上是披上军事伪装的和平建议。这时议会命令并敦促他去救援格洛斯特。他接受了这个使命，希望通过这次行动加强自身的力量，防止英国在内战中自毁。伦敦民兵斗志高昂，求战心切强烈。他们出发时民众夹道欢送，场面感人。伦敦的重要人物再次掌握了不可抗拒的统治权。

格洛斯特的守备司令梅西拒绝了查理一世国王的要求。城内的清教徒同仇敌忾，守备司令无法采取背叛行动。查理一世要求该城归顺时，城里派出两个人，他们板着面孔说："陛下的命令只有经过国会下达，我们才能服从。"他们还未离开国王，就把埃塞克斯大军的橙色帽徽贴到帽子上，这被认为是极端不敬的行为。不过，橙色帽徽随后普遍流行。在当时的英国，军事就是实力，而查理一世没有足够的力量进行有效的围攻。同后来的整套大规模军事行动相比，英国内战时期采取的原始围困战实在是相形见绌。三五门弹药不足的大炮朝城墙轰击，企图打开缺口，使双方可以用刀剑和滑膛枪进行短兵相接的战斗，直到对方粮草断绝，或者居民由于害怕遭到洗劫而迫使守军投降为止。埃塞克斯率领数量上占优势的伦敦军队在 9 月初接近格洛斯特时，查理一世的攻势毫无进展。他只好停止攻打该城，退回牛津。

*　　　*　　　*

埃塞克斯胜利地进入了格洛斯特，可是他立即发现军需粮草奇缺，而压在他和伦敦之间有一支强大的敌军。双方的军队同时向伦敦进发，于 9 月 20 日在伯克郡的纽伯里遭遇。战斗进行得十分激烈，而且持续了很久。鲁珀特王子的骑兵再次击败了敌人的骑兵，可是他们对伦敦的长矛兵和火枪手却有些无可奈何。双方的军队各伤亡三分之一。保皇军里有许多贵族长眠疆场，其中有福克兰勋爵。他已经不能忍受这个世界和这场冲突，此刻从死亡中得到了寻求已久的解脱。夜幕降临时，战斗仍然不分胜负。埃塞克斯只好等到天明继续厮杀。可是查理一世退走了，因为他看到许多挚友阵亡而感到震惊，而且也缺少弹药。埃塞克斯大军和伦敦之间的道路因此畅通无阻。

* * *

查理一世国王在 1643 年的庞大计划宣告破产。不过，战争的形势对他十分有利，他控制了英格兰的大部分地区，他的军队总的说来比议会军的战斗力强，战争初期丧失的地区大部分已经收复，议会派投奔保皇派阵营的趋势方兴未艾。人人可以看到，蹂躏着英国的这两股力量真是旗鼓相当，难决雌雄。双方都渴望和平，唯独皮姆毫无此念。他努力寻求苏格兰人的帮助，以重金雇佣一支有 1.1 万人的苏格兰军队参战。9 月 25 日，他领导国会同苏格兰人签订了《神圣盟约》[1]，以便把战争坚决地进行到底。这一盟约是具有宗教宣言形式的军事协定。皮姆未尝胜败之甘苦，便于 12 月 8 日与世长辞了。他在全国的斗争中置个人事务于不顾，他的领地濒于破产，幸亏国会为他偿清了债务，以表示他们的悲痛和感激之情。他是旧时代议员中闻名遐迩之人，曾经挽救议会，将英国从君主专制中解放出来，并使英国走上正确的道路。

兰克对皮姆有很高的评价。他写道："皮姆具有革命时代所需要的雄才大略，既能破坏旧制度，又善于建立新制度；既能采取灵活的手腕，又善于制定宏伟的战略措施；大胆制订计划而慎于执行；他积极坚定；刚柔兼备，深谋远虑；他对朋友关怀备至，而对敌人则毫不留情。皮姆同西哀士[2]和米拉

1 *Solemn League*，1643 年英格兰、苏格兰和爱尔兰的贵族代表及平民代表为了争取苏格兰帮助议会党人反对查理一世的斗争而签订的统一宗教的协议。——编者注

2 Sieyès，法国政治家（1748—1836）。——译者注

博[1]有共同之处，他是历史上著名的革命领袖之一。今后还会出现像他这样的人物，他们捣毁现存的制度，而未来的社会基本上将遵循自己的原则向前发展，这些原则同他们制定的原则大相径庭。”[2]

*　　*　　*

1643年冬，双方处于休战状态。掌握实权的法国大臣黎塞留去世，权力回到亨利埃塔·玛丽亚王后的哥哥路易十三[3]的手里，再加上丹麦国王对英国王室给予友好援助，查理大受鼓舞。此时爱尔兰总督奥蒙德伯爵已经同天主教徒停战。天主教徒尽管犯下暴行并已受惩罚，但仍然拥护君主制。保皇派甚至企图把爱尔兰天主教徒调到英格兰作战，有关这个计划的传说不利于国王的事业。爱尔兰的停战终于使新教部队和其他保皇派军队调到英格兰，他们在英格兰的战斗中发挥了重要作用。

查理从来没有解散同他作战的国会，如果那样做，就等于否定他在1641年错误地批准并使之永远有效的《议会法》，也就等于否定有利于他的支持者的许多法律。因此他宣布威斯敏斯特的国会已经不是自由的国会，召集从那里撵出去或逃出去的议员组成对立国会。这一号召得到了良好的反应，83名上院议员和175名下院议员于1644年1月22日奉召在牛津开会。

这一优势立即被苏格兰军队进入英格兰所抵消了。1月份，1.8万苏格兰步兵和3000骑兵渡过了特威德河。为了取得这一援助，伦敦的国会每月需要交付3.1万英镑，另外还得负担装备费用。雇佣的苏格兰人除了钱财之外还有其他目的，他们企图以武力铲除主教制度，把长老会制度强加给英格

1　Mirabeau（1749—1791），法国政治家。——译者注

2　《英国史》第2卷第394页。——原注

3　Louis Ⅻ（1601—1643），法兰西波旁王朝第二任国王（1610—1643年在位）。幼年由其母摄政，在任期间欧洲爆发了三十年战争（1618—1648），并取得胜利，使法国成为新的欧洲霸主。——编者注

兰。这是一个巨大的变化。不到六年时间，查理和劳德极力把英格兰的礼拜仪式强加给苏格兰。此刻苏格兰人再也不需要保卫他们的宗教自由，反而企图强迫比他们强大得多的英格兰民族屈从他们的观点，他们的野心大有实现的希望。这是一件两全其美的事情：为了维护上帝和自己的教派，他们应邀侵略一个富饶的国家，军费由这个国家承担。只要一跨过边界，他们就可以即时得到一笔笔现款，而且还可以拯救那里的人民。公正地说，苏格兰议会虽然采取了这一政策，它的内部却有不容忽视的少数反对派。后来这个反对派被有力地压制下去。

第十七章　CHAPTER 17

马斯顿荒原之战与内斯比之役

1644 年初，查理一世国王控制了英国的大部分地区，而且他在牛津有规模可观的国会。他在军事上似乎已经稳操胜券，但苏格兰人的入侵扭转了局势。苏格兰大军在南下的途中控制了保皇派的北方各郡，攻打纽卡斯尔城，同时向威斯敏斯特议会催款。他们的优势成为决定性的因素。他们的代表怀着三个主要目的到达伦敦：第一，在英格兰各地推行长老会制度；第二，根据《神圣盟约》的规定建立“两国委员会”，以便参与英格兰的统治，干涉其军事行动和基本政策；第三，维持君主制度。他们冠冕堂皇地拥护国王的权力和合法性，反对建立共和制的倾向，因为他们希望苏格兰王族保持英格兰的王位。这一切对他们都是有利的。

虽然已故的皮姆和汉普顿的事业此时岌岌可危，有关筹集军费的主张在议会派中并非一帆风顺地获得通过。议会派公民不愿意为苏格兰军队提供军费。上议院，也就是在威斯敏斯特残存的上议院，反对建立两国委员会的计划，认为这是剥夺他们的公民权利。他们得到的回答是，英格兰和苏格兰在这场战争中必须携手合作。然而，最大的分歧是在宗教方面。此时，奥利弗·克伦威尔成为议会派中的显赫人物。这位来自剑桥市的议员虽然尚未掌握最高指挥权，但他在众人眼里是议会军中最优秀的军官。在形势危急的时候，他率领东部各郡联盟的军队在盖恩斯伯勒取得了胜利，他的部队无论在纪律或战斗力方面，都胜过双方的任何其他部队，使他成为不可轻视和难以压服的人物。他在1644年跻身于最高权力阶层，一方面是由于他战功显赫，另一方面是由于他在威斯敏斯特的议会中抵制长老会和苏格兰军队。他主张除了天主教和英国主教派之外，可以自由选择其他任何信仰，因此所有弱小的新教教派都把他视为自己的保护人。

在威斯敏斯特召开的宗教联席会议上，英格兰和苏格兰的牧师就基督教会统治制度的严肃问题进行了激烈的辩论，长老会和独立派之间产生了严重的分歧。独立派在会议中只占七分之一，可是他们的宗教热情和勇敢精神使他们在军队中成为强大的力量，他们反对在任何授圣职仪式中行“按手礼”的礼仪，还振振有词地说，这种礼仪带有主教制度之遗风。只有恢复原来的教会独立制度，才能彻底实行宗教改革。他们在举止品行的问题上不像长老会那样严格，不过每个教徒必须仁慈宽厚，由全体教徒进行监督。独立派教徒也有自己的牧师，但是不给他们任何宗教权力，而圣公会和长老会的牧师是有宗教权力的。独立派教徒是产生极端主义政治观点的根源。对他们来说，长老会的纪律同主教制度一样可憎。苏格兰的代表和牧师听到这种无政府主义的宗教观点时不禁大吃一惊，可是由于保皇派尚未打倒，他们和英格兰同事无力同克伦威尔及其独立派争吵。他们认为最好的办法是他们的军队向英格兰纵深地带挺进，卷入战争，然后再同这些“持异议的兄弟们”打交道。于是，军事斗争和宗教斗争相继进行。这不是第一次，也不是最后一次。从长远看，君主制和英国国教之所以能够恢复，是由于圣公会和长老会联合反对他们的共同敌人独立派。

在英格兰北部，纽卡斯尔侯爵必须一面对付苏格兰人，一面对付费尔法克斯父子。他在那样的处境中照常采取军事行动。到了春天，他北上迎击苏格兰人，留下贝拉西斯勋爵抵挡费尔法克斯父子。贝拉西斯于 4 月 11 日在塞尔比被费尔法克斯父子打败，纽卡斯尔侯爵的背后暴露在敌人面前。他在这种情况下只好固守约克城，不敢越雷池一步，该城立即被包围得水泄不通。如果约克失陷，国王在北方就会彻底失败。查理一世因此派鲁珀特王子率领一支强大的骑兵队伍前往解围，援救处境困难的忠实侯爵。鲁珀特沿途扩充兵力，打进兰开夏，重挫苏格兰人和议会军。他解救了德比伯爵夫人守卫的莱瑟姆城堡，打垮了围城的敌军，并且洗劫斯托克波特，攻打博尔顿。6 月 1 日，戈林勋爵带领 5000 骑兵同他会师，他们共同攻陷了利物浦。

查理一世给鲁珀特王子写了一封信，其中有一段这样写道："如果约克失守，我仍将珍视我的王冠，前提是你必须迅速向我靠拢，而且我们必须趁敌人的北方部队赶来之前在南方出奇制胜。……因此，根据你对我的感情和义务，我命令并恳求你放弃一切新的企图，立即率领全军按照原计划解救约克。假如约克失守，你应立即率领全部人马直接赶到伍斯特来援助我和我的军队。如果不能做到这一点，或者不能打退苏格兰人以解救约克的倒悬之危，你以后取得多么辉煌的战果也将无济于事。"[1]

鲁珀特王子不需要任何督促，他把这些复杂的句子当成要捕捉战机而立即作战的命令。科尔佩珀听说发出这样一封信，便对查理一世国王说："陛下差矣，他接到这一命令后必将遇敌则战。"事实果然如此。

鲁珀特王子解了约克的倒悬之危。他赶到那里时地雷已经爆炸，城墙已被攻破。苏格兰人和圆颅党人一起向西奔去，退守利兹，在那里同曼彻斯特勋爵和克伦威尔率领的东英吉利亚[2]军队会合。这三股清教徒军队合在一处，共有 2 万步兵和 7000 骑兵，他们的前哨设在马斯顿荒原的一道高岗上。鲁珀特王子同纽卡斯尔侯爵会师，他们共有 1.1 万步兵和 7000 骑兵。纽卡斯

1　引自加德纳所著《内战史》（*History of the Great Civil War*）第 1 卷第 371 页。——原注

2　指诺福克郡和萨福克郡。——译者注

尔侯爵主张休战，他认为北方战场已经暂时解除危机，等待从达勒姆派来援兵。使他感到气愤的是，鲁珀特王子竟然对他发号施令。如果王子回师去见国王，侯爵则求之不得，可是王子说，他“收到了国王的亲笔信，完全有权对敌人积极地发动进攻”。侯爵对他的朋友们说：“打就打吧，听天由命。我只希望生为国王陛下的忠实臣民，死为忠实臣民之鬼，此外别无所求。”于是，保皇军尾追敌军赶到马斯顿荒原，于7月2日接近敌人的营盘。至今人们对鲁珀特王子的战斗决定看法不一，大多数人对他的决定持否定态度。然而，他的战术更成问题。他虽然把步兵放在中阵，却把常胜的骑兵分散开来，因此手中失去了他常常借以取胜的强大力量。他不安地问一个俘虏：“克伦威尔在你们军中吗？”

这一天时而细雨潇潇，时而阳光明媚。两军保持着紧密的接触。鲁珀特王子想在第二天发起攻击，可是傍晚6点钟的时候，议会军却全力向他发起猛攻。他们的人数比他的步兵几乎多一倍。一支庞大的铁甲骑兵急驰而来，这是克伦威尔和他的铁甲军。保皇军仍然保持着队形，但他们在准备吃晚饭，所处的地势不利于防御，也没有临战的思想准备。他们在这种情况下奋起杀敌。戈林指挥的左翼骑兵打退议会军的右翼，进而杀向中阵的苏格兰人，使其丢盔弃甲，溃不成军。久经沙场的利文勋爵亚历山大·莱斯利惊呼大势已去，落荒而逃，在十英里之外的地方被一名皇家军官抓获。克伦威尔在戴维·莱斯利指挥的另一支苏格兰军队配合下扭转了战局。英勇无畏、令人心惊胆寒的保皇军首次遇到劲敌。克伦威尔写道：“我们击溃了鲁珀特王子的所有骑兵，对他们尽情砍杀，势如刈草。然后，我们的骑兵进攻敌军的步兵，一路横扫敌兵犹如风卷残叶。”

马斯顿荒原之战是这场内战中规模最大、最残酷的一次战斗。双方恶战一场，总共杀死了4000人。纽卡斯尔侯爵的“白衣军”血战到底，至死方休。他们曾经夸口说，他们要用敌人的鲜血染红自己的白色戎装。他们的衣服确实被鲜血染红了，不过用的是自己的鲜血。由于天色已晚，议会军停止了追击。这次惨败对国王的事业是一个沉重的打击，他的北方军队被打垮，全部北方地区归于议会派。鲁珀特王子的骑兵在这次战斗中威风扫地，纽卡斯尔侯爵心如刀割，流亡他乡。无所畏惧的鲁珀特王子收拾残兵败将，带领他们安全地到达南边的施鲁斯伯里。

* * *

查理一世国王在南方的胜利至少暂时掩盖了马斯顿荒原的惨败。查理一世显示了出人意料的军事才能。他开始喜欢戎马生涯。法国大使萨布朗在马背上同他进行过长谈，对他评价甚高。萨布朗说：“他深谋远虑，纵观全局，从来不在危险的处境中采取鲁莽的行动，事无大小必亲自下达命令，从来不签署没有看过的公文。不论骑马还是步行，他总是走在队伍的前列。”直到5月，查理一世才拼凑一万人马迎击埃塞克斯和沃勒的两支各有一万人的大军。他希望议会派将军之间的矛盾会给他造成有利条件，使他能乘机将他们各个击破。可是议会派将军们协力扑向牛津。这座城市储备不足，难以抵挡长期的围困，不能满足守备部队和保皇派野战军的需要。议会派认为，他们将在牛津俘获查理一世国王，并且迫使他投降。连保皇派也有这样的看法。然而查理一世为该城安排了守备力量之后，巧妙地避开了咄咄进逼的两路敌军，安全到达伍斯特。

不出查理一世所料，两位议会派将军被迫分兵两路，沃勒对付逐渐向北移动的国王，埃塞克斯向西冲入保皇派的势力范围。这时查理一世向东一转，于6月6日在牛津郡的克罗普雷迪桥截击沃勒部队，大量杀伤敌兵，缴获了所有的大炮。他并没有由于马斯顿荒原之战的失败而灰心丧气。他的智谋和部队的行军速度都超过沃勒。8月间，他突然掉头西进，企图从背后打击埃塞克斯。查理一世在埃塞克斯已经取得一些战果，解除莱姆和普利茅斯的困境，可是他在那一带遇到了顽强的抵抗，因为当地农村普遍反对议会派，更何况这时国王本人引军杀来。埃塞克斯的兵力处于劣势，运输线也被切断。他拒绝了投降的建议，然后带着他的军官乘船逃往普利茅斯，命令骑兵杀出重围，让其余的部队听凭命运的摆布。9 月 2 日，总共 8000 步兵和炮兵在康沃尔郡洛斯特威西尔缴械投降。

严冬将至，依然炮火连天。保皇派的地盘日益缩小，敌人在人力和物力上都占着优势。可是保皇派并不灰心，他们在各郡的堡垒里拼死抵抗。议会派动用大部分军队，气势汹汹地向查理一世扑来。曼彻斯特和沃勒得到克伦威尔的增援。以牛津为中心的保皇派防守区域包括威尔士和英格兰西部地区，其中有许多设防的城镇。查理一世国王在这个范围内同敌人周旋。10 月 27 日，两军在纽伯里再次遭遇。这又是一次不分胜负的战斗，最后保皇军退出了战场。到 11 月底，这个战役才基本结束，查理一世胜利地重进牛津城。这次战役是他的最佳军事杰作，他在钱粮将尽的危急局面中，经受住了敌人二三倍优势兵力的进攻。而且，敌人的炮兵占着很大的优势，这种优势在力量对比的天平上一直是个颇有分量的砝码。

*　　*　　*

克伦威尔从军营骑马赶到国会，履行自己的议员职责。他同苏格兰人的分歧以及对长老会制度的反对立场早已左右着议会派的政策。这时他对作战无方的现象进行猛烈而系统的攻击，指责缺乏热情的贵族将军埃塞克斯和曼彻斯特指挥不力。洛斯特威西尔战役之后，埃塞克斯已经完全失去信任，克伦威尔指责曼彻斯特由于行动迟缓和缺乏战斗精神，以至打输了第二次纽伯里之战。克伦威尔渴望统揽兵权，他相信自己完全有能力使用这项权力。不过，他在追求权力时能够审时度势。他要求根据他在东部各郡建立军队时的“新样板”改编议会军，而他在下议院的朋友们则提出所谓的《弃权法令》（*Self-denying Ordinance*）。根据这个法令，上下两院的议员都不能担任军职。

仍然留在上议院的一些议员清楚地意识到，这一法令的目标并非打击他们所属的社会阶层，而是剥夺他们的军事指挥权。但是当时的军事形势需要这一措施，他们和早已畏惧克伦威尔的苏格兰人无法阻挡这个法令的通过。埃塞克斯和曼彻斯特从战争一开始就同国王战斗，他们建立了团队，忠实地为议会派的事业而斗争，而此时却遭到彻底抛弃，从历史的舞台上永远消失了。

议会军在冬天的几个月里根据克伦威尔的意见进行了改编，议会派贵族以个人名义招募的团队被拆散了，军官和士兵被重新组编。他们编成 11 个骑兵团和 12 个步兵团，每个骑兵团有 600 人，每个步兵团有 1200 人，加上 1000 名龙骑兵，共有 2.2 万人。当时实行义务兵役制。仅在苏塞克斯的一个地区，在 1645 年 4 月、7 月和 9 月的三次征兵中招收了 149 名新兵，他们由 134 名士兵派送到所在部队。

保皇军的高级指挥官们预料，这次改编会使议会军士气低落。刚刚改编之后确实出现过这种现象。这时议会派有了合适的军事组织，但是指挥官均系行伍出身，除了军事本领和宗教热情之外别无所长。托马斯·费尔法克斯爵士受命为总司令；克伦威尔是剑桥的议员，因而起初没有担任军职。可是人们不久便看出，他的《弃权法令》只是针对他的政敌的。新战役形势危急，军中又出现不满情绪，而这种情绪只有他能够消除。因此上议院只好破例对他委以军职。1645 年 6 月，他受命为骑兵司令，成为在军内和国会均任要职的唯一人物。从此，他成为这两个权力领域的统治者。

在议会军危难之际，伦敦塔中奄奄一息的劳德大主教上了断头台。议会派、苏格兰人和清教徒都参加了这一仇恨的举动。劳德请求以砍头代替绞刑和剖腹分尸的刑罚。下议院驳回他的请求，不过意见有些分歧。过了一夜，这个野蛮的决定有所改变。在他慷慨陈词之后，这个老人的脑袋被刽子手愤怒地砍了下来。

英国人民要求结束这场违背人道的内战，这给狂热的党派分子造成很大的压力。“棒子手”又出现了。大批农民和雇佣工以及城市居民随手拿起身边的东西作为武器，在全国许多地区聚集起来，抗议敌对的双方横征暴敛和焚烧抢掠。他们此时倾向于支持国王。议会派在伦敦附近的阿克斯布里奇村同国王举行和谈，主要是为了讨好苏格兰人。议会派中的顽固分子对此不抱任何希望，然而许多人则投以期待的目光。双方的代表分头住在村舍和客栈里，总共住了 20 天。他们严肃地以礼相见，进行讨论，可是查理国王和议会派首脑都根本不想在主教制度和兵权的问题上作出任何让步。到内战的第 4 年，这两个问题仍然没有调和的余地。阿克斯布里奇会谈只是证明，双方在争夺最高权力的斗争中有着不可动摇的坚定信念。

这时苏格兰人对克伦威尔极端不满，他们企图通过法律形式把长老会制度强加给独立派，为此对独立派施加了极大的压力。有关马斯顿荒原之战的争执同教义上的分歧纠缠在一起。独立派以这次战斗的一些情况作为王牌。利文和一部分苏格兰军队曾经逃离战场，而克伦威尔和他的铁甲军则坚持战斗，赢得了胜利。苏格兰人反唇相讥，指责克伦威尔本人在战斗中胆小怕死。这种说法不太可信。他们虽然由于非法干涉英格兰事务获得了丰厚的报酬，却引起了强烈的敌意。他们要推行长老会制度的主要目标被一些力量挫败，这些力量过去没有引起充分的注意，而此时却像刀剑一样锋利，发挥着重要的作用。

蒙特罗斯侯爵在这个时候脱颖而出。他本来属于苏格兰反对派，同阿盖尔发生冲突后转向查理一世国王。他此时的行动使他成为历史上的杰出人物和优秀军事家。他表示忠于查理一世，曾经以寡敌众取得了一系列胜利，转移了全苏格兰的注意力，而他的部下时常在冲锋陷阵之前军工物资不足，甚至，只能向敌人投掷一些小石头代替炮火，他一度占领了邓迪、阿伯丁、格拉斯哥、珀斯和爱丁堡。他给查理一世写信说，如果国王陛下能够坚持下去，他将率领苏格兰的全部力量援救他。可是一场决定性的战斗即将在南方发生。

1645 年 6 月 14 日，双方进行了最后的较量。查理一世国王的部队攻陷并洗劫了莱斯特之后，在宜于狩猎的内斯比地区同费尔法克斯和克伦威尔军队遭遇。保皇军靠顽强的战斗精神多次使自己免于覆灭，鲁珀特的这种精神比其他军事素质更加突出。保皇军这次也同样毫不犹豫地向山上比自己多一倍的敌人仰首进攻。战斗的过程同以往的简直如出一辙。鲁珀特击溃了议会军的左翼，他的骑兵虽然像埃奇希尔战斗中那样被议会军的辎重所吸引，但后来重返战场，对敌人阵地中心的步兵给予沉重的打击，克伦威尔在另一侧击溃了保皇军，并且得到议会军预备队的指挥权。保皇军的步兵被敌人的优势兵力团团围住，但仍然拼力死战。查理企图率领身边的最后一批预备队前去增援，他身边的一些人谨慎地阻止了他。于是，保皇军预备队向右转移，撤退一英里多，在那里同一路冲杀而势如破竹的鲁珀特会合。保皇军的骑兵安然无恙地撤出了战场。步兵有的被砍杀，有的被俘。议会军采取缴枪不杀的政策，因此杀死的人数少于马斯顿荒原之战。克伦威尔的铁甲军在保皇军的营地发现 100 名爱尔兰妇女，他们出于民族偏见和道德上的原因把这些妇女统统杀死。内斯比之役是保皇派在运动战中的垂死挣扎，后来还有许多次城镇的争夺战和各种虚虚实实的军事活动，但这场内战大局已定。

克伦威尔后来以令人反感的词句描写了他的印象："在内斯比战斗中，敌军的队伍整齐地逼近我们，而我们这支相形见绌、无知的军队"——他竟然这样形容装备优良、纪律严明、军饷最高、老兵居多而且总人数比对方多一倍的议会派军队——"尚未决定如何进行这场战斗。总司令命令我指挥所有的骑兵。我单枪匹马巡视阵地时，只好对上帝微笑，希望得到胜利的保证，因为他可以让占优势的人失败，也可以使处于劣势的人取胜。这一点我是深信不疑的，上帝对这次战斗也是这样安排的。"

第十八章 CHAPTER 18

弑君之斧

1646 年春，保皇派完全失去了对议会军进行武装抵抗的能力。雅各布·阿斯特利爵士随着查理一世的最后一股部队在斯托小镇[1]的战斗中失败被俘。他对俘虏他的人说："好啦，小伙子们，你们完成了任务，现在可以回家玩去了，否则你们彼此之间会打起来的。"

清教徒胜利了。总的看来，坚决地拥护议会派的中产阶级打败了四分五裂的贵族和上层阶级，伦敦新贵的财富战胜了陈旧的忠君观念，城镇控制了农村，其他教派打败了国教。尽管有的地方与之不符，但从全国来看，情况大致如此。政体问题仍未确定下来。查理一世在个人专制时期所赞成的一切已经荡然无存。可是，马上又出现了更为严峻的问题。英国由于当时的各方面条件尚未成熟，无法解决这些问题。因为这些问题的核心是国王本人及其职权。查理一世准备在兵权问题上作出让步，然而为了维护英国国教的主教制度，他决心单独斗争下去。早在 1645 年秋，蒙特罗斯的军队在靠近英格

1 Stow-on-the-Wold，英国的一个小集镇。——译者注

兰边界的菲利普霍被入侵的苏格兰军队打败。此时，查理一世打算依靠苏格兰政府，因为他看出苏格兰同铁甲军之间出现了严重的分歧。他失去了一切物质力量和权力，但仍然保持着坚定的信念，希望在逆境中重建自己的力量。他还希望从法国得到援助，亨利埃塔·玛丽亚王后正在那里避难。在这场战争中，她为查理一世国王所做的一切努力均已付诸东流，她此后再也没有见到自己的丈夫。

在艰难的几个月后，鲁珀特放弃坚决抵抗，退出了布里斯托尔城，保皇派的堡垒相继陷落。查理一世国王准备只身前往伦敦，为他在战场上输掉的事业向臣民进行辩解。各界人士都有此种愿望。查理一世几乎没有考虑过他的个人安危。伦敦议会以及国会和议会军中的实力派也赞成此计划，查理一世最后决定把他的命运交给苏格兰人。一名法国人从苏格兰人那里得到口头保证说，国王的安全将得到保证，身份受到尊重，他们决不强迫他做任何违背良心的事情。查理一世得到这个保证之后，投奔苏格兰军队司令部，当时这支军队正在和议会军攻打纽瓦克。在纽瓦克陷落之后，苏格兰军队立即向北转移。

查理一世一直以客人的身份聊以自慰，可是他不久便发现自己实际上是一名阶下囚。他在行军途中向一名苏格兰军官打听自己的处境如何，遭到戴维·莱斯利将军的粗暴制止。他受到各种礼遇，但处于严格的看管之下，不能同他的随从接触，有人甚至监视他的窗户，防止他把未经检查的信件投到街上。在纽卡斯尔的软禁生活中，他开始就有争议的国家大事进行将近一年的讨价还价。苏格兰人企图迫使他接受当年签订的协议并且在英格兰推行长老会制度，查理一世同他们进行着顽强的斗争。同时，他还同英格兰国会争论他提出的政体问题。国会的策略是，让查理一世尽可能长久地关在狱中，直到他们在政体和宗教方面为他造好桎梏为止，同时利用他的名义和亲笔签名为他们的党派利益服务。他必须在协议上签字，主教制度必须废除，海军和民兵在20年内应由国会控制。称为“限制条例”（branches and prohibitation）的许多惩罚措施使查理一世国王的忠实朋友和支持者被剥夺了公民权，惩罚的程度不亚于兰开斯特王族在陶顿战斗之后遭受的迫害。一位具有远见卓识的现代作家写道："查理需要做的只是放弃自己的王权、教会和朋友，这样，他仍然可以保住英格兰的王位。……所谓英格兰国王，实际上只是外国军营中的一名囚犯，不能同自己的牧师相见，只能独自在卧室里读《公祷书》。英格兰国王这个令人艳羡而十分危险的角色落到这般地步，成为一个'受伤者'。"[1]

查理一世自然希望从国会和军队之间以及英格兰政府和苏格兰政府之间的矛盾中坐收渔利，因此迟迟不作出决定，以致英格兰和苏格兰的政府撇开他单独达成协议。苏格兰人在得到入侵英格兰的一半酬金之后，于1647年2月根据议会派保证查理一世人身安全的诺言将他交给议会派，然后回到他们自己的国家。这笔交易虽然很实际，却不免令人凄怆。许多人常常念着这样两句顺口溜：

苏格兰人黑心肝，
出卖国王换铜钱。

1646年是紧张而混乱的一年，有关政体和宗教方面的争论无休无止，国家生活处于瘫痪状态，民怨沸腾，人们又以忠君之心瞩目于查理一世国王。

苏格兰人收到报酬之后，查理一世被新主人极其敬重地带到北安普敦郡的霍姆比城堡。他的威望立即显示了出来。在纽卡斯尔以南的旅程中，百姓的欢呼声不绝于耳，车铃的叮当声犹如奏乐。全国处处欢迎国王，希望摆脱残酷的战争，恢复英格兰的旧制度，当然也要进行一些重大改革。查理一世在战场上像以前在议会斗争中那样一败涂地，不过仍是英国的首要人物。倘若他能满足人民的要求，人人都会拥护他。查理一世失去一切物质力量之

1 引自G.M.扬所著《查理一世与克伦威尔》一书。——原注

后，比以往更加清楚地意识到，他所代表的制度具有很大的力量。这时英国的政治舞台上出现了一个新的竞争者——克伦威尔的铁甲军（the Ironside Army）。这支军队有2.2万人，它尚未成为它的缔造者的主人，不过已经不是他们的仆人了。指挥这支军队的是一些威名远扬的杰出将军，他们是总司令托马斯·费尔法克斯、胜利的象征奥利弗·克伦威尔和精于韬略并且在很大程度上成为它的精神支柱的亨利·艾尔顿。在他们领导的赫赫可畏的队伍中间，充满着政治和宗教方面的分歧，这些分歧将会引起比刚刚结束的战争更加激烈的斗争。

国会进行了新的选举，以填补保皇派议员的空缺，因此有了一些生气。国会中有一股强大的独立派势力，他们支持铁甲军。大多数议员仍然代表长老会的利益，主张实行受到严格限制的君主制。军队并不赞成长老会雇主的宗教观点，它的勇猛战士、极有说服力的鼓吹者和忠诚的成员几乎像反对主教制度那样反对长老会制度，像反对劳德大主教那样反对苏格兰人。军队中有许多活跃的教派，这使军队内部产生了宗教自由的观念。可是军队时刻准备镇压别人。那么谁能够使它就范呢？

议会派在战争中既已取得胜利，大多数国会议员及其领袖便不再需要军队。军队必须进行大幅度裁员，文官应当掌权，军费必须大量削减。军队部分主力应调到爱尔兰，向爱尔兰人讨还1641年的血债；在英格兰保持数量相当的军队。至于剩余的部队，让他们解甲归田，经由下议院表彰，使他们在以后的生活中以往日荣光聊以自慰。此时出现了一个非常棘手的问题，即下议院拖欠军饷的问题。至1647年3月，步兵已有18个星期没有发军饷，而骑兵也有43个星期没有领到军饷。曾经荣极一时的下议院以为，补上6个星期的军饷就可以使这个问题不了了之。士兵们却不以为然。他们在许多重大问题上存在着分歧，但在军饷问题上却是团结一致的。他们下定决心，只要军饷问题和他们所关心的其他问题没有得到解决，他们就不去爱尔兰或者拒绝遣散回家。国会同军队之间的激烈冲突就这样开始了。双方都以自己曾经取得堪受奖赏的胜利而自感荣耀非凡。

在这场冲突的最初阶段，国会以为自己握有发号施令的权力。剑桥市的议员克伦威尔以上帝的名义向国会保证说，军队一接到解散的命令就会退伍还乡。可是另一方面，他一定另有一番言辞，因为军队接到国会的遣散命令时，军官们呈交了一份措辞恭敬的请愿书。这份请愿书可能是艾尔顿起草的。军官们在这份文件中要求为他们本人和士兵补发拖欠的军饷，对他们在战争中的行动不予追究，并且要求保证以后不再征兵，对伤残军人、寡妇和儿童发放抚恤金。他们说："鉴于我们根据战争的需要采取了许多非法行动（这类行动我们在和平时期是不会做的），我们衷心希望国会在遣散军队之前通过法令作出明确的规定（如果该法令得到国王的批准当然更好），确定我们对所有这些战争中非法行动不负任何责任。"即便在马斯顿荒原和内斯比的战役取得胜利之后，铁甲军仍然不能断定，没有得到国王批准的事情是否合法。他们企图在全国各地得到永久的安全保证。组织严密的威斯敏斯特议会认为，只有国王才能给予这种保证。拥有强大武力的人们始终懂得，他们的实力不能给他们任何保证。这个突出的事实说明，英国革命同其他国家的革命截然不同。英国人的最大特点是，他们即使在叛乱之时，也会本能地尊重法律和传统。那些破坏王权的人也一直坚信，以国王的名义制定的法律是他们能够依靠的唯一基础。

国会领袖接到军官们的请愿书，感到愤怒。他们似乎以为自己掌握着一切控制权。最后，他们命令各个军团开往不同的驻地，以便将它们逐个解散或者派往爱尔兰。军队回答说，他们要集中驻扎在纽马基特。他们在那里郑重约定，在他们的愿望得到满足之前拒绝解散。权力当局和武装力量之间似乎势均力敌，双方都努力寻找盟友。国会中的长老会想依靠苏格兰人，军官们则企图依靠国王。按实际权力的大小，将军们的排列顺序应是克伦威尔、艾尔顿和总司令费尔法克斯。他们认为，他们的地位将要被降到可恶的党派政客之下，这些政客视胜利为私产，企图在自己的小圈子里分享胜利果实。

在这个问题上，将军、低级军官和士兵树立了一致的目标。

克伦威尔和艾尔顿感到，如果他们能够赶在国会之前把查理本人抢到手，这将是不小的收获；倘若能够赢得他的支持，胜利就有了保证。艾尔顿早已开始同查理国王进行秘密接触。6月初，骑兵的旗手乔伊斯根据艾尔顿和克伦威尔的命令，率领近400名铁甲军骑兵奔向霍姆比城堡。查理一世在内廷官员和国会代表的陪同下，正在那里过着舒适的生活。此时，国会派去执行看守任务的上校仓皇逃命。查理一世知道自己不会受到伤害，因而安详地度过了那个夜晚。王室官员同铁甲军的军官互相寒暄了一番。

翌日早晨，乔伊斯毕恭毕敬地说，他是来接国王的。查理一世没有表示抗议，他走到外面的阳台上，差不多是以主人的姿态对刀枪整齐的威武阵列扫视了一番。乔伊斯对他的骑兵说："我以你们的名义作了三点保证：不伤害国王陛下，不强迫他作出违背心愿的事情，允许他的随从同他在一起。你们每个人都同意这些保证吗？"士兵们齐声喊道："同意！"查理一世说："乔伊斯先生，你的令状呢？你有托马斯·费尔法克斯爵士的手令吗？"乔伊斯面露窘色，他四处看了看，最后指着他的队伍说："在这里。"查理露出颇有王威的笑容，凭着君主的自信和神圣的权利说道："不错，这是一个不用拼读就可以看懂的手令，它同我长期以来看到的部队一样威武雄壮……那么我们到哪里去呢，乔伊斯先生？"

乔伊斯和派他执行这次任务的人都认为，只要能把国王控制在手里，可以尽量满足他的意愿。国王觉得牛津对健康有害，剑桥稍好一些，而纽马基特则颇有诱人之处。军队正好驻扎在纽马基特。查理一世和乔伊斯等人策马同行，怡然自得，感到手中握有英国的命运。查理一世在纽马基特附近的奇尔德利住了三天。剑桥大学的师生怀着敬慕之情纷纷谒见国王，这种热情在内战期间是没有过的。克伦威尔、艾尔顿和费尔法克斯不久也来拜谒国王。查理一世被转移到哈特菲尔德，然后又迁居汉普顿宫。他有时一连数小时在那里的花园中一边踱步，一边同叛乱的将军们谈笑风生，他们似乎都很高兴，内廷官员见此情景，不禁感到惊奇。最后王室发表了一项公告："国王陛下认为，国会的计划有损于军队的根本利益，也有损于所有的军队同情者的根本利益。陛下细看军队的建议之后………相信，上、下两院会同他一样认为，这些建议比国会的计划更能满足各方的利益，是实现永久和平的更加稳固的基础。因此他请上、下两院立即考虑军队的建议（他认为这是实现和平的最好途径）。"[1]

在这一切的背后，进行着一场政治的和个人的大交易。无人了解它的确切细节。这场交易中包括英国早就可以实现的宗教和解、国会和国王拥有同等力量的政体以及有关军队解散时得到赦免和奖赏的问题。这个大纲是嘉德勋章获得者、一个名叫克伦威尔的伯爵制订的，他是爱尔兰总督，平定了爱尔兰的局势，以不同的形式恢复了斯特拉福德为之丧生的"彻底"政策。当时具有济世之才的政治家、掌玺大臣艾尔顿可能超越了社会前进的艰难步伐，规划了不列颠的政体。英格兰民族本来可以在这个时候作出符合自己心愿的决定，可是这个规划过于美好，根本不能实现。人类不能逃避漫长历程中的艰难坎坷。查理一世同军队的领导人打交道时没有充分的诚意，他仍然寄希望于苏格兰人的帮助。国会反对军队和国王的建议，坚持自己的党派政策，它也指望请苏格兰人来镇压曾经拯救它的军队，它对军队是很大的阻力。军队内部也有阻力。

迄今为止，将军们控制着下级军官，下级军官则控制着士兵，他们内心都充满着强烈的宗教热情。士兵们对《旧约全书》（*Old Estament*）简直入了迷，以笏和以革伦、扫罗和撒姆耳、亚哈和耶户[2]在他们脑海中留下了深刻的印象。他们尤其钦佩的是，撒姆耳虽然步履蹒跚，却在上帝面前把阿迦砍成碎片。将军们希望为国家、国王和他们自己争取到妥善的解决方案，而普通

1 引自 G.M. 扬所著《查理一世与克伦威尔》第 67 页。——原注

2 Ehud and Eglon， Saul and Samuel， Ahab and Jehu，以上数人均系《圣经》中的人物。——译者注

士兵则怀有深刻的宿怨。要想使查理一世和克伦威尔达成的协议成为现实，唯一的办法是立刻将这付诸实施。然而将军们行动迟缓。他们关心的主要问题是控制军心，可是过去的高谈阔论在军人大会上似乎已经不起作用了。军人大会的成员们早已把查理一世视为“血债累累的人”（the Man of Blood）。他们感到惊讶的是，那些昔日可敬的长官竟然不知自爱，同国王勾勾搭搭。士兵们的情绪越来越坏，军官们觉察到他们可能要失去对士兵的控制。

下议院中的长老会此时意识到，他们无法掌控军队。伦敦商业区凭借学徒和乱民也在施加压力，强迫长老会履行职责。长老会在骚乱和暴力的逼迫下，废除了他们曾经不得已对军队作出的妥协性决议。议长和五六十名议员惧怕伦敦商业区的乱民，投奔豪恩斯洛的军队司令部，要求克伦威尔予以保护。军队答应了这个要求，于 8 月 6 日开赴伦敦，占领威斯敏斯特宫，进驻伦敦商业区。除了棘手的问题之外，一切都在军队的面前屈服了。

*　　　*　　　*

1647 年秋，军队在帕特尼进行了激烈的争论。将军们企图控制住军队的骚乱活动，艾尔顿尤其有这种愿望。他们召开了军事议会，或者叫军人讨论会。每个团选出自己的代表，称之为“代理人”或“鼓动家”。艾尔顿起草了军队章程，他决定采取彻底的措施，只是不要引起社会动乱或者影响财产权。他们在帕特尼彼此进行了几个星期的激烈斗争。他们任命一名秘书，由他作会议记录。这份记录最后流传到牛津大学的一个学院，在 19 世纪成为人们观察这个生动场面的瞭望孔。各种人物纷纷粉墨登场，其中有塞克斯比、雷恩博罗、怀尔德曼和善于鼓吹的戈夫上校。他们慷慨陈词，娓娓动听，每次发言都能够击中要害。克伦威尔听到了这样的话：“英国的穷人应该和最上层的人一样生活。”“一个人不必服从他没有参与建立的政府。”这种观点是福音书和武力的混合产物。

人人具有政治平等的天赋权利这一主张，不仅使伯克和福克斯大吃一惊，也使艾尔顿同样感到惊讶。他企图在不能解散的国会和无法遣散的士兵之间严守中立。艾尔顿的精辟论述曾经博得克伦威尔的由衷赞赏，但克伦威尔并没有使他在政治上采取同样的立场。这些论点没有获得士兵“代理人”的赞同。艾尔顿将军论述了只有“同国家利害攸关”的人才有选举权的原则，他的听众开始沉思起来。他指出，如果根据上帝或大自然的法则提出政治平等的要求，将会涉及财产的所有权问题。他还说：“根据这条自然法则，人人对他所见之物拥有同别人相等的权利。”士兵们听到这种结论并不感到惊讶。他们不久便产生了19世纪宪章派的观点：21岁的男子有选举权，选区平等，两年召集一次国会。他们还将形成许多新的看法。

克伦威尔听到了这些观点，对它们进行了认真的思考。他同伊丽莎白一世有相同的看法，认为这些要求会导致无政府状态。许多讲演者鼓吹要打倒国王和贵族，并且要平分财产，这些主张博得了军人大会的欢呼，而克伦威尔则想到了自己的地产。上述主张对他来说显然是一派胡言。艾尔顿又作了一番演说，以为能够安定士兵的情绪，结果只是引起新的骚动。除了这些政治主张之外，克伦威尔不得不考虑有关秩序的问题。他仍然掌握着大权，而且毫不迟疑地加以运用。他设法使有关军人大会代表返回团队的决议获得通过，以他的军官大会代替军人大会。铁甲军在帕特尼提出的政治主张直到我们这个时代才能成为现实。

1647年深秋，克伦威尔和艾尔顿认识到，即使补发军饷并赦免军队的过失行为，他们仍然不能使国王和军队联合起来。他们无法说服军队。士兵们在秘密集会场所酝酿着皮姆和汉普顿倘若在世必定会反对的宗教观点以及“长期国会”曾经努力避免的共和制，在这些根本问题的背后，还有成年男子选举权和另一种思想倾向，这种思想倾向用现在的词汇来说，就是社会主义和共产主义。一旦有了机会，这种种因素就必然会彻底破坏军队同国王之间脆弱而引人注目的关系。英国的保皇派尽管在军事方面遭到失败，财产被剥夺，但他们仍然存在，尚在喘息，并伺机东山再起。国会仍在制定具有坚定基础的政治目标，充满宗教狂热情绪和个人贪欲的苏格兰人仍在边界虎视眈眈。查理一世对这些动向有所了解，他开始寻求其他可以借助的力量。在这些压力之下，失败的国王同胜利的将军之间的联合终于解体。铁甲军的一名上校根据上司的吩咐暗示国王说，他的生命处于危险之中，有些残忍的人在一些会议上公开主张为了国家利益杀害他。在这段时期，查理一世的行动并没有受到限制。

11 月，查理一世确信那些不再受军官控制的士兵将要杀害他，便在夜色苍茫中飞马逃生，经过许多驿站顺利到达怀特岛上的卡里斯布鲁克城堡。他在这个偏僻的城堡里住了将近一年，没有受到保护，但却神圣不可侵犯。他是精神上的国王，令人垂涎的工具，阴谋的策划者和最终的牺牲品。他仍然信守一条原则，这条原则将付诸实施，或者成功，或者彻底失败。然而，他在英格兰再也没有讨价还价的力量了。他还想借助苏格兰人的力量。他同苏格兰人签署了一项协定，保皇派将根据这个协定和长老会联合起来。由于这种结合，不久爆发了第二次内战。

这时候也可以看出，克伦威尔和查理一世几乎竭尽全力争取达成协议。军队即将叛乱，他们策划逮捕或杀害将军们，上校们准备弹劾克伦威尔，因为他“走上了霍瑟姆的道路”。12 月 15 日，将军们同士兵见面。一些团队立刻归顺，而罗伯特·利尔伯恩和托马斯·哈里森的部下却拒不从命。历史学家加德纳对这个场面作过描述：“他们集合时帽子上插着《人民协议》（*Agreement of the People*），自己在上面加上‘英格兰的自由！’和‘士兵的权利！’这样的口号。费尔法克斯训斥几句后，哈里森的部队立即驯服了，利尔伯恩的部下却不那么顺从。克伦威尔看到此时单靠劝阻已无济于事，就骑马从队前走过，厉声命令士兵拔去帽子上的《人民协议》。无人服从他的命令，他便拔剑冲入士兵的队伍。在他那严厉的面孔和坚决的行动中有一种威慑的力量。服从军纪的本能复活了，几分钟以前目无军法的士兵扯去帽子上的《人民协议》，请求饶恕。带头叛变的军官遭到逮捕，其中三人被临时军事法庭判处死刑。不过，这三个人获准掷骰子决定生死，输者受刑，结果阿诺德输了，他在同党面前遭到枪决。就这样，军队以一条生命的代价恢复了秩序，否则它会一哄而散的。”[1]

第二次内战的起因和阵容同第一次内战大不相同。所有参加者的角色均有变化，甚至倒转过来。国王及其特权此时在人们眼中已经不是议会权利的障碍，而是英国人民自由的保证。假如国会有机会开会的话，“长期国会”中的很大一部分议员、上议院的几乎所有议员都会发表这样的看法。从前威逼查理一世的苏格兰人此时也意识到，对他们有害的是另一方。威尔士坚决站在查理一世一边。伦敦曾经是皮姆和汉普顿的主要基地，现在也积极拥护恢复王权。当年把查理一世赶出首都的学徒们仍然情绪高涨，不过他们这时侮辱士兵，高喊“国王万岁！”海军一直是反对查理一世的致命工具，此时也倒戈拥护他。参加哗变的大部分舰艇驶向荷兰，官兵恳求威尔士亲王担任他们的统帅。所有的保皇势力备受创伤，保皇分子遭受迫害，经济上蒙受损失，他们的感情和对社会的关心受到伤害，但他们盼望着重新举起战旗。大部分民众持冷漠的态度。导致1660年王政复辟的那种普遍情绪尚未产生，但英国社会的各种主要力量正在汇集。甚至连普通民众也感觉到，国王和国会已经被新暴君抛到一边，这个新暴君将给劳苦大众带来不幸和痛苦。查理一世虽然在卡里斯布鲁克城堡失去了自由，却比个人专制的极盛时期更有威望，更像真正的国王。

第二次内战为时不长，过程简单。国王和上下两院、地主和商人、伦敦商业区和农村、主教和长老以及苏格兰军队、威尔士人和英格兰舰队，这一切力量都反对克伦威尔的铁甲军。军队在克伦威尔率领下向所有这些力量发动进攻。起初，军队无法摆脱困境，但这种困境消除了他们内部的分歧。费

---

1 引自《内战史》（*History of the Great Civil War*）第4卷第23页。——原注

尔法克斯、克伦威尔和艾尔顿再次同凶猛的士兵取得一致。这支军队进军威尔士，挺进苏格兰，势如破竹，所向披靡。它只派出一个支队，便镇压了康沃尔郡和西部的大规模起义。他们在科尔切斯特粉碎了保皇派的武装，并且采取严厉的惩罚手段，费尔法克斯一反过去的惯例，下令在城外枪毙投降的保皇派军官卢卡斯和莱尔。克伦威尔镇压了威尔士的起义之后迅速北上，同他的另一支部队会合，然后向穿过兰开夏的苏格兰军队扑去。指挥苏格兰军队的是戴维·莱斯利，可是他指挥的已经不是当年的苏格兰大军了，训练有素的苏格兰大军在利文勋爵的统帅下袖手旁观。入侵的苏格兰军队在普雷斯顿被切断退路，仓皇应战，全军覆没。英格兰舰队几年前同国王作战时气势汹汹，此时对攻无不克、怒如海潮、纵横驰骋的铁甲军却无可奈何。铁甲军衣衫褴褛，几乎赤足，然而他们披戴耀眼的甲胄，手持闪光发亮的刀剑，并且坚信自己的错误使命。

到 1648 年底，第二次内战宣告结束，克伦威尔成为独裁者。保皇派被彻底粉碎，国会形同虚设，宪法成为一纸空文，苏格兰人遭到失败，威尔士人退居山上，舰队经过改编，伦敦慑服于暴力之下。查理一世国王仍然住在偏僻的卡里斯布鲁克城堡，等着自己支付的账单。账单上索取的将是他的性命。

*　　*　　*

在维多利亚时代一些文人的笔下，克伦威尔和铁甲军的胜利被描绘为民主制度和议会制度对王权和旧时代迷梦的胜利，我们切不可轻信这个观点。这场胜利不过是两万多名坚定、残忍、纪律严明的军事狂徒战胜了英格兰一直向往的一切美好事物。要扭转这种局面，需要多年持续不断的斗争。我们无限关心的这场斗争起初建立了权力有限的君主立宪制，而最后却导致了军事独裁。一个残暴、可怕、能量很大的人成为国家的主宰，他在后来的 12 年里用心良苦而又疑惑不安地作了各种努力。他的所作所为极端错误，反映了机会主义和自私自利的倾向，在史册上留下了不可磨灭的痕迹。

最容易收获的胜利果实显然是查理一世国王的脑袋。诚然，他并没有离开过卡里斯布鲁克城堡。可是，他难道不是那场反对铁甲军及其统治，甚至扣发铁甲军军饷的大规模运动的主要动力吗？他难道不是全国舆论随之转动的轴心吗？他难道不代表铁甲军所痛恨而又不能改变的那些制度吗？他难道不是他们的战利品吗？当人们在统治国家的问题上彷徨犹豫的时候，在一切都动荡不定的时候，处决查理一世是一个人人皆知的极端重要的行动，这一行动可以使铁甲军团结一致。只有处决"血债累累的"查理·斯图亚特，士兵才能满意，他们的长官才能有效地控制他们。

一个风雨交加的夜晚，怀特岛上的人发现许多铁甲军士兵乘着小船渡过索伦特海峡，在新港和考斯登陆。国王的内廷官员上前询问，进行密切监视。查理一世的密友催他赶快逃走，当时似乎还有这种可能性。可是他一心想同国会再度进行大有希望的谈判，确信自己的地位还比较强大，不必逃跑。其实，这是他逃生的最后机会了。几天以后，他被带到不列颠本岛，囚禁在赫斯特城堡。他在那里受到了粗暴对待，这是第二次内战以来破题儿第一遭的事情。在此之前，他的尊严受到尊重，生活受到照顾，此时身边却没有一个仆人，孤零零地被关在一座小塔里。塔内非常幽暗，连一支蜡烛也没有。此后又进行了一段谈判，可是他已经死到临头了。在黑暗的牢房里，查理一世显得极其崇高。他在自己的动荡不安、坎坷多难的统治时期多次采取过错误的态度，而在生命即将终止的时刻，命运之神却使他充当英格兰人的权利与自由的保护者这个光荣而无可争议的角色。他甚至可以说是不列颠人的权利与自由的保护者，因为这场斗争涉及整个不列颠岛。又过数日，他在圣诞节前后被押往伦敦。起初，他担心押解他的哈里森上校是来杀害他的，实际上并无这种迹象。铁甲军打算以最能显示他们的威力和信仰的方式杀害他。克伦威尔无以抚慰他那愤怒的军队，而通过处决查理一世至少可以给他们造成一个可怕的赎罪场面。在前往伦敦途中的一个傍晚，查理向哈里森上校单刀直入地问道："你是来杀害我的吗？"上校回答说："不是的，陛下，无论大小人物都受法律的同样保护。"查理一世听到这番话之后安然入睡了。他得到了不会遭到杀害的保证；根据法律，他是神圣不可侵犯的。

查理一世在温莎休息了将近一个星期。他在这里受到尊重和礼遇，这种礼遇同赫斯特城堡里的待遇实有天渊之别。一些仆人和内廷官员追随左右；他每天晚上以传统的方式进餐，仆人跪着上菜；议会派来的军官毕恭毕敬地同他一起进餐，告别时向他行 90 度的鞠躬礼。这些是多么奇怪的插曲！他必须继续向伦敦进发，那里有许多活动正在进行着。"请陛下继续赶路，好吗？"

当时伦敦处于铁甲军的严密控制之下。下院议员打算进入议院开会时，一些趋炎附势的议员站到普莱德上校一边，并把不会屈从军队的议员名单开列出来。打算进入议院的 45 名议员遭到逮捕。在 500 多名议员中，有 300 人再也没有进入议院。这就是所谓"普莱德清洗"[1]。"血债累累的人"将在全国和全世界的面前受到审判。当局查遍英格兰有史以来的法律和判例，找不到这类审判的依据，甚至也找不到借口。历史上倒是不乏杀害国王的先例。比如，爱德华二世在伯克利城堡、理查二世在庞蒂弗拉克特城堡都惨遭不幸。然而，这些行为是秘密进行的，当局矢口否认这些行为是它干的，它要么极力保密，要么把他们的死亡归于病因。胜利的铁甲军想通过审判查理一世来教训一下英格兰人，要他们懂得必须唯命是从。一年半以前本来可能在查理一世国王手下充当爱尔兰总督的克伦威尔此时看出，杀害查理一世是他保持最高权力和生存下去的唯一希望。费尔法克斯指出，杀害查理一世会使寄居荷兰的威尔士亲王理所当然地拥有国王的一切权利，可惜无人听取

---

1 Pride's Purge，指 1648 年 12 月 6 日普莱德上校率军驱逐长老会议员出国会，以确保通过对查理一世的审判决议。大批议员被逐出国会后仅剩 50 名左右议员能够经常出席国会，这届国会被称为残缺国会（the Rump），最终通过决议并成立特别最高法庭，判处查理一世死刑。——编者注

他的意见。英格兰没有任何法官能够起草这次审判的起诉书和组织特别法庭。最后，长期生活在英国的荷兰律师艾萨克·多利斯劳斯把这次判决用古代传统加以掩饰。开庭辞同英国历史毫无联系，只是回顾了罗马时代，那时候罗马元老院或禁卫军有权下令处死暴君。幸存的下院议员顺从地通过了一个法令，从此产生了由135人组成的国王审判团，实际上出席的不到60人。木匠开始装饰威斯敏斯特宫，为最难忘的场面进行准备工作。这次杀害的不是一位普通国王，而是一位代表着几乎整个不列颠民族的意志和传统的国王。

*　　*　　*

这次著名的审判情景描写得越是绘影绘声，就越能淋漓尽致地表现其戏剧性。查理一世根据自己在统治之时曲解、利用的法律和宪法，在敌人面前进行了无懈可击的辩护。正如莫利所写的那样，他“态度沉着，蔑视法官”。他不承认这个特别法庭，认为审讯他是大逆不道的非法行为。首席审判官约翰·布拉德肖也找不出合乎逻辑的理由。尽管如此，克伦威尔和铁甲军仍然能够砍掉查理一世国王的脑袋，这是他们决心不惜任何代价要达到的目标。威斯敏斯特宫内的大部分观众同情国王。在最后一次审讯的下午，查理一世要求申辩遭到拒绝之后被带出大厅时，人群里传出一阵低沉的祈祷声：“上帝保佑国王。”信念坚定的士兵根据他们长官的事先吩咐，高呼：“执法！执法！处死！处死！”

铁甲军在查理一世受刑之前一直尊重他的个人尊严，给他提供了处理俗界事务和接受牧师祝福的各种方便。这次处绝不是乱砍乱杀，而是一个隆重的仪式，是一次牺牲，用西班牙教会法庭的术语来说，是一次“检验信仰的行动”。1649年1月30日上午，查理一世被带出圣詹姆斯教堂，押往白厅。早些时候，他被士兵带出舒适的住所，从水路押到这个教堂。30日上午大雪纷飞，查理一世穿上了暖和的衣裤。他在押送的士兵中间快步走向半英里远的宴会厅，对他们说："快点走。"在那里，只要他的要求不影响军队的既定方针，他们就尽量满足他。签署死刑判决书的大多数人被自己的行动吓呆了，因为他们将对此承担责任，最后将遭到报复。克伦威尔发现难以纠集足够的人签字。仍然担任总司令的费尔法克斯是个心地善良的人，他对耳闻目睹的事情感到愤愤不平，因此他将受到控制。艾尔顿和哈里森仍然同死难临头的国王留在大厅里。克伦威尔也在那里，他在每个必要的场合从不缺席。

下午一点钟的时候，查理一世得到通知说，他就刑的时间到了。他从宴会厅的一扇落地窗走出去，登上断头台。刑场上站满了一排排的士兵。克伦威尔一伙错误地认为，查理一世会以拒绝就刑的方式否定判他死刑的特别法庭，所以准备了捆绑他的绳索等物。查理一世面带笑容轻蔑地朝这些东西扫了一眼。他获准随便讲几句话。由于他的声音传不到远处的士兵那里，他便对聚集在断头台上的人说了几句话。他说，他"作为一个虔诚的基督教徒迎接死神。他饶恕世界上所有的人，尤其是那些将他置于死地的人（没有提到具体人名）。他希望这些人能够悔过自新，也希望他们通过正确的道路实现国内和平，而依靠强权是行不通的。他认为臣民和君主的地位根本不同，民众的幸福并不在于参与统治国家。假如他实行粗暴的统治，用武力改变一切法律，他今天就不会落到如此悲惨的下场，所以他说自己是人民的牺牲品"。

查理一世从容地迎接死亡，他配合刽子手的行动，将自己的头发用白缎子小帽拢起来。他自动躺到断头板上，自己一打手势，刽子手便一刀砍掉了他的脑袋。接着就是悬首示众，人群中有一个人喊道："这就是叛徒的脑袋！"

无数人像潮水般地涌到现场，虽然默然无语，心里却有一股强烈的感情。当时有一个人在日记中写道，看到砍下来的头颅，"数以千计的观众齐声发出痛苦的呻吟，我从未听过这种凄楚的声音，也不想再听到"。

英王查理一世的命运是异乎寻常的。没有人像他那样固执地反抗当时的时代潮流。他在自己的强盛时期坚决反对议会民主，而在灾难的连续打击之下，他却逐渐成为英格兰自由与传统制度的象征。他的错误和弊端与其说是出于个人权欲，不如说是源于国王至上的观念。他生来就有这种观念，因为国王至上是英格兰的金科玉律。最后他奋起同铁甲军斗争，这支军队摧毁了议会的统治权，还要把英格兰投入古往今来最难抗拒、最卑鄙的暴政之中。查理一世在自己坚信的事业中从不畏缩。诚然，他在同敌人谈判和斗争的过程中曾经诉诸欺诈手段，但这是斗争的激化和多变所决定的，何况对方为了达到目的无所不用其极。至于在宗教和政体问题上，他从未背离过自己的基本原则。他坚决维护英国国教的《公祷书》和主教制度，他认为离开这两点，基督教就不纯正了。在这些混乱多变、艰难曲折的年代里，他始终坚定不移，捍卫自己为之献身的事业。他是一个殉道者，这里“殉道者”（martyr）的含义并不是指为宗教理想而牺牲的人。他的王室利益同每一时期的国家大事有密切的联系。有些人认为他站在普通百姓一边反对新兴的经济势力，这是没有根据的。他不是英国自由的捍卫者，也不完全是英国教会的保护人，不过他是为英国的自由和教会而死去的。他用自己的生命将它们保存下来，不仅传给他的儿子，也传给了我们。

PART 6
王政复辟

THE RESTORATION

第十九章　CHAPTER 19

英格兰共和国

在处决查理一世之前，英格兰共和国就已经诞生了。1649 年 1 月 4 日，一小撮屈从克伦威尔和铁甲军的下院议员决定："除了上帝，人民是一切正当权力的基础……英格兰下议院是由人民选举产生的，它代表人民，因此拥有国家的最高权力。" 1 月 9 日，他们投票决定，法律文件上所盖的国玺不应再有个人的名字。于是，他们设计了一个新的国玺，一边是英格兰和爱尔兰的地图，另一边刻着下议院的图画，上面还有"靠上帝祝福恢复自由的第一年"的题词。查理一世的一尊雕像被推倒，有人在像座上刻上了这样一句话："当代暴君、末代国王垮台了。" 2 月 5 日又宣布说，上议院"无用而又危险，应该撤销"。从此上议院不再开会。第二次内战期间被俘的一些贵族遭到报复，知识广博、久经锻炼的政治家汉密尔顿勋爵和荷兰勋爵被砍了头。

这时候统治国家的是政务院，它由国会任命，任期 1 年。41 名成员中有贵族、法官和下院议员，许多谋害查理的人也在其中。政务院无所畏惧，勤勤恳恳，廉洁奉公。由于有一段时期司法问题没有确定下来，12 名大法官中有 6 人拒绝继续任职，其余 6 人在正式收回效忠誓言以后，同意为共和国服务。军队上层的极端保守派坚决维护普通法，主张对所有非政治性问题按照章程作出裁决。人们认为，律师必须参加新政权，以便保护特权和财产所有权不受平均派（levelers）、煽动者（agitators）和极端主义分子（extremists）的侵犯。这已成为关键的问题。平均派来势凶猛，怒不可遏，但掌权者毫不犹豫地将他们镇压下去。甚至连艾尔顿也被摒于独揽大权的政务院之外。克伦威尔及其同僚早已知道极端派的要求，因为克伦威尔和查理国王于1647年进行无效的谈判之时，约翰·李尔本策动五个骑兵团签署的《人民协议》中提出的正是这些要求。

必须分散并解散一部分铁甲军。克伦威尔决心以上帝耶和华的名义，率领铁甲军的大部分队伍讨伐崇拜偶像、血债累累的爱尔兰天主教徒。他想通过此类的军事行动控制和引导士兵的狂热情绪。为了决定哪一个军团去爱尔兰，各军团之间进行拈阄。它们一次又一次地拈，直到把平均派势力很强的团排挤出去为止。一本名为《英格兰的新枷锁》[1]的小册子在军中广为流传，军队里发生了多起兵变。上千名老兵成群结队地举行示威，支持“人民的主权”、成年男子选举权以及每年召集国会的要求。这种情绪不仅仅限于士兵中间。除了这些重大的原则，以杰拉德·温斯坦莱[2]为首的一些人提出了大胆的主张：不仅公民权要平等，财产权也要平等。这些人叫作“掘地派”[3]。

一些人出现在萨里郡的公地上，准备以集体形式耕种这些土地。这些“掘地派”并不侵犯私有土地，而是把它们留给有权占有它们的人。他们说，整个地球是“公共的财库”（Common treasury），公地应该人人有份。他们还说，被处死的查理一世国王的权利是从征服者威廉那里世代承袭下来的，许

1 *England's New Chains*，为英国资产阶级革命时期平等派的领导人、激进民主主义思想家约翰·李尔本（John Lilburne，1614—1657）所著。因其主张国家的最高权力应属于人民、人人都享有天赋权利，取消君主制、建立共和国，实行成年男子普选权，取消垄断专卖权、什一税，实行宗教宽容、言论自由等，多次入狱和被驱逐出国。——编者注

2 Gerard Winstanley（1609—1652），英国革命时期掘地派领袖，空想共产主义者，反对土地私有，要求消灭阶级不平等，曾试图通过建设垦殖区实践其思想。——编者注

3 The Diggers，17世纪英国资产阶级革命期间代表无地和少地农民的空想共产主义派别。——编者注

多贵族和冒险家随着征服者威廉来到英格兰，剥夺了人民大众在撒克逊时代的传统权利。从历史的角度来看，600 年来的传统已经根深蒂固，上述主张难以实现，而且这些主张本身也很难站得住脚。然而，这确实是他们的主张。共和国的统治者们认为这种主张是危险而具有颠覆性的胡言乱语。

克伦威尔比任何人都更加吃惊，因为他对财产所有权的关心几乎不亚于对宗教自由的关心。他说："贵族、绅士和自耕农是我国的有益力量，也是重要力量。"政务院把"掘地派"赶出公地，毫不留情地捕杀哗变的官兵。克伦威尔再次亲自平息了叛乱。根据他的命令，追随利尔伯恩的骑兵威廉·汤普森在牛津郡的一个教堂院子里遭到枪决。一些人称赞威廉·汤普森的观点和英勇不屈的精神，说他是"为民主献身的第一个烈士"（the first Martyr of democracy）。克伦威尔还把不报名参加爱尔兰战争的官兵赶出军队，连拖欠的军饷也不补发给他们。政务院任命他为司令。他不仅在军事上执行自己的使命，而且还给它披上了宗教色彩。他和清教牧师一起鼓吹对爱尔兰发动圣战，独自乘坐一辆套着六匹佛兰德马的车子到查林克罗斯[1]去做礼拜。这些举动是他在军事和社会方面面临危险时经过深思熟虑所采取的部分对策。如果不消除这些危险，英格兰将会再次发生极端残酷的社会战争。

*　　*　　*

克伦威尔在 1649 年发动的爱尔兰战争同以往的战争一样残酷无情，也同以往的战争一样充满了《旧约全书》所富有的色彩，这种色彩长期影响着清教徒的思想感情。爱尔兰人的民族气概和重重灾难本来可以促使他们在天主教容忍精神和君主制度下联合起来，同保皇派的新教徒结成巩固的联盟。后者在奥蒙德侯爵的领导下，已经拥有 1.2 万人的正规部队。这时候教皇使节

1　Charing Cross，伦敦的一个区。——译者注

的到来加剧了各种冲突。在克伦威尔登陆以前，奥蒙德的军队已经受到了严重削弱。奥蒙德在1647年把都柏林留给了议会派的一个将军，不过后来占领了德罗赫达和韦克斯福德两座城池，决心坚守不放。克伦威尔带领1万名久经沙场的老兵向这两座城池步步进逼。如果奥蒙德率领他的正规军在野外迎敌，并且让清教徒侵略军的暴行使爱尔兰人团结起来支持他，那么他的处境就会好得多。可是他在德罗赫达城布置3000守军，其中包括爱尔兰保皇派的精华和英格兰志愿军，寄望克伦威尔在持久的攻坚战中碰壁而返。克伦威尔认为，消灭这股力量不仅会粉碎奥蒙德的军事力量，还会在整个爱尔兰岛引起普遍的恐惧心理。于是他决定采取“可怕的”行动，19世纪他的崇拜者和辩护士为此感到窘迫难堪。

克伦威尔要求守军投降，遭到拒绝之后用大炮轰击城墙。他在第三次进攻中身先士卒，获得成功。他们进城后进行大屠杀，其残酷程度即使在那个野蛮的时代也足以令人毛骨悚然。所有的人都被杀死，无一幸免，连教士和修士也都惨遭杀害。克伦威尔的军队在处处横陈的尸体中仔细地搜索贵重物品。负责防守该城的阿瑟·阿斯顿爵士有一条假腿，铁甲军以为是金子做的，可是他们翻了半天，只是在他的皮带里搜到一些财宝。直到第三天，他们还在搜索和屠杀躲藏起来的人。

这些事实是毋庸置疑的，克伦威尔在致政务院院长约翰·布拉德肖的信中对此作过叙述。信中说：“我们在德罗赫达战斗中得到了上帝的保佑。炮击之后，我们便开始攻城。守城的敌军有3000人，他们进行了顽强的抵抗。我们有近1000人攻进城里，但在敌人的反击下被迫出城。上帝使我们的队伍恢复了勇气，我们再次进攻，打进城里，利用敌人的防御工事打击敌人……我们在前一天曾经要求城里的人投降，现在攻进去，当然不能饶过他们的性命。我相信我们杀死了所有的敌人，死里逃生的人绝不会超过30个。侥幸活下来的人，也被我们严密地监禁起来，他们将流放到巴巴多斯岛。……这是极大的慈悲。敌人不愿意进行野外战斗，派精锐的部队……在最优秀的军官指挥下防守这座城池。……我不相信，也未听说任何军官得以逃生，只有一人除外。……这个严厉的行动使敌人胆战心惊。我确信，靠上帝的祝福，这个残酷的行动能避免流更多的血……但愿所有正直的人都把这次胜利完全归功于上帝，因为这次战斗的胜利确是他的慈悲所赐。”

在致议长伦索尔的信中，克伦威尔进一步透露了详情：“有少数敌人退到米尔芒特，那是个易守难攻之地……敌人的卫戍司令和几个高级军官也在那里。我们的队伍冲上前去，我命令他们把敌人统统杀死。在激战中，我确实命令部下杀死城里所有手持武器的人。我估计，那一夜他们大约杀死了2000人。少数敌军官兵过桥逃到城的另一边，约有100人占据了圣彼得教堂的尖塔……我们劝他们投降保命，他们拒绝了。我下令轰击圣彼得教堂的尖塔，烈火中传出一个人的喊声：‘完蛋了，我身上着火了，我身上着火了。’”克伦威尔还写道：“我相信，这是上帝给予这些野蛮人应得的惩罚，他们双手沾满了无辜者的鲜血。”[1] 数星期后，铁甲军攻克韦克斯福德城时犯下了同样的罪行。

在安全、舒适的维多利亚女王时代，当格拉德斯通和迪斯累里分别领导的民主党和保守党就往事进行争辩时，当爱尔兰民族主义者和偏激的非国教教徒重新举起过去的旗帜时，一伙人开始怀着敬畏的心情回顾克伦威尔的暴行，有些人甚至暗自赞叹不已。大多数人认为，这样的暴行一去不复返了，在气象升平、追逐金钱和自由辩论的时代，他们可以向奠定民主社会基础的凶残的武士们致敬。在20世纪的今天，严峻的事实使知识分子抛弃了这种盲目的乐观情绪。我们目睹了现代的“可怕”手段，其残暴程度不亚于克伦威尔的手段，其规模甚至也大得多。我们对独裁者以及他们的野心和权力了解得十分清楚，所以我们无法像我们祖辈那样保持冷漠的超然态度。这里有必

1　引自托马斯·卡莱尔在1846年编纂的《克伦威尔言论书信集》（*Oliver Cromwell' s Letters and Speeches*）第2卷第59—62页。——原注

要重提这个简单的道理：尽管征服者能大肆杀戮，对手无寸铁和已经缴械的人施暴虐于一时，但他们必将遗臭万年。

奥利弗·克伦威尔难免心怀鬼胎，忧虑不安。他写出内心的“懊悔”，这种心情是犯下滔天罪行的必然反应。他厚颜无耻地找出各种借口，卡莱尔也随声附和。克伦威尔通过可怕的暴行确信，他避免了更多的流血冲突。而事实并非如此。他离开爱尔兰以后，残酷的战争又持续了两年。他痛恨天主教，认为它是世间弊端的根源，可是他却把守卫德罗赫达的保皇军同一批信奉天主教的爱尔兰农民混为一谈（这些农民于1641年屠杀了信仰新教的地主），殊不知这些守军同八年前的恐怖行动毫无联系。他把“激战”（heat of action）一词作为替自己辩解的遁词，其实他的部队伤亡不到100人。兰克在这个问题上作过公正的论述：“自始至终的暴行都是蓄意预谋的。”而且，这位野心勃勃、利欲熏心的政客臆造出一个为党派利益服务的上帝，凡有良心者见此怪物一定会退避三舍。这个政客满口“正义”和“慈悲”，实在令人啼笑皆非。危急形势的逼迫和国家安全的需要都不应成为这种暴行的口实。克伦威尔在爱尔兰拥有压倒一切的力量，他以卑鄙的手段残忍地运用这些力量，践踏了人类的行为准则，有意对人类的历程投下阴影。克伦威尔在爱尔兰进行的大屠杀在石器时代以来的各国历史上并不少见，因此对采取这种行动的人必须剥夺一切荣誉，不管这种荣誉是优秀军官取胜后获得的短暂光荣，还是对一个成功的君主或政治家的残酷无情可起掩饰作用的长久名望[1]。

诸多纽带先后将西方岛屿的居民联系起来，甚至爱尔兰本岛也为新教徒和天主教徒同时提供了勉强过得去的生活方式。克伦威尔的行动给这些居民带来长期的不幸。克伦威尔通过频繁的恐怖行动，通过不公正的拓居活动，通过实际上禁止天主教的措施和上述的血腥暴行，在民族和教派之间造成了

1 写于1938—1939年。——原注

新的裂痕。他对当地的爱尔兰居民说："不想进地狱就滚到康诺特[1]去吧。"（Hell or Connaught）300 年来，爱尔兰人一直把"克伦威尔诅咒你"（Cromvell's Irish massacres）当作最解恨的骂人话。克伦威尔在爱尔兰的统治造成的后果至今还影响并破坏着英国的政治生活。为了消除这些后果，我们世世代代费尽精力，可是收效甚微。这些后果一度成为世界各地英语民族大团结的重大障碍。我现在仍然受着"克伦威尔诅咒"的影响。

*　　　　*　　　　*

从查理一世的脑袋被斧头砍下来的时候起，他的长子在他的大多数臣民和欧洲人的心目中立刻成为英格兰国王查理二世。处死查理一世的第六天，探马刚刚带回处决查理的消息，苏格兰议会便宣布查理二世为大不列颠、法兰西和爱尔兰的国王。它的代表在伦敦要求查理二世的地位得到承认。自称为"国会"的政治寡头们下令驱逐这些代表，说他们"为新的血腥战争打下了基础"。查理二世当时在海牙。大多数荷兰人对他比较友好，对他父亲的厄运感到震惊。为成立审判查理一世的特别法庭立下汗马功劳的荷兰律师多利斯劳斯，在晚餐时被苏格兰的保皇分子杀死。凶手们受到惩罚，而他们的行动却使世人拍手称快。

蒙特罗斯在兵败之际，根据查理一世国王生前的忠告逃离苏格兰。起初他以为，在查理一世国王遭到处决之后，他的生活便会毫无意义。一位教士向他晓以复仇大义，使他重新燃起战斗的怒火。他率领为数不多的部下在凯思尼斯登陆，被政府军士击败，后来被人廉价出卖给政府。他被拉到苏格兰的许多城镇游街示众，最后在爱丁堡被送上一个很高的绞刑架。围观者不计其数，群情激愤。他自己义愤填膺，视死如归，那傲然逼人的目光使顽固的

1　Connaught，爱尔兰西北部的一个省。——译者注

敌人心惊胆战。他的名字在苏格兰民谣和传奇中长期传诵。他的尸体被割成碎块，撒在他打过胜仗的地方，以示儆诫。阿盖尔和长老会对这位正统的保皇分子进行残酷惩罚的同时，也在准备为了捍卫君主制对英格兰发动战争，并且急忙同查理二世结成联盟。

查理二世面临的道路使他难以作出抉择。苏格兰政府说：如果你承认我们以前同老国王达成的协议，支持长老会制度，我们不仅将把整个苏格兰置于你的王权之下，而且要跟随你进军英格兰，那里的长老会和保皇派都会加入反对共和分子和弑君者的斗争，重建神圣的王威。在如此困难的局面中，竟然还有人宣布维护君主制。但是代价也是异常昂贵的。查理二世必须保证摧毁主教制度，把跟随他父亲战斗的人所痛恨的教派强加给英格兰。他受过严格细致的教育，对当时的宗教分歧和政治斗争了如指掌。经过长时间的犹豫，他决定为了王室的利益向魔鬼出卖灵魂，为了挽救王室的事业而背叛这一事业。索价很高的苏格兰代表在荷兰每天拜访他，他们懂得这笔交易的全部含义。其中有一个人说："我们迫使他签署一项协议并对它发誓。我们根据一些显而易见的原因知道，他的内心对这一切充满仇恨……他昧着良心顺应了我们施加的粗暴压力。"亨利埃塔·玛丽亚王后抱着为亲爱的丈夫报仇雪恨的信念。对她来说，一种新教异端同另一种新教异端是一丘之貉，但是连她也认为她的儿子不应该在协议上签字。

履行协议也同签署协议一样艰难。查理二世还未在苏格兰登陆，就在船上被迫作了具体的保证。他在阿伯丁郡从住所的窗户向外望去，看到了一件可怕的东西：他的忠实仆人和朋友蒙特罗斯的一只干枯的手钉在墙上。他发现自己落入恳求他充当国王的那些人的魔掌之中，实际上成了那些人的囚犯。他听到一次又一次的布道和告诫，受到一次又一次的训斥。他还得在长老会的教堂里下跪，在他看来，那些地方不过是异教的寺庙。苏格兰政府和牧师对信念和目标可谓坚定不移，令人赞叹，不过从来没有和他们打过交道的人倒是值得庆幸的。

苏格兰人的主要政策，是把他们即将对英格兰发动的战争同两年前在普雷斯顿惨遭失败的战争区别开来。参加那场倒霉战争的人一律不准参加这次战争。军队受到清洗，淘汰了三四千名最有战斗经验的官兵，代替他们的是“牧师的儿子、教会执事和其他神职人员，这些人听到的是布道，看到的是圣礼，对军事几乎一窍不通”。不过，他们毕竟重新建立了为王室而战的军队。法国的马扎兰红衣主教以及在荷兰的奥朗日亲王威廉派来援兵。在战争的必要性和求胜愿望的驱使下，不幸的查理二世发表声明，表示“愿意在上帝面前清洗罪过，因为他父亲反对《神圣盟约》，他母亲有崇拜偶像的罪过，假如在王宫里容忍崇拜偶像，必然会激怒要求绝对忠实的上帝，使儿辈受祖先之罪的惩罚”。查理二世简直不敢再见到他的母亲。实际上她告诉查理二世，她再也不当他的政治顾问了。在此诡谲的情况下，一支苏格兰大军在苏格兰与英格兰的边界上集结起来。

由于北方的威胁，克伦威尔从爱尔兰回到英格兰。费尔法克斯同他以前的伙伴完全疏远了，他拒绝入侵苏格兰。政务院最后任命克伦威尔为总司令，这只是形式，因为他长期以来一直掌握着总司令的实权。铁甲军刚刚在爱尔兰进行过大屠杀，仍然嗜血若狂，它是克伦威尔手中一把沉重、锋利和充满杀气的利剑。他在大敌当前的时刻也不放弃内部争论。有些人认为，他所了解并奉为政治准则的许多信条，不过是上天堂还是下地狱的问题。他认真地同这些人进行激烈的争论。他慷慨激昂、咄咄逼人地对这些人说：“我请求你们看在基督的分上，想一想自己犯错误的可能性。”他的这一呼吁没有得到理睬。假如不是为了应付战争的危险和负担，他们一定会永远激烈地争论下去。英格兰军队侵入苏格兰低地，沿着海岸前进，以便从海路补充给养。双方的军队互相角逐。戴维·莱斯利是不可轻视的对手，他的兵力也远远超过铁甲军。克伦威尔被迫退守邓巴，每天能否得到军粮要看天气和风向是否适合于船只航行。他仍有机会经海路南逃，在英格兰东部的港口补充给养。可是对于常胜不败的人来说，不应该有这样的结局。

苏格兰军中有两种意见。以莱斯利为首的人主张放走克伦威尔；六名宗教首脑则认为时机已到，应该替上帝向这些罪人报仇，否则他们会使新教陷入混乱状态。宗教狂热战胜了战略观点。虔诚的苏格兰军队从壁垒森严的高地上冲下来，从四面围攻克伦威尔和他的追随者，以防他们逃跑。双方都很有把握地祈求耶和华的帮助，可是耶和华发现双方的信仰和热情不相上下，必须让纯粹的军事因素作出裁决。这一天又是9月3日。德罗赫达大屠杀过去一年了。上帝将再次表现出他的偏心。克伦威尔轻松地说："我们对上帝寄予很大希望，他曾多次保佑过我们。"约克郡的军官约翰·兰伯特（关于他的情况我们以后再叙述）使他确信，苏格兰军队的南侧是薄弱环节。那里的两军阵地呈锯齿状。东方刚刚发白的时候，克伦威尔下令自己的右翼部队进行佯攻，以左翼部队发起猛攻。当朝阳在他背后跃出大海时，克伦威尔激动地喊道："杀呀！让上帝高高升起，让他的敌人见鬼去吧！"这两支充满政治和宗教狂热的军队一交锋，转眼即见高低。苏格兰人发现自己的右翼被击溃，便仓皇逃走，扔下了3000具尸体。另外有9000人被俘，跟着克伦威尔的军队忍饥挨饿。长老会的军队就这样土崩瓦解了。

*　　　*　　　*

这场惨败使苏格兰人的政策摆脱了教条的束缚，国家安全成为全国的呼声。他们急忙安抚第一次入侵英格兰时惨遭失败的人，为了补充大量减员的军队，他们把先前裁减掉的官兵重新招收回来。参军的英格兰保皇分子也受到衷心的欢迎。查理二世在斯昆加冕。随着宗教战争的进程产生了一些政治观点。苏格兰政府中的大多数人主张，军队应该向英格兰挺进，沿途唤起英格兰的保皇势力，让克伦威尔留在他已经占领的爱丁堡。宗教势力和我们现在所说的激进势力仍有很大力量，他们破坏了这个计划。自称懂得如何使上帝高兴的六名长老会牧师散布说，邓巴战斗的失败是由于万物之主耶和华不喜欢他们这支军队，因为这支军队拥护一个不同长老会订立盟约的国王之子的事业。由于这个原因或借口，许多人离开了军队。

一支苏格兰军队在1651年进攻英格兰，但不是为了长老会的事业，而是为了英国王室的事业。克伦威尔放过了他们，这充分说明他在政治上和军事上具有远见卓识。如果他及早率军力追，几乎在边界上就可以赶上他们，但是他决定在后面切断他们的供应。事实证明，他的判断是正确的。英格兰的保皇派已经流尽鲜血，受到惩罚，因此心有余悸，没有作出新的响应。在他们的比较活跃的领袖中，多数人早已被处死。查理二世作为国王重返故土，他走在全军的前面，沉默不语，令人沮丧。克伦威尔此时从容地跟在后面，能够调动英格兰共和国的一切军队迎击北方的入侵者。在决定查理二世命运的9月3日，1.6万苏格兰军队被迫在伍斯特同英格兰人交战。英格兰把2万久经沙场的铁甲军投入战斗，还有大量民兵聚集起来反对可恨的苏格兰人的再次入侵。苏格兰军队的指挥官莱斯利同他的骑兵在城里坚持到战斗的最后一刻。查理二世表现得十分出众，他在激战中骑马奔走于各军团之间，鼓励部队英勇作战。这场战斗是数次内战中最激烈的一次较量。遗憾的是，苏格兰军队及其保皇派盟友被彻底击溃，几乎无人活着回到苏格兰。对克伦威尔来说，这是上帝的“大慈大悲”的表现。对查理二世来说，这是他一生中最富有传奇色彩的险遇。他历尽艰险，逃出了尸首狼藉的战场。克伦威尔为了查理二世的首级悬赏1000英镑，并且派人四处缉拿他。查理二世在博斯科贝尔的一棵有名的橡树上躲了整整一天，追捕他的人就从树旁走过。到处有人打算以他的首级邀功请赏，但是到处也都有他的朋友，他们暗中帮助他，对他的行踪守口如瓶，不动声色。有将近50人认出了他，但他们知情不报，甘冒严重处罚的风险。“国王，我们的主人”——这句话对各个阶层的人都有无限的魔力。“英格兰国王是我的主人，是你的主人，是所有正直的英格兰人的主人，他近在咫尺，陷入困境，你能帮助我们搞到一条船吗？”“他好吗？安然无恙吗？”“是的。”“感谢上帝。”受到信任的人和发现秘密的人都有这种感情的共鸣。

经过六个星期的颠沛流离，查理二世又亡命国外。他最忠实的、幸存的支持者德比勋爵也在断头台上献出了最后一滴忠诚的鲜血。曾经勇敢地保卫自己的家园莱瑟姆城堡的德比伯爵夫人，仍然希望国王的旗帜在马恩岛的上空继续飘扬。德比郡的人已经宣布马恩岛独立。英格兰国会先后靠宣传和武力征服了保皇派的这个最后堡垒。勇敢的伯爵夫人受到长期监禁，后来在赤贫中度过自己的晚年。内战（或曰大叛乱）就此结束了。英格兰垂手顺服，爱尔兰俯首慑服，苏格兰悚然屈服。这三个王国统一起来，处于伦敦专制政府的统治之下，不可抗拒的力量书写了英国历史上最难忘的一页，保持了一个时期的绝对统治，然而并没有解决任何问题。除了甘受奴役的民族之外，独裁者在各地都不能长久地维持自己的统治。这个重要的历史教训一向使热爱自由的人们在不幸的岁月中得到慰藉。那些黑暗的年代在当时人们的心目中犹如漫漫长夜，而在人类的历程中只是不幸的一瞬。不过，人们的心中自然会产生新的希望，恰似一年一度的春风吹绿广阔的田野，给忠实、勤劳的耕耘者带来新的奖赏。

第二十章 CHAPTER 20

护国公

君主制不复存在了。上议院已被撤销。英格兰的国教陷入瘫痪状态。下议院剩下的议员也寥寥无几，被人轻蔑地称为“残余国会”。他们自以为身居高位，是国会事业的最后一点标志。他们认为，在未来的长时期里，英格兰仍然需要他们来掌舵。克伦威尔在爱尔兰和苏格兰作战之时，信奉清教的握有实权的人通过他们选定的政务院实行着有效的统治。他们在极力鼓吹宗教观点的同时，制定了比较实际的政策。这一政策虽然激起了强烈的公愤，倒是颇有力量。这些人在战争中形成寡头政治集团。他们仍在进行战争，必须筹集军费。当时军费的主要来源是货物税和财产税，现代英国的财政制度中仍有这种税收。失败的保皇派和被禁止的罗马天主教徒显然是政府岁入的直接来源。他们被处以大笔的罚款，上缴罚金以后，只能留下一部分地产。许多土地进入买卖市场。查理二世复辟以后，只归还直接没收的土地，因而出现了地产再分配的长期过程。这一过程虽然是在同一个阶级内进行的，却使新的土地所有者当中产生了一个自私自利的集团。后来在这个基础上逐渐形成了辉格党及其遵循的原则。王政复辟以后，英格兰政治生活中除了两个宗教派别之外，又出现了俗界的两个绅士阶级。这两个绅士阶级的利益、传统和思想互相对立，但他们都以土地为基础。他们是存在已久的两党制度的牢固基础之一。

残余国会颇有民族主义的倾向，它既采取保护贸易的政策，又十分好斗。它颁布了《航海法》(*Navigation Act*)，规定进口货物必须由英国船只或输出国船只运载。荷兰人控制着波罗的海贸易和印度群岛的香料贸易，并且垄断了鲱鱼的捕捞。残余国会同荷兰竞争，结果同这个信奉新教的姐妹共和国开始了英国历史上首次主要由于经济原因而进行的战争。萨默塞特郡的商人罗伯特·布莱克受命为海军司令。他在内战中颇有名气，在航海方面却是个门外汉。他在“海军将领”(general at sea)中大名鼎鼎，首屈一指。他像鲁珀特王子那样，证明海战同陆战是一个调子，只是换一种乐器而已。英格兰海军可以轻易地对付荷兰人和比比皆是的保皇派海盗。布莱克不久便学会了如何向海军舰长们下达命令，并且整饬纪律，加强了团结。在同地中海海盗的最后一次战斗中，他证明了船上的舷炮齐射能压制公认无敌的陆上炮火。

由于克伦威尔在外进行战争，残余国会才能够逐渐得势。他凯旋以后，看到人们对残余国会积怨甚深，不禁大惊。国会缺乏代表性也使他感到意外。更主要的是，他发现一直为上帝南征北战的铁甲军十分讨厌那些摆布他们并负责他们军需的文官。他努力在已经缩小的国会和它的巨大军事机器之间进行调解，同时也不得不对国会提出批评。他反对同信奉新教的荷兰进行战争，抨击侵犯传统权力的《许可经营法》(*Licensing Act*)和《叛国罪法案》(*Treason Act*)。他还看出残余国会议员的“傲慢、野心和自私”。他预见到，如果残余国会能够永久地实行统治，那么将会出现可悲的局面。拿破仑从埃及回到法国以后，根本无视督政府，克伦威尔也是这样对待残余国会的。残余国会这个寡头集团仍然一意孤行。他们以为，处死查理一世以后，国会的至高无上的地位便确立无疑了，因此他们对脚下正在动摇的基础满不在乎。

克伦威尔对这个问题有明确的看法，他斩钉截铁地说："除非军队扯着这些人的耳朵把他们从宝座上揪下来，他们是不会离开的。"

1653年4月20日，克伦威尔带着30名火枪手来到国会。他落座以后听着议员的辩论。过了一会，他站起来发言。他越讲越愤怒。最后他说："过来，过来，我不让你们再胡说八道，你们根本不能代表国会。"他召进火枪手，命令他们把议员赶出会场，锁上大门。议员们怒气冲天，何况他们多半是脾气暴躁的人。克伦威尔把他们赶到街上以后，看到了象征议长权威的权杖。他问道："这个小玩意儿怎么处理呢？把它拿开！"当天晚上，有人在下议院的门上用伦敦方言写了一句俏皮话："本宅出租——不附带家具。"（This house to let- unfurnished）塞尔登和柯克为之作出艰苦努力、皮姆和汉普顿为之奋斗一生的事业就此寿终正寝。从西蒙·德蒙特福特时代到权利请愿书这几百年中，人们所确立和珍视的立宪程序和保护措施暂被抛弃了。一个人的意志成为英国的主宰。人们感到疑惑不解，不禁向自己提出一连串的问题。随后，他们爆发出战斗的激情，奋起捍卫长期努力所取得的果实，维护英格兰的传统。

拿破仑在雾月18日解散共和国的立法机构以后，兼任天主教修道院院长的议员西哀士回到巴黎对督政府的同僚说："先生们！我们有了主人。"英格兰——应该说英格兰、苏格兰和爱尔兰——此刻也有了主人，但仅仅如此而已。这个主人同18世纪那个名噪一时的冒险家多么不同啊！拿破仑十分自信，他知道自己要干什么，而且无所顾忌。他要夺取最高权力，任意行使这种权力，直到他及其家族控制全世界。他知道历史与自己无关，也知道自己无法控制遥远的未来，但他只要能夺取眼前的权力，就心满意足了。

克伦威尔有时诡计多端，十分残忍，但他平时却是个优柔寡断、感到内疚的独裁者。他承认自己实行专横的统治，并且为此感到难过，可是他又聊以自慰地说，他的权力受之于天，得之于民。如果真有光明乐土的话，难道他不是上帝选来保护人民的又一个摩西[1]，奉命把他们领向迦南地方吗？难道他不是唯一能够保护“国内几种神圣教派”的将军，尤其能够保护上帝忠实仆人的财产不受保皇派和疯狂、贪婪的平均派侵犯的将军吗？难道他不是已经解散的国会所任命的全军总司令、国家大权的唯一控制者，或者像他所说的“对三个国家拥有无限权力的人”吗？

克伦威尔谋求个人的权力，只是为了使事情按照他的意愿得到解决，这些事情同他本人和他的名望无关，而是同他青年时期所梦寐以求的英格兰有关。他是伊丽莎白时代的落伍巨人，是个“土里土气的都铎王朝绅士，可谓生不逢时”。他希望看到苏格兰和爱尔兰俯首归顺，看到英格兰成为“西方世界所畏惧的强国，有顽强的自由民、正直的地方官、博学的牧师、蒸蒸日上的大学和无敌的舰队”[2]。在外交方面，他仍然同西班牙舰队对抗，渴望率领他的铁甲军同教会法庭的迫害活动或者同盲目崇拜意大利教皇的行为进行斗争。这些东西已经成熟，可以用镰刀收割了。它们不是可以用马斯顿荒原战役和内斯比战役中砍倒保皇派以及在韦克斯福德和德罗赫达铲除天主教徒的同一把镰刀收割吗？精干忠实的政务院秘书约翰·瑟洛指出了明摆的事实：西班牙在走下坡路，而由黎塞留和马扎兰实现统一的法国在不断壮大，并对英格兰构成潜在的威胁。可是他的告诫不起作用。独裁者克伦威尔根本没有意识到这一点，他磨刀霍霍，准备打击堂吉诃德[3]以及托基马达[4]的后继者。

*　　　*　　　*

克伦威尔外交政策的成败影响着查理二世的整个时期。他企图促进新教

1 基督教《圣经》中率领希伯来人摆脱埃及人奴役的领袖。——译者注

2 引自G.M.扬的《查理一世与克伦威尔》一书。——原注

3 西班牙作家塞万提斯所著小说《堂吉诃德》中的主人公。——译者注

4 15世纪西班牙教会法庭第一任大法官。——译者注

运动在世界各地的发展，满足英国贸易和海运的具体需要。1654年，他结束了两年前爆发的英荷海战。他提出英荷两个共和国结盟的积极建议，这个联盟将成为新教大联盟的基础，不仅有能力自卫，也能够进攻天主教国家。荷兰领导人知道他们在这场战争中已经败北，愿意在尽量不影响贸易利益的情况下结束战争。

这时，法国同西班牙的冲突仍在继续。克伦威尔可以选择任何一方作为自己的盟友。尽管政务院提出强烈的反对意见，他仍然在1654年9月将一支舰队派往西印度群岛，占领牙买加。这个侵略行动缓慢而又不可避免地导致了英格兰同西班牙的战争，英格兰和法国因此结成联盟。1658年6月，马歇尔·特雷恩指挥的6000名英国老兵在佛兰德的沙丘战役[1]中打败了西班牙人，并在攻占敦刻尔克港的战斗中作出了贡献。英国海军继而封锁西班牙沿海，显示了英国的海上威力。布莱克的一只军舰在特纳里夫岛附近击毁了西班牙的财宝运输船队。野心勃勃的克伦威尔早已注视着直布罗陀。他审查了一些计划，准备占领这个奇异的地方。这个目标到后来马尔博罗时代才得到实现。英国从克伦威尔的对西班牙战争中得到了敦刻尔克和牙买加。

克伦威尔不难把对西班牙战争的掠夺性目的同他建立欧洲新教联盟的努力一致起来。他随时准备打击国外迫害新教徒的宗教活动。1655年，他听到皮德蒙特以北一个新教教派被萨沃伊公爵镇压和屠杀的消息时，便中断了同法国的谈判，扬言要派舰队进攻萨沃伊公爵统辖的尼斯港。他得知瑞典和丹麦的新教徒之间发生战争的消息后，力劝荷兰人同他合力斡旋，还曾经使双方停火。总的说来，克伦威尔对外政策的主要成就在于促进英国的贸易和海运事业，而不在于阻止和打击反宗教改革运动方面。地中海和英吉利海峡的海盗已经肃清，对外贸易迅速发展，全世界都要尊重英国的海军力量。诗人

1　Battle of Dunes，发生在敦刻尔克附近沙丘上的一次战役。——译者注

沃勒写下了这样的诗句：

英舰千艘霸海天，
夷艇垂篷表恭谦；
军威远震如风吼，
四海扬帆漫无边。

德莱顿[1]也写道：

他使我们在大陆上行动自由，
而我们以前则受制如囚；
他送英国雄狮去保卫更崇高的目标，
教它首先在布鲁塞尔发出怒吼。

* * *

怎样才能建立一个有益的、顺从的、敬畏上帝和关心大事的国会以协助护国公完成他的使命呢？克伦威尔企图建立有权威的国会，它能够使他免于承担由于惩罚查理一世而落得的残暴罪名，能够支持他的计划，也能够不偏离他的政策、不妨碍他的军政方针的前提下适当修改他的计划。可是这样的国会是不存在的。国会是令人头痛的机构，它善于在选民意见的基础上发展自己的集体意见。克伦威尔寻求一个能够限制他的独裁而又不反对他的意志的理想的国会，他对各种可能的方案作了尝试。他先建立了由中上阶级的代表组成的清教徒寡头政治集团，其中有些人是在军队里起家。这条路行不

1 John Dryden（1631—1700），17 世纪英国诗人兼剧作家。——译者注

通，他就实行了赤裸裸的军事独裁。最后，他又恢复了有名无实的君主立宪制。他驱散了经大众选举产生，已经逾期的残余国会，以一些信奉清教的重要人士取而代之。这些清教徒不是选举产生的，而是他亲手挑选的，他们在历史上被称为“贝尔伯恩议会”（Barebone’s Parliament）的议员，因为其中有一名成员名叫贝尔伯恩。这是一个由政治可靠的贤人组成的议会。独立派教会提出了一个名单，军官委员会从中选出 129 名英格兰代表、五名苏格兰代表和六名爱尔兰代表。这说明委员会对比例的重要性是颇有认识的。1653 年 7 月，克伦威尔在议会致辞时说，这些代表“是上帝选定的，他们的使命是为上帝服务，反映上帝的意志”。他在讲话中说了比较含蓄的半句话，表明他在以提名代替选举的问题上受着良心的责备。他说：“通过公民选举产生的议员知道上帝何时能使人民适应普选权，假如你们现在的地位能同他们相比的话，我比任何人更希望实现普选制。”

这些贤人采取的政治行动使克伦威尔大失所望。他们迅速扫除了一切累赘，以便开创新天地。他们企图使教会和政府分离，取消教会什一税，却又不给教士提供任何生计。经过一天的讨论，他们撤销了大法官法庭，提出平均主义的主张，威胁着财产所有权。由于宗教原因，他们鲁莽地改革了税收制度，这似乎危及士兵的军饷。这一重大的行动使军队忿忿不满。克伦威尔认为这些贤人是一群危险的蠢材，他们已经不听他的忠告了。后来克伦威尔说，他召集这届国会是“我自己一次软弱的、愚蠢的表现”。为了避免再度发生驱散国会的丑闻，军事将领们软硬兼施，使温和派贤人在一日凌晨趁其他议员未醒时提前起床，通过了把权力交还护国公的决议。克伦威尔并没有浪费精力去同议员们发生摩擦。他宣布自己的权力再次“变得同以往一样不受限制”，他还尽力给他的权力披上华丽的外衣。

克伦威尔表面上颇有力量，但他的显赫地位是以国会和军队之间的脆弱平衡为基础的。他随时可以利用军队反对国会，而如果没有国会，他在军队中就大有孤独之感。军队的将领们也意识到，他们和可怕的士兵中间存在着军阶和社会地位的鸿沟。他们能够维持自己的地位，完全是由于支持士兵的主张和维护他们的利益。他们必须找到斗争的新对象，否则士兵就不需要他们了。综上所述，这些认真、实事求是和常胜的革命者需要召集国会，哪怕只是为了树立一个打击目标也好。艾尔顿早已在爱尔兰去世，而兰伯特和其他各级军官起草了《政府约法》(*Instrument of Government*)，这实际上是英国的第一部，也是最后一部成文宪法（Written English Constitution）。

克伦威尔获得的护国公职权受到政务院的限制。政务院有 7 名军官和 8 名文官，他们将终身任职。这时，一院制的国会应运而生，它是根据新的财产标准选举产生的。旧的财产标准是拥有每年进项为 40 先令的地产，新标准是拥有价值 200 英镑的不动产。在这个条件下，有选举权的人可能并未减少，只是反对国会的人失去了选举权。克伦威尔怀着感激之情接受《政府约法》，就任护国公。

可是这届国会又采取了令人失望的立场。1654 年 9 月，这届国会甫一开会，便暴露出强硬的、活跃的共和派倾向。其中的共和派集团非但不感激军队将领和护国公对共和观点的支持，反而把新宪法撕得粉碎。克伦威尔立即把共和派议员赶出国会，剩下的多数议员企图减少《政府约法》规定的宗教自由，打算限制护国公对军队的控制权，裁减军队并削减军费。他们这种可笑而又过分的做法，直接导致克伦威尔在《政府约法》允许的期限内及早解散了下议院。他在告别演说中对议员们提出了一系列指责，说他们玩忽职守，由于攻击军队而损害了国家安全，破坏了良好的政治气氛。他还厉声说道："你们似乎打算制造分裂，而不是帮助人民解决问题。"他指的是一再出现的老问题。他对一名持反对立场的共和派议员说："我同所有的人一样赞成得到拥护的统治。"有人中肯地问道："但是我们从哪里得到拥护呢？"

克伦威尔即使不是完全不择手段，也是赤裸裸地实行军事独裁的。1655 年 3 月，保皇派的彭鲁多克上校揭竿起义，攻克索尔兹伯里。这次起义很快就被镇压下去了。瑟洛控制的效率极高的秘密警察系统挫败了一系列未来得及实施即面临破产的阴谋，这些阴谋和彭鲁多克的起义使护国公感受到了严重的危险。克伦威尔对国会说过："人民需要的是安全而不是激情，是真正的安全而不是表面的形式。"他把英格兰和威尔士划分为11个区，每个区由一名军政长官镇守，派驻一支骑兵和经过改编的民兵。各区的军政长官有三种职能：维护社会治安，对公认的保皇派征收特别税金，推行清教徒的宗教观念。在一段时期内，他们热心地履行了自己的职责。

无人敢同这些军政长官对抗。对西班牙战争付出了巨大的代价，现有的税收难以满足开支。克伦威尔像查理一世那样，被迫重新召集国会。军政长官们向他保证，他们能够组成一届恭顺的国会。可是平均派、共和派和保皇派利用民众对军事独裁的不满情绪，使一大批反对护国公的议员再次当选。克伦威尔滥用"施政纲领"中的一项条款，把他的100名政敌摒于下议院之外，另外五六十人自动辞职，以示抗议。即使在这次清洗之后，他要使议会批准军政长官实行地方统治的企图仍然遭到强烈反对，最后只好作罢。余下的许多议员"对军政长官的专横行为非常不满"，所以"渴望有受法律限制的统治力量"。

正是在这个时候，一批律师和绅士决定给克伦威尔戴上王冠。他们当中的一个人说：护国公的称号不受任何法律的限制，而国王的称号则受到限制。他们在1657年提交了《恭顺、请愿和建议书》(*Humble Petition and Advice*)。它使拟议中的宪法有了具体的内容，不仅要求恢复君主制，还要求重建国会，通过提名组成上议院，大力削弱政务院的职权。克伦威尔虽然说国王的地位轻如"他帽子上的一根羽毛"，然而对加冕为王的建议并非无动于衷，他宣布"赞成这个建议"。军队将领立刻表示强烈反对君主制，士兵们更是如此，克伦威尔只好满足于获得任命护国公继承人的权力。1657年5月，他批准了新宪法中的主要条款，只划去了国王的称号。

共和派预见到，君主制的死灰复燃将是都铎王朝复辟的基础，他们的判断是正确的。根据《恭顺、请愿和建议书》提出的条件，克伦威尔同意被他赶走的议员重返国会，他那些最能干的支持者则调到新生的上议院。共和派因此可以在国会内外同时向新政权进攻，克伦威尔把问题看得过于严重，他认为他们正在策划重大阴谋，便在1658年1月突然解散国会，而这届国会是他召集的历届国会当中对他最友好的。他在结束告别演说时说道："让上帝在你们和我个人之间作出公断吧。"毫不反悔的共和派答道："但愿如此！"

* * *

克伦威尔和他的政务院在国内要保持一切特权和权力，对外推行侵略扩张政策，他们把大部分精力消耗在这样的内外政策中。他们在社会事务方面没有采取多少立法措施。他们对《济贫法》的执行情况得到的评价是"不但苛刻，而且无益"。在1629年至1640年之间，即在查理一世实行个人专制时期，各方面的状况和成就远远胜过自称以上帝和圣人的名义实行统治的那些人的政绩。后者认为，贫困者不应得到救济，而应该受到惩罚。

英格兰的清教徒同马萨诸塞州的清教徒一样，热衷于扫除恶习。打赌和赌博活动一律受到禁止。他们在1650年制定一项法律，规定通奸要以死罪论处。这是残酷的做法，不过陪审团难以找到证据，所以这一罪行的严重性减轻了许多。酗酒也受到严重打击，无数酒馆被封闭。发誓者也要受罚，公爵初犯时罚30先令，男爵罚20先令，乡绅罚10先令，老百姓罚三先令四便士。清教徒不许老百姓有很多钱财；有一个人由于说了一句"上帝作证"（God is my witness），受到罚款的处分，另一个人因为说了"以我的生命担保"（upon my life）而受罚。那些岁月真可谓艰难时世。教区的节日被视为宗教狂欢，受到禁止，取而代之的是每月一次的斋日。清教徒对圣诞节更是反感。国会对于圣诞节给人们带来享受世俗之乐的自由则深表关注。在圣诞节的晚餐之前，大批士兵奉命在伦敦四处巡逻，随意进入民宅，抢走厨房和烤箱里的肉。人们到处受到监视和盘问。

全国各地的五朔节花柱[1]统统被锯倒，以免村民在围着柱子跳舞时做出伤风败俗或轻浮的举动。在安息日除了去教堂以外，户外走动也要受到惩罚，有一个人因为到附近的教区听布道而被罚款。有人甚至建议禁止在安息日坐在门口或倚门而立。熊和公鸡一律被宰杀，目的是禁止斗熊和斗鸡。包括赛马和摔跤在内的一切体育活动也遭到禁止。甚至制定了《反奢侈法》（*Sumptuary Laws*），下令取消男女服装上的装饰品。

我们可以清楚地看到，权欲和往上爬的愿望是如何导致虚伪的。如果忧郁的心情、朝上看的眼睛、很重的鼻音、讲话时爱旁征博引《旧约全书》里的词句能够博得宠幸，那么除了天生就有这些特点的人以外，其他人也能够学会。所有这些伪善行为和弊端有一支训练有素的军队为后盾。这支军队不断强行扩充人员和增加军饷，无人能与他们对抗。他们的将军和上校们不久便侵占了王室的大量肥沃土地：弗利特伍德侵占了伍德斯托克采邑，兰伯特成为温布尔登的主人，奥凯侵吞了安普西尔，普莱德则把诺恩萨奇变为私产。黑兹里格从伯奇达勒姆和赫里福德两个主教区得到了巨大的地产。对全国民众来说，克伦威尔的政权是由无数可耻的小霸王组成的，因而成为英国古今最令人发指的政权。英格兰人初次发现，在克伦威尔政府的统治下，他们毫无发言权。他们的仇恨和愤怒由于无处发泄而日益强烈。过去的国王或许掠夺了贵族和富人，而眼前这些统治者则通过血腥的非法行为飞黄腾达，他们擅自规定每个村子的生活习惯，改变千百年传统所形成的历史潮流。在全国各地，农民在橡树下甜蜜地回忆着过去的美好生活，盼望“国王早日重登王位”。这有什么奇怪呢！

每当权力达到顶峰之时，它的可憎之处便渐渐消失，它像图画一样增添一些色彩，甚至显露一些迷人之处。我们看到了处于权力顶峰的护国公，他

1　Maypoles，原为欧洲每年 5 月 1 日举行的传统节日，庆祝时人们围绕花柱跳舞，祈祷风调雨顺和人畜两旺。1889 年第二国际成立大会将该节日定为国际劳动节。——译者注

成为新教改革运动的卫士、欧洲的仲裁人、知识和艺术的保护人；他能够容忍所有的人，对年轻人尤其温和；他对英格兰像查塔姆[1]那样热情洋溢，在某些方面甚至有过之而无不及；他希望为自己的权力找到道义基础，对他的国家和上帝有一种责任感。这是有目共睹的。克伦威尔确信自己是选定的英国最高统治者，但他愿意和别人分享权力，只要他们同他保持一致就行。假如国会批准他制定的法律和要求的税收，他愿意通过国会实行统治，甚至渴望这样做。然而，他的宠幸和清洗都没有使国会服从他的意志，他被迫一再使用武力或以武力相威胁，这使他在君主专制和无政府状态之间所选择的中庸之道成为军事独裁。

*　　*　　*

在许多方面，克伦威尔的独裁不同于现代的专政。虽然报纸受到压制，保皇派受到迫害，法官受到恐吓，地方权力受到限制，但是坚定的共和派所领导的声势较大的反对派却一直存在。独裁者并没有在自己周围建立政党，更没有打算建立一党专政的国家。私人财产受到保护，对保皇派罚款以及允许他们交出一部分地产赎罪的做法，也要经过办理正式手续。几乎没有人因政治罪被处以死刑，也没有人不经过审讯就受到无期监禁。克伦威尔在 1647 年对铁甲军说："自然取得的东西比通过强硬手段取得的东西至少好一倍，它是我们的真正收获，也是我们子孙的财富……你们用武力实现的事情在我的眼里一文不值。"

克伦威尔关于宗教自由的主张，并不是让人们信奉罗马天主教、主教制度或贵格派[2]教义。他禁止大规模的弥撒活动，把上百名教友会会员投入监

1 Chatham（William Pitt，1708—1778），18 世纪英国政治家。——译者注
2 Quakers，也称贵格会、教友派，创立于 17 世纪英国的一个基督教新教派。——译者注

狱。他对信仰自由的这些限制并非出于宗教偏见，而是由于担心发生社会动乱。宗教上的容忍政策是对克伦威尔时代一切信仰的挑战，克伦威尔本人是这种容忍政策的最高支持者。他认为犹太人对英国社会大有好处，再次向他们打开英国的大门。从爱德华一世以来，英国大门已对犹太人关闭达 400 年之久。其实，纯粹的宗教迫害很少发生，连罗马天主教徒也没有受到严重伤害。国会打算折磨并处死亵渎神明的教友会会员和唯一神教徒，克伦威尔出面保护，这说明他极力减轻苛政。克伦威尔在那个黑暗的时代写道："我们不想把一种思想强加于人，只想给人以光明和智慧。"他还希望正确理解和团结犹太人以及其他异教徒。对于这样一个人，我们不能完全否认他对开明思想的发展过程作出的贡献。

克伦威尔有时热情奔放，但平时内心疑虑重重，斗争激烈。他在青年时期受过严格的清教徒教育，经常反躬自省，这使他确信自己属于上帝的特选子民之列，但对自己的行为是否正当却疑惑不定。他把自己在政治和军事上的胜利归功于上帝的恩惠，可是他在给朋友的信中写到，他担心自己容易"过分依赖天命"。这种犹豫不定的心理成为机会主义的根源。他说："不知何所之的人将攀登高峰。"这一名句充分体现了这种心理。到了晚年，他在政治上的疑惑心理更加明显，使他越来越依赖别人的建议和意见。他始终处于内心矛盾之中，一方面确信自己具有为大众利益而掌权的神圣权力，另一方面抱着真正基督徒的谦卑态度，认为自己微不足道。他在临终时向牧师问道："失宠是可能的吗？"牧师请他不必多疑，他就说："那么我得救了，因为我知道我得到过上帝的恩典。"

1658 年 9 月 3 日，即在邓巴战斗、伍斯特战斗和德罗赫达大屠杀的纪念日里，护国公在大风暴的怒吼声中逝世了。他是个家庭观念和儿女之情很深的人，他那清教徒意识最少的爱女之死使他心痛欲碎。他指定他的长子、善良的绅士理查德为他的继承人，当时无人对此表示异议。既然克伦威尔在严重的危机中用武力挽救了议会事业，他当然应该成为历史上独裁和军事专政的代表。他是杰出的军人和政治家，不过同英格兰的民族精神却是格格不入的。

如果我们透过现象看本质，便会发现，克伦威尔既没有军队将领的野心，也反对铁甲军的残酷镇压活动。尽管他有过错和缺点，但他确实是他所热爱的旧英格兰传统权利的保护者，使这些权利免受他和国会为维护它们而锻造的可怕武器的打击。没有克伦威尔，可能就没有前进，没有衰落，也没有复兴。在支配不列颠生活的各种社会制度和政治制度的废墟上，他建立了规模庞大、光彩夺目、不可缺少的政治制度，为英国的康复和振兴赢得了时间。

第二十一章 CHAPTER 21

王政复辟

护国公克伦威尔死后留下的真空是无法填补的。他在临终时指定他的长子理查德为继承人，但他的话“模糊不清且不完整”。理查德被他的政敌谑称为“摇摇欲坠的家伙”，他心地善良，值得尊敬，可是缺少那个严峻的时代所需要的魄力和能力。他起初得到军队的承认，及时登上他父亲的宝座。当他准备行使职权时，他才发现自己徒有虚名。他企图任命军队将领时，遭到军官委员会的抵制，而军队的总司令查尔斯·弗利特伍德是他的妹夫。理查德这才意识到，军队的指挥权是不能世袭的，统帅的职位是不会空着的。他的弟弟亨利精明能干，精力充沛，同他一样努力加强政府权力，甚至不惜牺牲护国公职务的君主性质。根据亨利·克伦威尔的建议，另一届国会召开了会议。

所有的保皇派均被摒于这届国会之外，一直比较活跃的瑟洛极力把支持护国公的人安插在国会里。但国会立即提出了有关政权的重大问题。在理查德主持国会的隆重开幕式并发表“御前演说”之后，下院议员便立即着手恢复共和制的原则，努力控制军队。他们对 1657 年以来通过的所有法案的合法性提出疑问，因为大清洗使国会失去了普遍的代表性。他们企图使军队不对护国公而对他们忠心耿耿，但军队的领袖决心保持他们的独立地位。这些将领对下议院的行动牢骚满腹，认为“传统事业”受到威胁。他们说：“我们为了这一事业曾经流血牺牲。如果用鲜血换来的人民自由再次丧失，我们一想到有朝一日要对此作出解释便不寒而栗。”下议院则认为，假如军队作为一支独立的力量存在于国家之中，这是不可容忍的。他们要求到会的军官们返回自己的指挥岗位，他们说：“倘若国会再也不能命令军官们回到自己的部队，那么国会的情况就不正常了。”他们决定，每个军官都应该以书面形式保证不干扰国会的会议和辩论。

在同军队的冲突中，下议院愿意把军队的主要指挥权交给护国公。这场冲突因此达到高潮。双方都集中了自己的力量。护国公和国会起先似乎各自控制了一部分军官和部队，然而双方的力量都不能使下层军官和士兵俯首听命。理查德·克伦威尔继任护国公的显要职务不到 4 个月，便发现连卫兵都背叛了他。军队要求解散国会，由军官组成的一个委员会整夜等候答复。第二天早晨，他们得到顺从的回音。企图进入下议院开会的议员再次被军队赶回去。军队成为主宰者，为首的是弗利特伍德和兰伯特。高级将领们本来愿意给理查德留下一点尊严，无奈军队对摄政制充满敌对情绪。他们决心实现真正的共和制，以使他们的军事利益以及分裂主义和再洗礼教派的原则占主导地位。

甚至在这个不流血的绝对胜利时刻，军队也感到他们的行动需要得到行政权威的认可。到哪里去找这种权威呢？最后他们采纳一条权宜之计。他们宣布说，他们认为 1653 年 4 月举行会议的议员是“传统事业的支持者，始终得到上帝的帮助”。他们到前议长伦索尔的家里，请他和 1653 年国会的同事们重新行使权力。于是，总共 42 个清教徒要人令人震惊地回到他们 6 年前被赶出的议院。“长期国会”的残渣就这样重新出土，摆到疑惑不解的英国人民面前。

政务院宣告成立，其中有亨利·范内、黑兹里格和斯科特 3 名共和派领袖，另外有 8 名将军和其他 18 名下议院议员。政务院要求奥利弗·克伦威尔的儿子们默认废除摄政制，并预先为他们作了妥善的安排。他们的债务将得到清偿，他们本人将获得住所和年金。理查德立即接受了这些建议，亨利犹豫一阵，不久也接受了。后来二人乐享晚年，寿终正寝。护国公的大印被劈为两半。军队宣布承认弗利特伍德为他们的总司令，同时也同意高级军官的委任状由议长以共和国的名义签发。于是，英格兰确立了以公民选举为基础的共和政体，全国一切力量都服从这个权威。但军队同国会仍在勾心斗角。兰伯特将军说："我不知道我们双方为何不分胜负。"

当这些冲突困扰着伦敦共和政府的时候，保皇派武装到处蠢蠢欲动。中央政府近来的变化使斯图亚特王朝的顽固势力恢复了元气。开始武装对抗的条件似乎已经成熟。1659 年夏天，保皇派奇怪地同长老会联合起来，在几个郡里发动叛乱。他们在兰开夏和柴郡声势浩大，德比家族的力量在那里仍然十分活跃。乔治·布思爵士迅速发展起一支强大的军队。兰伯特带领 5000 人与前去围剿。8 月 19 日，两军在温宁顿桥展开战斗。兰伯特在战报中说："双方的骑兵都以英国人的气概拼命厮杀。"但保皇派还是被击溃了。其他地方的保皇派被当地的民兵打垮。这次叛乱迅速被镇压下去，查理二世甚至还来不及出面指挥。这对他倒是值得庆幸的。铁甲军轻而易举地粉碎了拥护摄政制和拥护君主制的势力。战场上的武器撞击声使将军们想起自己的巨大力量，他们不久又同他们亲手恢复起来的残余国会展开了激烈的斗争。

兰伯特此时成为最显赫的人物。他取得温宁顿桥战斗的胜利之后，带着伤亡很少的部队来到伦敦。国会对他的傲慢态度感到不满，在 10 月份企图解除他及其同僚的职务。他把部队带到威斯敏斯特，封锁了下议院的所有入口，士兵们甚至不让有权签发将军委任状的伦索尔议长进去。兰伯特生气地问道："难道他们不认识他吗？"士兵们说，他们在温宁顿桥战斗中没有看到他。这一次没有发生流血事件，而大权已经落入兰伯特手中。

兰伯特能力出众，军事才能仅次于奥利弗·克伦威尔，政治经验也很丰富。他自己并不打算登上护国公的摄政宝座，他的想法与此截然不同。他的妻子出身名门，受过良好的教育，支持保皇派，而且希望进一步提高本家族的地位。他们夫妇俩致力于使他们的女儿和查理二世的弟弟约克公爵结婚的计划，这是兰伯特的全套计划的一部分。如果兰伯特成为共和国的统治者，他将恢复君主制。双方认真考虑了这个计划。在最近一次叛乱中被俘的保皇派受到极其宽大的处理，这种做法也是计划的一部分。兰伯特似乎认为，无论在政治方面还是在宗教方面，军队在复辟的君主制度下一定比在残余国会或护国公的统治下更加满意。他的充满危险的行动是秘密而隐晦的。弗利特伍德早已对他有所怀疑，这两个军事首脑之间产生了强烈的敌意。这时军队发觉自己内部已经分裂，开始为自己对国会采取的猛烈行动而担忧。

黑兹里格是最坚定的共和派议员，他那苍白的脸、薄薄的嘴唇和炯炯有神的目光显示出布鲁特斯[1]式的坚定态度。他被赶出下议院以后，急忙赶到朴次茅斯进行说服工作，使那里的驻军确信，伦敦的军队践踏了重大的原则。彼此不和的弗利特伍德和兰伯特派兵攻打朴次茅斯时，黑兹里格把这支攻城部队争取到他的一边。这部分铁甲军立刻向伦敦进发，以便为解决问题贡献自己的力量。士兵中间的分歧开始影响部队的自信心，最终导致了英国军事专政的结束。圣诞节期间，军队决定同国会和解。他们高呼："让我们与国会同生死！"他们游行到钱塞里街，在伦索尔议长的宅邸前面停下来，一反不久前对待议长的粗暴态度，对驱散国会一事表示懊悔。他们表示服从国会的权威，欢呼议长是他们的将军和国父。不过，这种状况是不能长久的。有人一定会随后采取行动，建立一个代表新制度或旧制度的政府。这种拯救来自其他方面。

1 Brutus，古罗马政治家和将军，是杀害恺撒的密谋者之一。——译者注

*　　　　*　　　　*

镇守苏格兰的克伦威尔式指挥官乔治·蒙克虽然在性情上同兰伯特大不相同，却也属于出类拔萃之辈。英格兰将再次被一个举止稳健的人所拯救。蒙克是德文郡的绅士，年轻时在荷兰战争中受过严格的军事训练。英国内战开始时，这个有丰富作战经验的军人回到祖国。他是一个行伍出身的军官，对发挥自己的军事特长的兴趣超过对处于危机中的事业的关注。他曾经在英格兰、苏格兰和爱尔兰三个王国里为查理一世转战南北，被议会军俘虏并监禁一个时期，以后便倒向议会派一边，而且迅速获得重要的指挥权。他曾经在爱尔兰战场上出生入死，也在海战中抗击过荷兰人。他渡过各种惊涛骇浪和激流险滩，先后支持过议会派、共和制和摄政制，每次转变都适逢其时。他在克伦威尔时代彻底征服了苏格兰，而没有引起长期的仇恨。他早就反对军队在伦敦的粗暴行动。由于深得苏格兰的民心，他通过一项协定为军队得到给养，没有遭到苏格兰人的反对。他还撤换了他不信任的所有军官，兰伯特仍然在推行他不合时宜的计划，发现他必须对付蒙克。蒙克可以利用国会的口号和法律原则，得到英格兰共和派的支持，还博得了苏格兰人的信任，因为他允诺保护他们的利益。兰伯特在 1659 年 11 月率领一支强大的军队离开伦敦北上，可是师出无名。他在农村强征军需品，引起当地居民的极端厌恶。

蒙克完全懂得利用天时地利，可以说是英格兰人的典型代表。英格兰人所崇敬的是这样的人，他们必须避免逆流而行，日日静待时机，直到明确地知道潮水涨落的情况时才采取行动；他们必须克制私欲，采取妥善的措施，即使不是出于真心实意，也必须小心翼翼地朝着民族统一的目标缓慢前进，采取崇高的行动。1659 年秋，蒙克将军率领 7000 精兵驻扎在特威德河畔，他在司令部里受到各界人士的恳求。来访者说他掌握着英格兰的命运，纷纷请求他拯救苍生。蒙克将军在营中接待各种势力和党派的使者，像每一个伟大的英格兰人应该做的那样，耐心地听取他们的请求和呼吁。他虽然具备我们民族特有的正直性格，但他们却无法了解他将要如何行动，一直猜测了很久。

蒙克终于耗尽耐心，开始采取行动。他了解到伦敦事态的发展之后，于晴朗、寒冷的1660年元旦，在科德斯特里姆渡过特威德河。他采取了各种预防措施。部队的状况证明，他的担心是颇有理由的。在动荡不定的局势中，他艰难地维持着对部队的控制。当年议会军的老将费尔法克斯此时出现在约克，聚集了一支拥护自由国会的人马。蒙克保证不惜一切代价在十天之内同费尔法克斯会师。他的诺言实现了。他在约克接到了盼望已久的东西：黔驴技穷的残余国会邀请他进驻伦敦。于是他率军南下，沿途各郡发出同一呼声——“要自由国会！”（A Free Parliament）他和部下到达伦敦不久，便被残余国会的强硬命令所激怒。其中的一项命令是推倒伦敦商业区的城门，以此威慑首都居民，因为伦敦商业区开始转向保皇派，正在为查理二世筹集资金。蒙克没有采取克伦威尔和兰伯特的做法，他企图以削弱而不是解散的办法来制服国会。他在2月份召回被普莱德清洗出去的议员。这些人主要是长老会教徒，其中大多数人已经心向保皇派。王政复辟大有希望了。被清洗的议员重返国会的当天晚上，塞缪尔·佩皮斯[1]看到伦敦商业区“人人兴高采烈，篝火照亮了半边天……处处铃声悦耳”。国会恢复后采取的第一个行动是，废除1648年“普莱德清洗”以后制定的一切法规，否认从那时以来对一切问题的处理。议员们被一个将军赶走，又被另一个将军请了回来，这12年间违法之事司空见惯。他们宣布蒙克为全军总司令。残余的“长期国会”自愿解散。蒙克感到满意的是，自由国会即将召开会议，这样一届国会必然会使查理二世重登王位。他从苏格兰率军回来以后确信，苏格兰的人民大众对政体方面的尝试已经厌倦，盼望恢复君主制。

1 Samuel Pepys（1633—1703），17世纪英国政府官员，因他的日记而闻名。——译者注国王“应该重登王位”，这确实是人民的愿望。这几个出自民众肺腑的字眼，对贵族和富人同样有极大的吸引力。这些字冲破军政长官及其追随者的统治，成为悦耳的诗歌，像长了翅膀一样在每个村庄和采邑传诵：

在阿拉拉特山上[1]，
我仍然充满希望；
盼来一只和平鸽，
把她喜爱的橄榄枝带到水乡。
那么我将等到水落，
似乎一块石头压在我的心窝。
不听到国王重登王位的消息，
我永远不会快活。

然而，必须处理的麻烦事多如牛毛。这不是报仇雪恨的时候。如果铁甲军要请回国王，那么他们积极反对他父亲的活动决不可加以否定。不列颠岛上的潜在智慧这时发挥了作用。在胜利之时出现了过激行动，内战期间的原则遭到滥用。必须在理论上，而不是在行动上恢复本来的原则。蒙克派人同查理二世取得联系，建议他除国会的规定之外实行无条件大赦，答应完全支付拖欠的军饷，肯定土地交易。在英格兰，象征财富和地位的土地已经易手。这种所有权的转变是由战场上的胜利而确定的，不可能彻底推翻。国王可以重新享受他的一切权利，但不是所有的保皇派都有这样的资格。必须完全承认每个人保持他们的所得或剩下的财产。不许报复，每个人都必须承认现状，在新的基础上分年开始。

然而，有人流过神圣的鲜血，他们当中的幸存者已经为数不多了。如果

1　Ararat’s hill，传说基督教《圣经》中诺亚方舟登陆的地方。——译者注

每个从议会派的胜利中获得好处的人能够肯定他们不会受到影响或惩罚，那么他们对惩罚弑君者就不会有很大的抵触。1649年的行动违反法律，违背国会的意志，也违背全国百姓的愿望。应由当事人偿还血债。这种态度有些小气自私，但它同当时的和解精神却是一致的，这种和解精神对英国的政治起了重要作用。

查理二世的忠实大臣海德接受了蒙克的建议。他曾经随同主人过流亡生活，不久以后得到克拉伦登伯爵领地的奖赏。他为查理二世起草了一份宣言，叫作《布雷达宣言》[1]。查理在这份宣言中表示，将一切棘手的问题放在一边，留给以后的国会去处理。后来王政复辟之所以带来良好的秩序，使英格兰的传统制度在克伦威尔进行各种尝试以后得到复兴，主要是由于海德从律师的角度出发注意尊重国会和先例的缘故。

在有关方面进行协商之后，新国会的选举开始了。在名义上，凡是曾经拿起武器反对共和派的人不能参加选举，可是保皇派势力强大，这条禁令不起任何作用。长老会和保皇派占绝大多数，各郡的共和派和再洗礼派在他们面前纷纷败北。这两个失败的派别发动武装叛乱没有成功，他们继而建议把即将去法国避难的理查德·克伦威尔请回来，结果也未能如愿以偿。有人提醒他们说，是他们自己把他赶下台的。监禁在伦敦塔的兰伯特越狱逃走，准备诉诸武力。他的部下背叛了他，所以蒙克不折一兵一卒就重新俘虏了他。兰伯特的这次惨败决定了王政复辟的大局。蒙克、他的大部分军队、伦敦民兵、全国的保皇派、新选举的下议院大多数议员以及像没有发生任何事情一样重新开会的上院贵族议员联合起来，他们知道大权已经在握。国会上下两院已经恢复起来。只要国王一声令下，英国议会的三个等级[2]就完整无缺了。

---

1 *Declaration of Breda*，查理二世于1660年颁布。17世纪中期英国资产阶级革命颠覆了斯图亚特王朝，护国公克伦威尔病逝后查理二世在荷兰发表该宣言，承诺保障革命期间所产生的土地和财产变动，大赦革命参加者，保证实行宗教信仰自由。——编者注

2 Three Estates of the Realm，指上院主教议员、上院贵族议员和下院议员。——译者注

国会急忙给流亡中的查理二世送去大笔金钱，供其花费，然后开始张罗起御辇中的猩红色天鹅绒装饰。过去敌视国王的舰队奉命保护查理二世回国。成千上万的人在多佛等候着他。1660 年 5 月 5 日，他在那里登陆，蒙克将军毕恭毕敬地迎接了他。去伦敦途中的行列如班师回朝，各阶层的人熙熙攘攘地争相欢迎国王荣归故土。人们抑制不住自己的情绪，噙着泪水尽情欢呼。他们感到自己终于从噩梦中得到解脱，以为进入了黄金时代。查理二世、克拉伦登、久经考验的秘书尼古拉斯以及同国王共患难的一小批流亡者惊奇地四处观望。这真是他们几年前侥幸逃离的不列颠岛吗？查理二世在布莱克希思看到顺从的铁甲军列成整齐威武、寒光闪闪的阵列时，一定会自问这是否在做梦。他在博斯科贝尔的橡树上躲避铁甲军的搜查，那只是八年前的事情。就在几个月以前，铁甲军还在温宁顿桥打垮了他的追随者。如今迎接他进入伦敦的是一场隆重的感恩仪式。伦敦的市长和参议员带头欢庆这一节日。长老会牧师拦住查理二世的去路，不过是为了在众人鞠躬时献上《圣经》，他们认为这是自己的荣誉。国会上下两院表示忠于国王本人，承认他的权利。各阶层的民众，无论是富人还是穷人，保皇派还是圆颅党，主教派还是长老会或独立派，都表现出和解的精神，形成了史无前例的欢乐场面。那一天是英格兰的极乐之日。

*　　*　　*

历史的车轮并不像许多人想象的那样倒转整整一圈。这次复辟不仅是王政复辟，也是国会的复辟。当时确实是议会史上最伟大的时刻。下议院在战场上打败了国王，同时也控制了它为此目的而建立的可畏军队。它纠正了自己的过激之处，现在成为不可抗拒、无可争议的英国统治机构。当年议员们向查理一世提出的有关政体的具体要求中的一切合理意见已经深入人心，因此已无再提的必要。“长期国会”在查理一世于 1642 年初逃出伦敦以后制定的法律以及共和时期或摄政时期的一切法律此时均告无效，但是查理一世曾经同意的王权限制条例则仍有效力，他盖过御玺的法令仍然有效，1641 年的一切法令或文件也都有效。更主要的是，这时每个人都理所当然地认为，王权是国会的工具，国王是臣民的公仆。

国王的神圣权利再次得到承认，但他的绝对权利却遭到否定。枢密院的刑事司法权、星室法庭和教会法庭已被取消。国王未经国会批准或以巧妙的非法手段进行征税的做法遭到禁止。从此，制定一切法规都要根据通过合法选举产生的国会的多数意见，国王的任何命令不能抵制或代替法规。王政复辟实现了皮姆和汉普顿最初寻求的目标，排除了他们由于紧张的斗争以及由于战争和独裁带来的罪恶和蠢行而产生的过激倾向。下议院和普通法取得了长期的胜利。

这时，新的君主观念已经形成。在早期同查理一世及其父亲的斗争中，议员们并没有想彻底废除王权。下院议员中的律师们在斗争中发挥了重大作用，他们为之奋斗的主要目标是普通法的原则（Common Law Principles）。他们为了使国王受到法律的约束而进行斗争。这种法律指的是大宪章所体现的原则，即普通法。它使英国人免遭任意逮捕和处罚。普通法法庭（Courts of Common Law）几百年来所执行的正是这种法律。国会没有为自己谋取无限的权力，也没有设法摧毁国王的传统权力，它只是努力监督这种传统权力的执行情况，以便使国会和个人的权利得到保护。柯克曾经宣称，法官是最有权威的法律解释人。在没有国王、没有王权的年代里出现了这样一种观点：《议会法》是最高权威。这种观点没有历史依据，也不受律师们的赞赏。权力从律师手中转到了骑兵军官手里，后者在宪法上留下了他们的痕迹。柯克认为，即使国王和国会联合起来，也无权压制普通法，应该由普通法最高法院的法官确定什么是合法的，什么是非法的。他的这种主张在英格兰已经永远消失了。不过它存在于大西洋彼岸的新英格兰，后来在反对国会和国王的美国独立战争中显出它的全部面目。

* * *

同以往任何时期一样，王政复辟时期的财政状况是一个棘手的问题。除了一般支出，还需要大笔款项来偿还国王在流亡期间欠下的债务，补足军饷以解散军队。国会坚决拒付护国公在任时欠下的债款。国王放弃了他从财产监督权、土地占有权和其他封建残余权利中应得的进项。国会拨给他一定的年金，加上他的祖遗地产，每年收入估计可达120万英镑。这使他受到束缚，不过这个数目还相当可观，他和他的谋士们表示满意。经过长期的劫难之后，英格兰的大地一贫如洗，使税收工作难以进行，因此对国王的收入作出固定安排是不容轻视的。至于额外的开支，查理二世必须依赖国会，他和克拉伦登都接受了这一现实。王权将受到国会的限制。

同时，国王和国会均将摆脱军队的威胁。这支发展到4万人、战斗力堪称天下第一的军队即将解散，无论如何不能再建立这样一支军队了。“不要常备军”（No Standing Army）——这是各个派别的共同口号。

重获统一的国家所作的决定像一把手术刀，对许多溃烂的伤口大动手术，不管手术多么必要，患者总会感到疼痛而畏缩。保皇派感到屈辱的是，他们的事业虽然被证明是正确的，而他们受到的经济处罚并没有得到纠正。他们徒然抗议说，《赦免和保护法案》（*Act of Indemnity and Oblivion*）实际上是赦免过去的功劳，保护过去的罪行。只有直接判处查理一世死刑的人才受到惩罚，而那些在残酷的战斗中打垮国王并对国王的忠实朋友大肆报复的人却逍遥法外，甚至发了横财。这不能不使保皇派感到万分愤慨。除了军人之外，大家都赞成解散军队。能够解散军队而不发生流血冲突，似乎可以说是奇迹。铁甲军的士兵在公众舆论面前窘迫不堪，因为人人都反对他们。他们曾经立下汗马功劳，取得无数次的胜利，努力为国家建立神圣的政府，约束自己的行动，可是现在却受到普遍的憎恨。他们将被抛入历史的垃圾堆，可是他们顺应了社会舆论的潮流。他们如数领到军饷，解甲还乡，重操旧业。几个月之内，这支力量无限、不可战胜、随时可能吞噬不列颠王国和社会的军队消失在贫民之中，几乎没有留下任何痕迹。他们从此勤劳而自制，如同以前勇猛而狂热一样。

在签署查理一世死刑判决书的大约60人中，有三分之一的人已经离开人世，三分之一逃往异乡，剩下的仅有20人。查理二世坚决抵制忠于他的国会，尽量减少死刑。顿时群情激愤。国王主张宽待杀害他父亲的凶手，国会则要求惩罚这些凶手，而国会中的许多议员却是凶手的唆使者。最后，9个人被定为逆君罪，处以死刑。他们是集体罪行的替罪羊。他们几乎个个为自己的行动而感到自豪，哈里森和其他军官走上断头台时确信，后人将为他们的牺牲而俯首志哀。只有积极的传教士休·彼得斯有些胆怯，可是他的同志们的不屈精神鼓舞了他，一种强烈的兴奋感，也在支撑着他。浑身是血的刽子手提着屠刀在血泊中走近他，然后问道："彼得斯博士，你觉得这样受刑怎么样？"他坚定地回答说："这样顶好。"

处死的人数离普遍的要求相差甚远，所以只好对血腥的处决活动作了一次补充，不过这次没有杀人。克伦威尔、艾尔顿和布拉德肖的尸体被人在他们几年前隆重下葬的威斯敏斯特大教堂从棺材里拉出来，装在囚笼里沿着大街拉到泰伯恩绞刑架，在三角形绞刑架上吊了24小时。他们的头颅被钉在醒目之处，剩下的残体被扔在粪堆上。皮姆和其他20名议员的尸体也被挖掘出来，埋到一个土坑里。同死人进行的这场残酷斗争是出于社会舆论的凶狠压力，为了满足社会的要求，查理二世愿意刨出死尸而挽救活人。

另外只有两个人被定为死罪，他们是兰伯特将军和亨利·范内爵士。兰伯特经历不凡，在共和制的最后一年，他随时可以夺取最高权力。我们曾经提到他要把自己的女儿嫁给王子的计划。他企图抢在蒙克之前恢复王政，或者在打败蒙克之后担任护国公。他是个胆大包天的人，况且在军事革命中积累了长期的经验，可是他还是失败了。铁甲军的将军、取得无数次胜利的英雄兰伯特低声下气地在法官面前受审。他请求国王宽大为怀。国王的弟弟约克公爵为他进行了有力的辩护。他得到赦免，去根西岛居住，“获得在全岛随便活动的自由”，后来迁到普利茅斯，以作画和研究植物学为乐。

亨利·范内爵士性情倔强，不屑于求饶，他精神饱满地为自己辩护，他的每一论点既合乎法律准则，也符合逻辑。他本来可以得到赦免，可是他过去做过的一件事现在成为他的致命原因。人们还记得，他在20年前偷出他父亲的枢密院会议记录，把内容告诉皮姆，一口咬定说斯特拉福德建议把爱尔兰军队调到英格兰。这决定了斯特拉福德的厄运。如果债务应该偿还的话，这当然是一笔不可忽视的血债。查理二世不想饶恕他。查理国王说：“此人十分危险，只要我们能够名正言顺地除掉他，就不应该让他活着。”亨利·范内十分高兴而自信地迎接死亡，他对充满敌意的人群作了无法反驳的演说，无奈号角声淹没了他的声音。

阿盖尔侯爵是王政复辟时被处死的唯一的苏格兰重要人士。他到伦敦来迎接国王，但立即遭到逮捕。查理二世不想背上这个包袱，将他送回苏格兰，由那里的贵族和民众审讯他。复辟的查理二世一直极力减少暴行，他说：“我对杀人感到厌烦。”苏格兰议会根据当时的气氛，急忙把他们昔日的导师送上断头台。阿盖尔侯爵也是坚定勇敢而十分虔诚地死去的。每个人都感到，他的下场和蒙特罗斯的遭遇算是两相抵消了。在王政复辟的激烈动荡中，被处死的还不到12人。这是查理二世极力保护的结果，而这在某种程度上损害了他的威望。宣判这些人死刑的恰恰是他们犯罪的主要同谋和受益者，查理二世对这种具有讽刺意味的安排一定很满意。议会派的主要人物、上议院和下议院的议员以及在共和制或克伦威尔统治时期的高级官员立即改变立场，坐到审判弑君者的特别法庭上。这次残酷而有节制的报复行动正是由于这种原因而遗臭万年。

第二十二章 CHAPTER 22

“快活王”

请回国王的这届国会是一个力量均衡的国会，代表全国的对立势力。它成功地解决了恢复王政所遇到的政治问题。然而，它不是合法的立宪机构，因为它不是国王下令召开的。人们认为这是它的致命缺陷。查理二世国王觉得，如果他采取根本措施，情况可能更糟，所以他只利用自己的权力对这届国会施加影响，追认召集这次国会的行动是合法的行动。可是，人们认为国会仍不完全合法，它算不上国会，只能算是一次全国性大会。1660 年底，公众认为它必须解散。这种根深蒂固的法制观念排除了在全国以宗教方式解决这个问题的一切可能性。获得解放的人们在选举中表示出愉快的心情。保皇派没有参与王政复辟，他们被彻底打垮，吓得趑趄不前。如今他们大显身手的时机来临了。国会中出现了反对清教徒的绝对多数，曾经跟随鲁珀特王子冲锋陷阵的人和他们的后代，走出了倾颓的家宅和被分割的领地。在克伦威尔的独裁时期，他们一直无声无息地在那里隐居。

英格兰历史上为期最长的一届国会组成了，它维持了 18 年。它一直被称为“保皇派国会”(the Cavalier Parliament)，更恰当地说，是“领取退职金者的国会”（the Pension Parliament），因为成员中主要是老态龙钟之辈和退伍军人。它最后解散时，除了 200 人之外，其他议员均已在补缺选举中被淘汰，取代他们的往往是圆颅党人及其后代。它从诞生之日起，主要是在口头上拥护国王。它将一切荣誉归于国王，而不想受国王的统治。由于效忠国王而陷入贫困的许多地主并不是盲目的君主主义者，他们不想放弃在斗争中赢得的议会权利。他们准备作出规定，把保卫国家的任务交给民兵，但民兵必须由各郡的总督指挥。他们积极维护国王对武装力量的统治权，同时也力图使国家的唯一军队在各地受到他们所属的阶级的控制。这样，不仅国王手里没有军队，国会也是如此。各郡的望族和绅士成为当地武装力量的核心。“保皇派国会”根据过去的教训并且经过长期的考虑以后确认了这一点，然后便致力于宗教问题，尤其重视宗教对政治和社会的影响，同时也十分关心自己的利益。

从伊丽莎白时代到内战时期，各代国王力图在《公祷书》和主教制的基础上建立全国统一的教会，他们还希望统一英格兰和苏格兰的生活方式和宗教信仰。克伦威尔的刀剑在完全不同的形式下残忍地实现了这个目标，甚至在爱尔兰也达到了这一目的。现在，教会和国家、国会和王室对这个目标作出了强烈的反应。

由于克拉伦登在政府中担任具有主导作用的首席大臣，一系列法案均以他的名字命名。这些法案重新确立圣公会为国教，因而使新教派别长期处于对立地位。查理二世主张采取容忍政策，克拉伦登主张采取谅解政策。“保皇派国会”、从流亡中归来的劳德信徒以及不顺从的长老会领袖妨碍了他们两人的政策。鉴于国教之外还有其他宗教派别，国会决心即使不彻底消灭它们，也要使它们陷入严重的瘫痪状态。结果，国会反而使非国教派别形成目标明确的政治力量。这股政治力量的目标首先是宗教自由，它在 1688 年革命中实现了这一目标；其次是要废除国教的特殊地位。到了 19 世纪，当工商中产阶级成为政治力量中的决定性成分时，第二个目标才得以实现，人们才享受到一定的宗教自由。至于非国教派对英格兰政治思想产生怎样的影响，还很难作出明确的评估。它们继承了清教徒的严厉、固执和狭隘性。它们对知识的探讨精神是令人钦佩的。如果教会具有广泛的代表性并得到广泛的支持，那么它就能够最有效地为宗教事业服务。不过，非国教派的各种说教不管具有多么广泛的基础，看来不会被国教所接受；坚持理性主义的长老会、桀骜不驯的独立派和狂热的洗礼派反映了英格兰各种思想潮流的强大趋势。

不管结果如何，《克拉伦登法典》[1]背离了这些潮流，妨碍了实现建立全国统一教会的希望。主教团不知不觉地、明显地接受了作为一个教派而不是作为全国统一教会（United National Church）的领袖地位。它是“伟大教派”“官方教派”和“正统教派”，然而毕竟只是一个教派。它的周围是各种各样的非国教派（Dissent or Nonconformity）。将查理二世拉上王位的“全国性大会”（即议会）完全可以作出让步，使信奉新教的大多数英格兰基督教徒团结起来。“保皇派国会”接受了教会分裂的事实，并为自己属于较大、较富有、比较得宠的一派而欢欣鼓舞。他们根据自己的制度所建立的不是一个民族国家，而是一个党派。为上帝和国王战斗过的乡绅和地主应该有自己的教会和主教，正如他们有自己的民兵和治安委员会一样。

1662 年的《克拉伦登法典》在某种程度上超越了克拉伦登本人的愿望。他在王政复辟的鼓舞下希望国家在政治和宗教方面实现统一。查理二世也不希望出现分裂，他对不同派别的态度已经从冷漠转为容忍。当然，他的这种态度并非以宗教为出发点。如果某个绅士要信教的话，那么信奉罗马天主教最能使查理感到满意。可是，这样会出现什么问题呢？难道英格兰国教圣公会不是英国王位的重要支柱吗？查理二世希望一切宗教狂热都冷静下来。何

---

1 *Clarendon Code*，1661—1665 年间英格兰通过的一系列法案，重申英国国教在 1660 年“清教徒革命”失败后的至高无上地位，其中最重要的法案是《市镇机关法》和《尊奉国教法》。法案承认不尊奉国教是合法的，但对不从国教者的活动加以许多限制。——编者注

必为了未来的世界而削弱当代世界呢？至于有人不同意各种值得怀疑、值得争议的说教，何必迫害他们呢？腓特烈大帝[1]有个直截了当的主张：“每个普鲁士人都必须以自己的方式进入天堂。”查理二世一定比腓特烈大帝更早地产生了这种看法，不过他不想让自己的个人看法惹出不必要麻烦。他在每个阶段尽量采取容忍政策，对其他政策表示不满。他在“全国大会”式的国会召开期间对贵格派的代表团说：“只要你们安静地生活，你们就不会由于自己的观点和宗教信仰而受到迫害，在这方面你们有国王的话作为保证。”

“保皇派国会”坚决地纠正了这种可悲的自由政策。《克拉伦登法典》包括一系列法规，例如，1661 年颁布的《市镇机关法》（*Coperation Act*），要求每个担任市政职务的人否认《神圣盟约》（*Solemn League*），宣誓不抗拒当局，根据英格兰国教的仪式做礼拜。这第一个要求排斥了许多长老会教徒，第二个要求排斥了共和派，第三个要求排斥了天主教徒和一些非正统教徒。这个法案的目标是，只有站在国王一边的圣公会教徒才有机会担任市政职务，而这些职务同下院议员的选举有密切的关系。1662 年颁布的《礼拜仪式统一法》（*Act of Uniformity of 1662*）强迫教士接受伊丽莎白女王的《公祷书》（*Prayer Book*），该书在原来的基础上作了删减和有价值的增补。《礼拜仪式统一法》要求教士们表示真心同意《公祷书》中的全部内容，并迫使他们和大、中学校的所有教师表示“奉行英格兰教会的法定仪式”。占教士总数五分之一的近 2000 名牧师拒不服从，因此被剥夺了俸禄。在这些严厉的决定之后又增加了其他强制措施。1664 年颁布了《秘密集会法》（*Conventicle Act*），禁止免职的牧师在他们的教区内传教。1665 年制定了《五英里法》（*Five Mile*），禁止这些教士走进“他们传教过或生活过的任何城镇、自治市、教区或其他地方”的五英里范围之内。

1　Frederick the Great（1712—1786），普鲁士国王（1740—1786 年在位），在政治、经济、哲学、法律以及音乐方面均有建树，使普鲁士成为欧洲强国。——编者注

《克拉伦登法典》是保皇派的胜利，尽管他们曾经在战场上被彻底打败，对于王政复辟也毫无贡献。这个法典的影响，决定了今日英格兰的宗教分野，也有力地加强了建立党派的基础。掌握政权的保皇派计划把他们的附属势力联合起来；其他人也本能地站到一起，其中包括不久以前统治英格兰并使它发抖的人。现在伯明翰市所在之地有许多村庄距离任何“城市、小镇或自治市”均达五英里以上。英格兰中部的新教各派以这里为中心，至今仍然享有很高的声望。王政复辟并没有使英格兰统一起来，反而造成两个英格兰，二者的背景、利益、文化和观点大相径庭，当然也有一致之处。麦考利[1]写道：“有一条明显的界线，把有时被称为宫廷派的官员、他们的朋友和随从同被称为乡村派的那些人分为两派。”后来有些人在著作中证实了他的观点。受到官方保护或者希望受到这种保护的人自然同其他人有不同的利益。除了这个区别，另一条鸿沟正在出现。在政治上，保守派和激进派分为两大阵营，这两大阵营至今仍然存在。两大政党互相斗争的局面已经开始，他们不久得名为“托利党”和“辉格党”。两大政党决定着不列颠帝国的命运，直到这个帝国的黄金时代在1914年第一次世界大战的烽火中化为乌有。

*　　　*　　　*

这些具有深远影响的裂痕的产生与查理二世毫无关系，他在位期间一直主张采取宽容政策。1663年5月，他企图使《礼拜仪式统一法》的效力停止三个月，但是复职的主教和议员们挫败了他的努力。12月份，他发表了第一份《信教自由令》(*Diclaration*)，宣布行使国王固有的恩赦权，使不信奉国教者免于遵守那些强制推行宗教一致和要求人们发誓的法律。可是下院议员们没有意识到这是他们自己正在做的事情，反而拼命反对有关“利用法律制造

1 Macaulay（1800—1859），英国史学家和政治家。——译者注

教会分裂”的阴谋。1672 年 3 月，查理二世冒险发表第二份《信教自由令》，企图“对各阶级的不信奉国教者和不服国教者[1]暂停实行宗教上的各种刑法”。下议院严厉地反驳说：“只有国会用法案的形式予以批准，宗教方面的刑法才能暂停执行。”除了这个警告，下议院还扬言要拒绝拨款。查理二世不禁想起克伦威尔的利剑，于是作出了立宪制度下的君主应该作的让步。国会中的党派人士应该意识到，在这个关键的时期，查理国王的主张是唯一顺应时代潮流的仁慈主张。

不过，查理二世倒是也需要为自己发表一个“免罪令”（*Act of Indugence*），因为宫廷生活荒淫无耻。他有两个主要的情妇，一个是芭芭拉·维利尔斯，另一个叫路易丝·德凯罗埃莱，被英国人称为“卡维尔鸨母”，前者被封为卡斯尔梅恩女伯爵，后者受封为朴次茅斯女公爵。这两个女人伴着查理二世恣意行乐，并且插手外交事务。查理二世同葡萄牙公主、布拉干萨的凯瑟琳结婚以后，仍然没有停止他那放荡的生活。凯瑟琳带来了惊人的嫁妆，有 80 万英镑的现款，还有丹吉尔[2]和孟买[3]这两个海军基地。查理二世对待他的妻子残忍到了无以复加的程度，竟然强迫她接受芭芭拉为宫廷女侍。有一次这位文雅、虔诚的葡萄牙公主气得鼻孔出血，昏迷过去，被人抬出宫廷。国王把美貌绝伦、性情温存、被老百姓骂为“新教徒婊子”的内尔·格雯纳入宫中。她远离民间的消息使老百姓如释重负。这些事情反映了淫秽、放荡的宫廷生活中格外丑恶的一面，玷污了基督教国家的王位。假如在亚洲国家的宫廷中，这些丑事可以在妃嫔媵嫱的红楼中掩盖起来。

查理二世的淫乱行为在道德上产生了广泛的不良影响；人们在摆脱清教徒的专政之后感到一身轻快，于是色胆包天。受到亵渎的大自然进行了加倍的惩罚。共和时期的国会对通奸者处以死刑，查理二世却以放荡的行为嘲弄

---

1 指天主教徒。——译者注

2 Tangier，摩洛哥北部的港口。——译者注

3 Bombay，印度西部的海港，1995 年以后称 Mumbai。——译者注

了守身如玉的情操。不过可以肯定，全国各个阶层普遍赞成罪孽者的松散统治，而不喜欢圣人的严格管束。英格兰人愿意充当上帝的子民，可是他们心目中的上帝不是清教徒所崇拜的那种形象。他们曾经被人极力捧上超人的地位，现在从这个地位中降下来，自然满心欢喜。政体斗争和内战的壮烈时代以及清教大帝国的魔影已经不复存在，一切都已萎缩，然而人们却感到恬然自得。查理二世发现，他身边的一代新人比斗志昂扬的保皇党和粗犷的圆颅党软弱得多，而保皇党和圆颅党已经消亡殆尽了。

每当身体进行一阵紧张的活动之后，必然会有筋疲力尽和衣冠不整的时刻，不过这是稍纵即逝的现象。英格兰民族经受住了这种考验。在查理二世的宫中，在他的身边，出现了一个年轻人。此人是皇家近卫军的掌旗官，是查理二世打网球的伙伴，也是闯入卡斯尔梅恩女伯爵情网的冒失鬼，最后这一点难免使查理二世有些不满。有朝一日，这个年轻人将抓住克伦威尔的更长更亮的宝剑，在更广阔的天地里挥舞，但他打击的只是不列颠自由与繁荣的敌人。此人名叫温斯顿·丘吉尔，是多塞特郡的一名乡绅，曾经和他的父亲一起在保皇派军队中作战，负过伤，后来被圆颅党处罚并没收财产。查理二世无力帮助他的忠实追随者。他劝说克拉伦登把温斯顿爵士拉入国会重要议员委员会，可是没有成功。后来他把温斯顿的儿子安插在宫中，充当他的听差，还为温斯顿的女儿阿拉贝拉在约克公爵夫人身边找了个差事。兄妹二人充分利用了自己的有利条件。约翰·丘吉尔晋升为禁卫军军官。阿拉贝拉成为约克公爵的情妇，为他生了一个儿子。这个儿子叫詹姆斯·菲茨詹姆斯，即后来闻名于世的勇士贝里克公爵。

克拉伦登和后来受封为沙夫茨伯里伯爵的阿什利左右着枢密院。他们俩的性格截然不同，但都是有力能干的人。沙夫茨伯里 18 岁的时候，就参加了短期国会的革命。他说：“我刚刚懂事的时候，就意识到自己处在风暴之中。”他在圆颅党的军队里战斗过，同克伦威尔合作过，并且作为长老会的领袖在王政复辟的活动中对蒙克施加影响，给予帮助。他的升迁经过了很长时间，可是他仍然很年轻。他有着坚如磐石的信念。他比任何人都更了解各种强大力量之间的相互关系，它们曾经蹂躏英格兰而在互相残杀中终于暂时精疲力竭。他是已经消失的统治制度之最有力的代表。在无政府的混乱时期，他带领长老会反对军队，可是却比任何人都更了解独立派的思想。他在枢密院中极力主张采取宽容政策，他的努力是对国王的有力支持。他对似乎正在酣睡的铁甲军疯狗始终保持警惕，知道他们躺在哪里，也知道如何对付他们。他还关心伦敦的动态。在关键时刻，伦敦有决定性的影响，对此他记忆犹新。在查理二世的整个统治时期，他一直支持伦敦，伦敦也支持他。“保皇党国会”的立法活动使沙夫茨伯里大为不满，几乎使国王感到同样烦恼，但二人在原则上和行动上都无力同议会多数的坚定意志进行对抗。

在查理二世统治的最初七年里，克拉伦登一直担任首席大臣。这位睿智可敬的政治家同国王和宫廷里的放荡生活、国王情妇们的阴谋活动、岁入的不足状况和下议院的残酷政策进行了顽强的斗争。他还必须对付查理二世的宠臣亨利·贝内特的种种阴谋。喜欢浮华的贝内特受命为国务大臣，获得阿林顿伯爵的称号。在查理二世统治时期的政治事务中，他扮演着重要的角色，有时甚至起到邪恶的作用。和他同时代的伯内特主教评论他说：“他目空一切，蛮横无理。他善于窥测国王的情绪，比任何人都更加巧妙地加以驾驭。”克拉伦登的女儿博得约克公爵的爱情，她虽然受到千方百计的阻挠和诽谤，但最后和公爵终成眷属。首席大臣克拉伦登成为国王之弟的岳父，他的外孙也许有机会继承王位。贵族对此非常嫉妒。克拉伦登同国王联姻之后感到自己的地位更非他人所能匹敌。

丹吉尔作为葡萄牙公主凯瑟琳的一部分妆奁落入英格兰手中之后，英格兰政府便把注意力转向地中海和东方的贸易。由于经济拮据，英国只有厉行节约，才能在摩尔人面前守住丹吉尔，在海盗的骚扰中保护地中海的贸易。克伦威尔占领敦刻尔克以后，皇家国库每年被迫为此支出 12 万英镑，这个数目占国家正常岁入的十分之一。克伦威尔企图大力支持欧洲大陆的新教运动。敦刻尔克对他来说似乎是非常宝贵的桥头堡。托利党的注意力已经不在欧洲，而是集中在大洋彼岸的“贸易和种植园”。查理二世根据克拉伦登的建议，将敦刻尔克以 40 万英镑的价格卖给法国。这笔交易的本身并无错处，可是却受到强烈的谴责。克拉伦登受到接受重金贿赂的指责，他在伦敦为自己建造的府第被人挖苦地称为“敦刻尔克公馆”（Dunkirk House）。这种指责似乎失之公正，而它带来的耻辱却无法消除。后来敦刻尔克成为法国海盗的渊薮，这使克拉伦登声名狼藉。

英格兰同荷兰在贸易和捕鱼方面进行的海上争夺已经激化；荷兰人在同克伦威尔的战争结束以后恢复了元气。东印度群岛的货物源源不断地运到阿姆斯特丹，西印度群岛的货物不断流到弗利辛恩[1]，英格兰和苏格兰的商品则通过荷兰的多德雷赫特和鹿特丹不断转到欧洲大陆。在苏格兰沿海捕捉的鲟鱼为荷兰国会带来了大量收入。荷兰的东印度公司收集了东方的财富。孟买的葡萄牙总督拒绝把孟买作为凯瑟琳公主的嫁妆交给英格兰，所以英格兰人在印度尚无可靠的基地。在此期间，荷兰的庞大船队每年几次满载货物绕过好望角。荷兰人的势力在非洲西岸也有所发展，他们的殖民地和贸易点不断扩大。他们还挤入新英格兰，在哈得孙河畔开辟一块殖民地。这些行动真是咄咄逼人。商人说服了英格兰国会，查理二世心中点燃了爱国主义的烈火，约克公爵渴望在海上冒险中立下辉煌的战功。国会拨出 250 万英镑的巨款。100 多艘新舰艇建造起来，上面配置了新式大炮。以前的保皇派军官和铁甲军军官捐弃前嫌，共同接受国王的委任。鲁珀特和蒙克各自指挥一支分遣舰队。1664 年，英荷海战在非洲西海岸开始。翌年战火蔓延到英国领海。

6 月份，有 150 艘舰艇、配备 2.5 万人和 5000 门大炮的英国海军，在洛斯托夫特附近的海面上同势均力敌的荷兰舰队遭遇，进行了持久的激烈战

1 Flushing，荷兰港口。——译者注

斗。在这次战斗中，双方损失了许多将领。克伦威尔时期的舰队司令、经常身穿普通水手服的约翰·劳森受了重伤。在约克公爵身边，他的朋友法尔茅斯勋爵和马斯克里勋爵被同一颗炮弹炸死。荷兰海军将军科顿奈尔和总司令奥普丹也在战斗中丧命。在战斗的高潮中，约克公爵指挥的“皇家查理号”（Royal Charles）同荷兰舰队的旗舰展开激战。奥普丹沉着镇静，坐在船尾的一把椅子上指挥战斗。英国军舰上百炮齐发，击中奥普丹舰上的弹药库，把他和旗舰炸得粉碎。英国舰队大炮的威力和炮手的技术都远远超过对方，荷兰人败下阵去，不过并没有丧失斗志。

德莱特将军从西印度群岛回到荷兰，挽救了荷兰共和国的命运。暂时代替约克公爵指挥舰队的桑威奇勋爵企图截获从地中海和东、西印度群岛回来的荷兰商船队。这些商船上装载着很有价值的货物，他们逃过英吉利海峡，向北行驶，躲进挪威的卑尔根港。丹麦和挪威的国王同荷兰人有争执，他向英国人许愿说，如果英格兰舰队袭击停泊在卑尔根港内的荷兰商船队，他情愿奉交一半战利品作为报酬。可是英国舰队发动进攻的时候，丹麦守军的指挥官尚未接到必要的命令，用海岸上的炮火击退了英国舰队。英格兰人怒不可遏，对丹麦人宣战，迫使丹麦人同荷兰人结盟。德莱特到达挪威海岸，把大部分满载宝物的商船安全地护送到泰瑟尔岛。欧洲大陆上的国家认为，荷兰人在战争的第一年里成功地抵挡了强大得多的英国海军，这是件很了不起的事情。

1666 年 6 月，比洛斯托夫特战斗更加激烈的海战发生了。路易十四曾经保证说，如果荷兰遭到进攻，他将给予援助。查理二世指责荷兰是侵略者，法国对此置之不理，仍向英格兰宣战。英格兰舰队同荷兰舰队在北福尔兰附近激战了四天。德莱特指挥着配备重型火炮的荷兰舰队。在伦敦可以听到隆隆的炮声，人们失望地意识到，在英吉利海峡提防法国舰队的鲁珀特同蒙克失去了联系。第二天战斗结束时，英国舰队处于劣势，幸好鲁珀特王子在第三天赶到，恢复了均势。战局在第四天急转直下，蒙克和鲁珀特王子的舰队均遭重创，退回泰晤士河。德莱特胜利了。

正像荷兰人在前一年的表现一样，英国人没有被失败所吓倒。经过艰苦的努力，英格兰舰队面目一新，重新出海，而且比以前更加强大。它再次同劲敌遭遇，在 1666 年 8 月 4 日把荷兰人打得落花流水。可是，荷兰共和国的舰队第三次恢复元气，阵容严整地扬帆出海。法国舰队也终于出现在英吉利海峡。

英格兰此时处于孤立的境地，甚至她的海军亦难当重任。交战双方在财政上都很困难。不列颠岛由于其他灾难而受到进一步削弱。从 1665 年春天开始，伦敦流行着严重的瘟疫。自从 1348 年的黑死病（Black Death）以来，还没有哪次瘟疫造成如此深重的灾害。在瘟疫最严重的时期，伦敦仅仅一个星期就死了 7000 人左右。王室撤到索尔兹伯里，把首都交给蒙克看管，他在任何艰难危急的局面中都能够镇静自若。丹尼尔·笛福[1]在《大疫年日记》（*Journal of the Plague Year*）中以生动的形式为我们深刻地展现了这场瘟疫的可怕景象。1666 年 9 月，大火吞没备受痛苦的首都，结束了瘟疫的最严重阶段。大火是在伦敦桥附近一条挤满木板房的小街燃起的，它借着强劲东风的威势，熊熊地燃烧了整整四天。市民怀疑大火是再洗礼教徒、天主教徒或外国人放的，他们怒发冲冠，几乎发狂。国王回到伦敦，表现出极度的勇气和人道主义精神。大火吞没了整条整条的街道，它最后在商业区的城墙外面停下来时，已经烧毁 1.3 万多所住宅、89 座教堂和圣保罗大教堂。堆满贸易物资和军用物资的仓库毁于大火，作为政府收入重要来源的烟囱税款（Chimney tax）也化为灰烬。另外，大火也消灭了瘟疫。在后人看来，真正的灾难并不在于伦敦这个卫生条件差的中世纪城市的毁灭，而在于重建这座城市时没有采纳雷恩[2]的计划，没有以圣保罗大教堂和伦敦交易所为中心有计划地修筑一

---

1 Daniel Defoe（约 1660—1731），英国作家。——译者注

2 Christopher Wren（1632—1723），英国建筑师。——译者注

条条大街和一座座码头。然而，人们毕竟勇敢地担起了重建伦敦的重任。在旧圣保罗大教堂的废墟上，雄伟的新圣保罗大教堂拔地而起，至今仍然巍然屹立着。

虽然战争到1667年才停止，而查理二世这时已经开始向法国和荷兰两国求和。由于缺少军费，英国的战舰无法保卫领海。在谈判期间，荷兰人为了促进谈判，在荷兰的著名军人约翰之弟德威特将军的指挥下沿梅德韦河而上，冲破查塔姆港口的水栅，烧毁四艘战舰，拖走在洛斯托夫特战斗中击沉奥普丹将军旗舰的“皇家查理号”。荷兰军舰的炮声随着泰晤士河的波浪传到伦敦，隆隆巨响，震耳欲聋。人们普遍感到惊愕与愤慨，甚至连保皇派也说，在克伦威尔执政时期也没有发生过这样的事情。清教徒则认为，这场瘟疫、大火和海战的失败是上帝对这个时代尤其是对宫廷内道德败坏的惩罚。

双方同样需要和平，因而以不高的条件达成和平协议。英格兰在这场战争中的主要收获是占领了新阿姆斯特丹，该城现在叫作纽约。战争一结束，王室与国会便开始互相指责。王室说，国会使国王在经济上如此紧张，这样是无法保卫国家的。国会反唇相讥，说国王在情妇身上和奢侈生活中挥霍过多。克拉伦登对双方进行规劝，结果却受到双方的攻击。他同国会闹翻，谴责国王的情妇，甚至使国王感到厌烦。他受到各方力量的一致弹劾，只好流亡国外。他在流亡生活中完成了《英国叛乱史》（*History of the Rebelliow*）这部杰作。此书为他所生活的那个时代罩上了永不消失的光华。克拉伦登下台以后，查理二世有一个时期由阿林顿辅政，心情愉快时则由他的好友白金汉辅佐。此人是詹姆斯一世的遇害宠臣之子，活泼伶俐，是个浪荡公子，曾在决斗中杀死一个受侮辱的丈夫。保皇党国会对王室的放纵行为和巨大开支日益不满，因而认为必须扩大政府的代表性。从1668年开始，五位重要人物陆续被承认为大臣。在此之前，人们经常谈到内阁和阴谋小集团。现在，克利福德、阿林顿、白金汉、阿什利和劳德戴尔这五个人名字的第一个字母拼起来正好是“阴谋小集团”（Cabal）。

*　　　　*　　　　*

欧洲大陆上存在着克伦威尔从来没有看到的一个重要事实，即法国在西班牙和奥地利遭到削弱的情况下振兴起来。在所有继承王位的人当中，无人能够超过路易十四的天赋。他正处于风华正茂的黄金时代。法国人民在红衣主教马扎兰的英明统治下加强了自己的力量，成为欧洲最强大的民族。他们的人口总数达 2000 万人，是英格兰人口的四倍。法国占据着地球上最好的地区，是欧洲文化艺术的引路人，拥有强大的军队和中央政权，在邻国中犹如鹤立鸡群。它甘愿接受野心勃勃、手段巧妙的国王的统治。到 1648 年才结束的三十年战争粉碎了神圣罗马帝国在德意志的力量。哈布斯堡王朝只是在名义上统治着由一些分崩离析的德意志公国组成的松散联盟，它没有权威，仅仅得到形式上的尊重。甚至在自己的世袭领地奥地利，神圣罗马帝国皇帝的地位也不巩固，他受到匈牙利马扎尔人的敌视和土耳其人入侵的不断威胁。因此，法国的周围没有强大的国家，也没有紧密的联盟。佛兰德、布拉班特、列日、卢森堡、洛林、阿尔萨斯、自由郡和萨沃伊统统处于法国的野心、武力和外交攻势的威胁之下。

与此同时，西班牙帝国和西班牙王族的明显衰落使世界蒙上了即将动乱的阴影。马扎兰作过一个计划，即使起初不能使法国和西班牙的王位合二而一，至少要使两国的王族结合起来，这对统治世界是非常有利的。他说服路易十四同西班牙公主结婚。作为法国王后，西班牙公主不得不宣布放弃继承西班牙王位的权利。可是她放弃继承权是有条件的，即西班牙必须交纳一笔巨款作为部分嫁妆。西班牙交不出这笔钱，路易十四早已把合并西法两国的王位作为自己一生的主要目标。

西班牙国王腓力四世再次娶妻，在 1665 年逝世时留下一个多病的儿子。

这个儿子即后来的西班牙国王查理二世，他的生命在人间拖了35年，妨碍了法国人的计划。路易十四见自己的计划长期搁浅，便决定从荷兰得到补偿。他宣布说，根据布拉班特公国的古老传统，初婚所生的孩子在父亲再婚以后不应受到任何损失，因此法国王后对西属荷兰拥有主权。布拉班特公国是西属荷兰的重要组成部分。这些要求是路易十四在带领法国人民发动的第一次战争中提出来的。西班牙政府对法国人就比利时省份提出的要求没有太大的反感，也无力反对。不过，比利时一旦落入法国人手中，荷兰共和国就无法生存了。荷兰寡头政治集团的首脑约翰·德威特下决心同英格兰进行了海战，可是在陆地上同法国作战却是共和国不能胜任的。更主要的是，同法国开战可能会加强敌视德威特的奥朗日家族的力量。这一家族的首脑威廉亲王年仅17岁，却具有惊人的才干。从“沉默者威廉”的时代起，奥朗日家族的成员平时担任最高行政长官，战时则担任武装部队总司令。威廉亲王从未享受这些权利。如果荷兰同法国发生战争，他就会乘机要求获得其祖先享有的荣誉。德威特企图进行谈判，主动提出许多让步。但路易十四派蒂雷纳将军进军佛兰德，占领西属荷兰的大部分地区。路易十四还要安抚神圣罗马帝国皇帝，同他签订了瓜分土地的条约，这在某种程度上保护了神圣罗马帝国的利益。迫于这种形势，德威特同英格兰谈和。查理二世和“阴谋小集团”在英国驻海牙使节威廉·坦普尔爵士的协助下，同荷兰和瑞典结成反法三边联盟。英格兰举国上下热烈欢呼这个新教国家联盟。查理二世和大臣们一时受到全国的爱戴。这个联盟是一系列反法联盟的先导，暂时遏制了路易十四的行动。路易十四被迫同西班牙讲和。根据1668年的《艾克斯拉沙佩勒条约》[1]，他把自由郡归还西班牙国王。另外，他在佛兰德扩展了自己的边界。新获得的地区包括繁荣的里尔城，他把这座城市建成法国规模最大、最坚固的要塞。

---

1 *Treaty of Aix-la-Chapelle*，法国与西班牙签订的一项条约。艾克斯拉沙佩勒即现在德国亚琛地区。

虽然英格兰同荷兰和瑞典结成的三边联盟在伦敦深得人心，但是英荷两国的贸易斗争并没有因此停止。少年君主统治下的瑞典是一个弱小的国家，不久改变了立场。三边联盟因而瓦解。路易十四决心收买两个海上强国中的任何一国，然后再动干戈。于是他致函英格兰，在1670年开始同查理二世举行秘密谈判。查理二世的妹妹、姿色迷人的亨里埃特公主是路易十四的弟弟奥尔良公爵的妻子，自然提供了密切接触的有利条件。查理二世迫切需要款项，他向路易指出，英格兰国会将拨给他一笔巨款以反对法国，路易打算付多少钱使他不反对法国呢？如果路易交齐所需的数目，查理二世就不必召集令人畏惧的国会了。在这个基础上，他们签订了可耻的《多佛条约》[1]。

条约中除了最后公诸于世的内容，还有一个秘密条款，只有查理二世、阿林顿和克利福德知道。“大不列颠国王认识到天主教信仰是正确的……准备在对他的王国无害的时候加入天主教。笃信真正基督教义的法王陛下答应支持这一行动，给大不列颠国王200万利佛尔……并且提供6000步兵。”此外，查理二世每年还将得到16.6万英镑的补助金。他为了金钱而同意出卖自己的国家，把这些钱的一部分花在情妇身上和花天酒地的生活中。不过，他是否曾经打算履行这样异乎寻常的诺言，则值得怀疑。实际上他没有打算履行这些诺言，得到的大部分现款都用于加强海军。

《多佛条约》中提到进行第三次荷兰战争，一旦路易十四认为时机已到，英法两国将联合对荷兰宣战。1672年3月，路易十四要求英方践约。英格兰要想同荷兰发生冲突，不难找到借口。英国驻海牙的一名外交官写道：“我们的任务是同他们决裂，然后把责任推到他们身上。”荷兰舰队打破当时的礼节，没有向一艘送威廉·坦普尔爵士之妻回国的船只致敬。英格兰提出抗议之后，荷兰人表示出妥协的态度。接着英国人策划挑衅行动。从美洲的斯

1 *Treaty of Dover*，1670年6月1日英王查理二世与法王路易十四在多佛秘密签订的一项英国与法国建立反对荷兰攻守同盟的条约。——编者注

米尔纳回来的荷兰舰队经过朴次茅斯驶向英吉利海峡时，英国人发动袭击，不过没有成功。这个行动挑起了战争。英格兰和法国集中了98艘军舰，配备6000门大炮和3.4万人。荷兰只有75艘军舰，舰上有2万人和4500门大炮，而具有军事天才的德莱特将军利用这支较小的力量维护了荷兰共和国的尊严。1672年6月7日，德莱特趁比他多10艘军舰的英法舰队在索尔湾停泊的时候发动突然袭击。双方进行了持久、激烈的大海战。萨福克郡的海岸上站着无数异常激动的观战者。大炮的轰鸣声传到几十英里以外的地方。法国舰队强行出海，可是由于风向不利，无法同敌舰作战。约克公爵的旗舰“王子号”（Prince）受到围攻。“王子号”的甲板上站着近卫军的第一连官兵，掌旗官丘吉尔就在这个连里服役。这艘旗舰被打得百孔千疮，英勇作战的约克公爵被迫把指挥旗换到“圣迈克尔号”（St. Michael）上。“圣迈克尔号”也被击坏，于是他又把指挥旗插到“伦敦号”（London）上。桑威奇勋爵的旗舰“皇家詹姆斯号”（Royal James）被击沉，船体吃水线以上的部分熊熊燃烧。桑威奇和“皇家詹姆斯号”同归于尽。荷兰人也受到严重损失，只得撤出战斗。

路易十四在陆地上对处境艰难的荷兰共和国进行了猛烈的打击。他不宣而战，骑兵突然渡过莱茵河，大军气势汹汹地侵入荷兰。12万法国大军初次把刺刀套在枪口上，而不是插在枪口里，形成一股不可抗拒的力量。83座荷兰堡垒举旗投降。面临灭顶之灾的荷兰人求助于奥朗日亲王威廉。作为总司令，这个“沉默者威廉”的曾孙没有使他们失望。他轻蔑地说了一句有名的话：“我们可以在最后一个战壕里奋战到死。”他打开大坝的水闸，无情的洪水在肥沃的土地上奔腾咆哮，挽救了荷兰。海牙发生了一场革命，奥朗日亲王威廉成为最高行政长官。德威特辞职，他和他的弟弟一起被奥朗日集团的乱民碎尸万段。

在1673年整整一年里，德莱特保持了荷兰的海军力量，在多次激战中取得了不同程度的胜利。8月21日，他在泰瑟尔岛附近的大战中击退了英法的联合入侵，成功地将荷兰东印度船队接入港内。在陆战中，路易十四亲自冲锋陷阵。孔德率领一支较弱的军队在北面同荷兰人作战，蒂雷纳将军在阿尔萨斯同德皇的军队角逐。路易十四这时在王后德蒙特斯庞和满朝文武的陪同下，率领中路大军浩浩荡荡地向前挺进。他立即选择荷兰的坚固堡垒、由5000人防守的麦斯特里特要塞作为攻击目标。他说："我对大规模的围困战比对其他战斗更感兴趣。"围城确实比两军对垒的战斗更适合他的军事爱好。麦斯特里特要塞在长期防守以后开城投降，不过这次战斗并没有决定性的意义。

第二十三章 CHAPTER 23

天主教会的阴谋

在 1673 年 2 月的国会会议上，查理二世了解到，他的臣民反感英格兰同荷兰新教共和国进行的战争。在他主动卷入的这场战争中，他不是英格兰贸易的保护者，而是路易十四的走狗。英格兰人尽管对荷兰人在海上的冒险行为感到愤怒，而且嫉妒荷兰的发达贸易，可是他们对信奉天主教的法国及其日益增长的欧洲霸权的恐惧和憎恨超过了对荷兰人的不满和嫉妒。伦敦的街头巷尾都在流传说，国王和大臣们被法国收买，出卖了不列颠的自由和信仰。《多佛条约》（*Dover Treaty*）的秘密条款如果公之于世，必然会引起疯狂的暴力行动，带来严重的政治后果。沙夫茨伯里并不知道这个秘密条款，不过一定产生了疑虑。阿林顿似乎在 1673 年初向他披露了这些情况。沙夫茨伯里获悉内情后，当机立断退出政府，成为反对派的领袖。这个反对派后来同皮姆领导的反对派一样狂暴。下议院的仇法情绪日益加深，对天主教复辟倾向的恐惧，对国王“宽容天主教徒的态度”的不满，对约克公爵的皈依罗马的厌恶——这些因素在全国激起了深刻而危险的情绪。在这种情况下，占主导地位的圣公会同长老会和清教徒完全协调一致。政治喧嚣声处处可闻，咖啡馆里议论纷纷，各种小册子广为传播，补缺选举中吵吵闹闹。一个法案强加给国王，要求实行宣誓制。一个人只有郑重宣布不相信圣餐的酒和面包可以变成耶稣血肉的说教，才有资格担任公职或接受国王的任命。这是一次政治清洗，它摧毁了“阴谋小集团”。天主教徒克利福德拒绝发誓，阿林顿由于不得人心而被免职，白金汉同国王本人发生冲突。沙夫茨伯里投票赞成《忠诚宣誓法》[1]，并成为反对派领袖。劳德戴尔愤世嫉俗，凶狠残忍，可是也有些软弱，只有他一个人控制着苏格兰。

约克公爵詹姆斯此时成为众目所瞩的人物。他在第一个妻子安妮·海德死后，同摩德纳公国信奉天主教的玛丽公主结婚，从而引起人们的猜疑。他将掩饰自己的感情呢，还是放弃自己的官职呢？他不久便放弃了海军大臣的职务，誓死不向《忠诚宣誓法》屈服。这个插曲对英格兰是个沉重的打击。王后不可能为查理二世生下继承人。因此，王位必然传给一个天主教徒，他在信仰的驱使下，会毫不犹豫地牺牲一切物质利益。圣公会教徒和非正统教徒、当年鲁珀特王子的部下和克伦威尔的下属已经联合起来，形成反对国王及其政策的主要力量。武装部队全部掌握在保皇派的手中，而且仅在伦敦就有数千名曾经追随克伦威尔的退伍军人。这些力量具有共同立场，为首的便是 17 世纪的第二位伟大的议会战略家沙夫茨伯里。在各种联合势力中，这股力量对查理二世构成最大的威胁。

德莱顿以不朽的诗句为沙夫茨伯里作出了评价，他的评价尽管有些偏见，却比较全面：

料事如神，
不择手段；

---

1 *Test Act*，要求担任公职或受托职位者应宣誓效忠和承认王室的最高地位，同时签署声明按英格兰国教的惯例接受圣餐。该法于 1828 年废止。——编者注

机智而又勇敢，
具有超人的远见。
原则多变，
狂躁不安，
为失宠而心烦，因贪权而寡欢。
性急如火红的铁丝，
折磨着矮小的身躯，
天南海北人皆知。
他是大海上无畏的舵手，
喜欢风暴，
不畏艰险；
看不惯风平浪静，
总想靠近沙滩行驶，
以炫耀他的英雄虎胆。
大胆必然近于疯狂，
两者并无明显的界线。

保皇党国会在同国王的斗争中充分显示出自己的力量。它在外交方面赢得了发言权，完全控制了国内事务，并以无情的《忠诚宣誓法》或弹劾法迫使国王撤换谋臣。这时候，新的变化发生了。约克郡的地主托马斯·奥斯本爵士在下议院聚集了一股强大势力，并且为了拯救自己，在很大程度上被迫反对国王。他的原则是顺应民心，把曾经在内战中为国王战斗而现在与宫廷势不两立的人统统组成一个坚强的整体。这个集团的主要目标是厉行节约、维持圣公会和摆脱法国人。奥斯本在枢密院提出这些目标后，立刻被封为丹比伯爵，以自己的党派为基础开始执政。他的党派在下议院形成微弱的有效多数。为了把自己的追随者拉到国王身边，同反对派决裂，丹比伯爵在1675

年建议说，担任官职或当选议员的人必须首先宣布，一切抗拒王政的行为都是有罪的。他这一招棋的目的是要清洗清教徒，排斥他们的传统，把中央和地方的政府大权授予保皇势力，同其他力量展开斗争。为了实现这一计划，他以卑鄙的手段操纵党羽，也打破了历来补缺选举的方式，结果在上议院受到沙夫茨伯里和白金汉的反对。由于这两位大臣的竭力反对，丹比伯爵只好放弃通过宣誓进行大清洗的报复计划。

在外交方面，丹比伯爵公开同他的主人对抗。他反对法国人的干涉和支配地位，因此得到广泛的支持。另外，他不得已成为查理二世和路易十四的秘密条款的知情者。他积极赞成保皇派关于国王应有一定的个人权力的观点，他还替查理二世向法国国王要钱。他成功地使约克公爵的第一个妻子所生的玛丽同新教世界的英雄、名噪一时的奥朗日亲王威廉结婚，这个成就使他的名望达到顶峰。这件婚事具有十分重要的意义。由于害怕信奉天主教的法国国王，人们都把希望寄托在荷兰的最高行政长官、令人敬畏而荣极一时的威廉身上。威廉是查理一世的外孙，他那坚定的新教信仰、严肃的举止、出众的才能和高贵的血统已经使他成为欧洲举足轻重的人物。约克公爵的女儿有继承英格兰王位的希望，威廉同她结婚之后，似乎也有继位的可能。查理二世却不这样看，他的弟弟詹姆斯更没有这种看法。他们认为这种可能性不大。查理二世认为，通过这件婚事，沙夫茨伯里的反对派会受到削弱。约克公爵对自己的继承权充满信心，认为威廉对他的继承权的威胁是微不足道的。于是，这件婚事便促成了，不久前在英吉利海峡激烈搏斗的两个海上强国被这件重要的婚事联合起来。从此，荷兰和英格兰这两个民族在欧洲事务中很少发生分歧。

* * *

这时候，路易十四对自己在查理二世身上投资的效果感到不满，对于可能把英格兰拖入荷兰阵营并且维护新教利益的婚事十分气愤，便决定搞垮丹比伯爵。他向接受他的贿赂而同他作对的英格兰反对派揭露了丹比一直向他要钱的事情。经过精心策划之后，这件事情在下议院里戏剧性地揭露出来。它像一颗炸弹在可怕的时刻爆炸了。人们谈论着把英格兰置于罗马控制之下的阴险计划。由于所谓的“天主教会阴谋”（Popish Plot），到处流传着同法国国王缔结秘密条约的消息，有关约克公爵似乎要继位的谣言令人产生了恐惧的心理。

声名狼藉的教士泰特斯·奥茨博士背弃自己的信仰，成为新教的忠实卫士。他手里掌握着英格兰天主教徒和耶稣会教徒写给圣奥梅尔和法国其他天主教中心的教友的信件。根据这些信件，他指控约克公爵夫人的私人秘书科尔曼阴谋杀害国王，招引法国人入侵，大举屠杀新教徒。上下两院的许多重要议员相信奥茨的控告，或者假装相信。于是有关方面签发了逮捕科尔曼的命令。其实科尔曼根本无意谋害查理，而他身居天主教活动和联络的中心倒是事实。他在被捕之前急忙烧掉了大部分信件，但是有一些信件被人缴获，他在这些信件中不慎提到恢复天主教信仰的问题和天主教徒对查理的失望情绪。在群情激愤的时刻，这些材料使奥茨的控告增添了真实性。1678 年 10 月，地方法官埃德蒙·贝里戈弗雷爵士对科尔曼进行审讯。在审理这个案子期间的一个晚上，有人在格林贝里山脚下发现贝里戈弗雷爵士的尸体，这座山现在叫作普里姆罗斯山。为了这一凶杀案绞死了三个人，他们的名字碰巧是格林、贝里和希尔[1]。尽管绞死了三名所谓凶手，贝里戈弗雷爵士之死至今仍是不解之谜。这次暗杀犹如火上加油，使英格兰人的情绪达到疯狂的程度。国教徒和清教徒都携带刀剑或其他防身武器，伦敦人都在谈论要提防天主教徒的暗箭。奥茨在数月之内成为众人欢呼的英雄，这个奸诈卑鄙的家伙充分利用了这种有利的条件。这时候，饱经沧桑的沙夫茨伯里看出他乘风破浪的机会已经来到。

1　希尔（Hill）是山字的谐音，因此三个名字加在一起正好是“格林贝里山”。——译者注

前英格兰驻法国大使蒙塔古同辉格党和清教徒的领袖串通一气，拿出丹比伯爵的一些亲笔信。信中说，英格兰由于同意拟议中的法荷《内伊梅根条约》[1]，可以得到600万利佛尔的报酬。信中也谈到查理二世希望摆脱对国会拨款的依赖。通过这个条约，法国人将获得很大的利益。为了替自己辩解，丹比伯爵也宣读了一些信件，结果只能减轻事情的严重程度，而不能推翻这些残酷的事实。他不可避免地要受到弹劾。当年斯特拉福德的处境也不比他的处境更困难。看来他确实性命难保。查理二世希望暂缓进行这种会把他的大臣置于死地的诉讼程序。这次控告有不公之处，何况丹比是为了博得国王的欢心而采取如今受到控告的那些行动的。于是，查理二世在1678年12月解散了保皇党国会。

这届国会持续了18年，其间有过几次休会。它诞生于保皇派充满王政复辟的狂热情绪之时，而查理二世发觉自己将被它降到威尼斯共和国执政官[2]的地位时，它便寿终正寝了。在时间上，它超过了“长期国会”。在同王权斗争以保护立宪制度方面，它在很长的时间里胜过初期朝气蓬勃的上届国会。它在保皇派最后胜利之时巩固了内战带来的一切成果，在一定限度内恢复了王权和君主制的合法性，建立起国会对财政的控制，并且使大臣们进一步对国会两院负责。它建立在岩石之上，这块岩石就是英国政体中的议会派势力和新教势力。这些力量之间虽有严重的分歧。但它们聚集起来，针对当时的主要问题共同发动了1688年革命[3]。

*　　　*　　　*

1 *Treaty of Nimwegen*，1678年法荷两国在荷兰城市内伊梅根签订的和约。——译者注

2 当时的威尼斯共和国有一个十人委员会和元老院，执政官由他们任命，也必须受他们的限制。——译者注

3 Revolution of 1688，詹姆斯二世1685年继位后意图恢复天主教在英国的统治，加之王位继承等原因，遭到了英国各个阶层的一致反对，各派代表在1688年共同作出决定，废黜詹姆斯二世，迎立詹姆斯二世信仰新教的女儿玛丽及其丈夫荷兰执政者威廉为英国女王和国王。因这场革命没有流血即获得成功，史称“光荣革命”。革命后，新教成为英国国教，王权受到限制，资产阶级君主立宪制确立。——编者注

查理二世折断长期支持他的支柱以后，并不打算信赖另一个集团。他希望新国会不像“保皇派国会”那样强硬苛刻、墨守成规和固执己见。他以为全国其他地区比沙夫茨伯里占据绝对优势的伦敦对他更友好。这一切只是一种幻觉而已。全国其他地区对他的敌意比首都更加强烈。选举人在选举期间过着惬意的生活，他们用候选人的钱财开怀畅饮，热烈争论。像查理一世时代的“短期国会”（Short Parliament）一样，反对国王的主要人物又都重新当选。在忠于王室的150名议员中，只有30人再度当选。局势酷似1640年的情况，不过有一点根本区别：国王和全国人民有过痛苦的经历，他们都不希望再有这种经历。英格兰笼罩在内战及其可能引起的克伦威尔式暴行的恐怖之中。查理一世的阴影紧跟着他的儿子查理二世。后者此时的首要目标是不惜一切代价拯救王权和他自己。他顺从全国的愿望，向敌对的国会作出让步。丹比伯爵曾经面临死刑的危险，因而庆幸自己在伦敦塔内被人遗忘了五年。然而他的戏并没有唱完。

约克公爵詹姆斯是国会打击的主要目标。查理二世早已告诉他不要出席枢密院会议，此时劝他离开英格兰。于是约克公爵出奔荷兰，随行人员中有年轻的英军上尉、当过法军上校的约翰·丘吉尔，此人是他信赖的副官，十分能干。约克公爵脱离险境之后，查理二世便开始应对周围的反天主教风暴。奥茨和帮助他作伪证的追随他的人实行残酷的统治，血腥镇压英格兰天主教徒中的知名人士。他们通过作伪证和收买别人作伪证的手段，处死了许多无辜的天主教徒。查理二世竭力保护受害者，他看到自己的援救行动未能奏效，便听任血腥的迫害活动进行下去。他对人生有比较深刻的认识，采取愤世嫉俗的态度。他在流亡时期经历过颠沛流离的生活，这一切对他有很大的影响。他明知有些人无辜受冤，却签署了他们的死刑判决书。他之所以忍受臣民对他进行这种可怕的折磨，并非出于自私的原因，而是由于他调整了自己的应对策略。鉴于自己的生命和王朝处于危险之中，他放弃了不问政治的逍遥生活，以其全部力量和治世之才去夺回失去的筹码。现代世界经过研究探索，对他的这种才能给予越来越高的评价。他的最后五年的统治阶段是他一生最光辉的一页。他同沙夫茨伯里的针锋相对的殊死斗争令人激动。他起初似乎就要败在沙夫茨伯里的手下，可是由于进行长期冷静的斗争和运用极其巧妙的手段，他成为胜利者，而残酷无情、双手沾满无辜者鲜血的沙夫茨伯里逃亡国外，后来客死他乡。

斗争的焦点是《排斥法案》[1]。全国大多数人把防止天主教徒继承王位作为首要目标，他们可以忍受各种情况，而对天主教徒登基则不能容忍。那么应该由谁继承王位呢？沙夫茨伯里考虑到奥朗日亲王威廉，但又觉得查理二世同露西·沃特斯所生的私生子蒙茅斯公爵更合适。蒙茅斯公爵年轻英俊，浪漫勇敢，他出类拔萃，深受人们的爱戴，而且是个新教徒。他是婚生子还是私生子呢？据当时的普遍看法，查理二世和露西以某种形式结过婚。据说他们的结婚证书放在一个“黑盒子”里。后来，结婚证书被教皇使节盗走。英格兰的强大势力集团希望为蒙茅斯赢得合法地位，因为他们需要一位国王，一位信奉新教的国王，一位属于圣公会的国王。这位国王必须是在立宪制度的熏陶下成长起来的，必须有一些平民血统，这样他才会比较理智，才能奉行明确的方针，组织新教势力同路易十四谋求的欧洲天主教统治地位进行斗争。只有一个人能解决这个问题。只要查理二世承认蒙茅斯是他的继承人，他的一切麻烦问题便可迎刃而解，国家的前途就会得到保障，然而他无论如何不肯这样做。他耽于声色之乐，过着放荡的生活，相信不可知论，浅薄地涉猎艺术，但他有一点忠诚之处，即忠于王族血统和合法继承权。同他弟弟的优缺点相比，他知道自己有愧于英格兰的王冠，因此他认为把王位传给弟弟是他的神圣职责，尽管这对他本人和整个王国是非常痛苦的，但他必须这样做。然而，关于“黑盒子”的传说并未消失，我们现在还常常听说不幸的

---

1 *Exclusion Bill*，是 1679 年英国国会部分议员就约克公爵天主教徒詹姆斯能否继承王位问题提出的剥夺詹姆斯王位继承权的法案。——编者注

蒙茅斯的后代、一位巴克勒奇公爵找到并销毁了露西·沃特斯的结婚证书，从而消除了对王位继承权的威胁。

新国会召开时，下议院比上一届国会的下议院强硬得多，形成了反天主教的绝对多数。它立即开始弹劾丹比伯爵，而且力图给他判处死刑。它极力推行《排斥法案》，因为根据这个法案进行推理，必然会得出严重的结论。既然法律禁止天主教徒在英格兰担任任何职务，为什么要由一名天主教徒行使王权呢？查理二世极力提出妥协方案，他不同意国会改变嫡系子孙继承王位的传统，玫瑰战争就是因为这个问题而爆发的。他提出一些可取的限制措施，如果这些措施能被接受并且付诸实行，那么将会产生受到严格限制的君主立宪制。如果天主教徒登上王位，国教教会将不再支持国王。天主教徒不得充当上议院或下议院的议员，也不能担任任何官职。国王逝世时的国会应该继续存在一个时期，如果它已经休会，不经过召集便可自动复会。查理二世终于放弃了他父亲长期为之奋斗的兵权，控制民兵的地方总督、副总督和海军军官将由国会任命。然而当时人们认为，如果天主教徒当上国王，任何限制措施都是不起作用的。《排斥法案》在二读时得到多数议员的赞成，于是查理二世亲临国会，把它解散了。

这个短命的国会为自己留下了永恒的丰碑。它通过了一项《人身保护法》[1]，强调并维护了个人不受政府随意逮捕的权利。任何英格兰人，不论贵贱，只要法庭根据现有的法律不能确定他的罪名，在监禁几天之内就必须获得释放。查理二世不反对这一点。国内对立两派似乎势均力敌，所以他的朝臣、官员和以前的大臣或许有时也需要这种保护。他用诺曼人的法语讲了这句惯用语：“国王有此愿望。”凡是世界上讲英语的地方，凡是不列颠国王或美国政府统治的地方，一切奉公守法的人都享受着人身自由。英国人以他们的政治天才制定的《人身保护法》显出它的可贵之处，即使最粗心和最无知

1　*Habeas Corpus Act*，1679 年英国国会通过的关于保护人身权利的法律。——编者注

的人也不能对此视而不见。

新教的怒潮再次席卷英国大地，各地的选民纷纷反对约克公爵继承王位。真诚可敬的教士们企图说服他回到他的前辈和他的未来臣民所属的教会中，而他执意不肯。他既有天生的好斗精神，又有皈依天主教者的热情。纳瓦尔王国的亨利为了获得王冠，曾经世故地作出妥协，而约克公爵不想步其后尘。他宁愿流亡异国，过贫困的生活，甚至准备献出自己的生命，也宁可让国土在内战中变成废墟。对立双方的动机都是值得敬佩的，但也无情地带来了长期而深重的灾难。在天主教会利用它的传统权威反对俗界专制之际，世人很难看出，它使 1679 年的英格兰陷入的局面同史密斯菲尔德刑场上烧死新教徒的大火、圣巴塞洛缪节的大屠杀、西班牙无敌舰队的讨伐和爆破阴谋[1]这些历历在目的事件究竟有何区别。

1 1605 年 11 月 5 日，天主教徒在国会的地下室安放炸药，企图在詹姆斯一世和国会开会时进行爆破。——译者注

第二十四章　　　　CHAPTER 24

辉格党与托利党

查理二世发现新的国会选举并没有使他的处境有任何好转，便使国会又休会了一年左右。在这次休会期间，“辉格党”和“托利党”这两个名称初次得到应用，这两个党派从此使不列颠岛分裂约达200年之久。虽然斗争的根源仍然是宗教问题，但在查理二世的统治之下，民主思想摆脱了它的宗教基础。英格兰的思潮正在从宗教斗争的峡谷中奔流出来，涌向高原地带，那里的景致不像峡谷里那样奇异美妙，然而视野比较开阔。宗教斗争对社会的政治发展一直是必不可少的推动力量，此时它已退居第二位。党派斗争取代了残酷的宗教斗争，前者用尽了卑鄙手段，但不像后者那样违背理性而不可控制。

1680年，在新国会召开之前，掌握全国大权的绅士阶级开始对猛烈的新教运动感到不安。拥护国王的圣公会教徒们从沙夫茨伯里的煽动行径中，日益清楚地看出他和奥利弗·克伦威尔具有可怕的相似之处。内战和所谓的“共和国”引起老一辈人的痛苦回忆，时时烦扰他们的心灵。成千上万的城市居民签署了反对约克公爵继承王位的请愿书，乡下人对于向国王提出的这些要求则普遍表示憎恨。不过双方都不愿戴上“请愿者”或“憎恨者”这样的帽子。他们不为自己命名，而是给对方贴上标签。性情乖戾、固执己见、善于空谈和贪财如命的苏格兰长老会被称为“辉格党”，抢劫领地和富宅的爱尔兰天主教土匪被称为“托利党”。就诬蔑诽谤而言，双方真是半斤八两。“托利党人是一些有着英格兰人的面孔、法国人的心肠和爱尔兰人的是非观念的魔鬼，他们长着宽额头、大嘴巴和肥胖的臀部，可是没有头脑。他们是一群野猪，要把当时的政体连根拔掉……他们采取愚昧的破坏政策，会立刻摧毁我们的两根自由支柱——国会和陪审团，把国会变成有名无实的巴黎议会，把陪审团变成法官的传声筒。”[1] 另外，辉格党人“老是空谈新的启示和预言、宗教方面的收获、内在的活跃精神、宗教的传播和精确的概念……他们带着鼻音发表激昂的讲话，不过并不能使这些内容更有说服力。……这些小喇叭会说话，他们的唯一词汇是‘推翻’‘推翻’。他们的祈祷是一派胡言，是合法化的狂吠，是叹息、哭泣、哮喘和呻吟。他们为国王祈祷，但比正直的人们承认《神圣盟约》时有更多的保留”[2]。

从这些仇恨与轻蔑的语言中，我们可以看出，英格兰险些被拖入另一场残酷的内战之中。“辉格党”和“托利党”这两个名称不仅受到同它们有密切联系的人们的珍视，而且成为他们引以自豪的资本。它们逐渐进入英格兰民族的社会生活，以各种形式反映了这个民族的思潮。它们由于取得了有利于英格兰的重大成就而受到尊重，二者都为英格兰后来的扩张和强盛作出自己的贡献。长期以来，尽管斗争的中心有所转移，党派的阵容有所变化，而千家万户都把对党派的忠诚和党派名称传之后代。鼓动家和著名作家相信自己的号召力，以豪言壮语鼓舞着他们。

1 引自戴维·奥格所著《查理二世统治下的英格兰》（*England in the Reign of Charles* Ⅱ）第 609—610 页。——原注

2 引自戴维·奥格所著《查理二世统治下的英格兰》（*England in the Reign of Charles* Ⅱ）第 609—610 页。——原注

处境窘迫的查理二世没有同他的第四届国会进行对抗，而是采取一条权宜之计，这不禁使人们想起他父亲40年前同意而没有实施的妥协方案。英国驻海牙使节威廉·坦普尔爵士建议成立人数减少而拥有实权的枢密院。他积极主张采取反法政策，曾经一手促成在埃克斯拉夏佩勒战斗中遏制路易十四野心的反法三边联盟。根据他的建议，两党推荐30名要人，一半是政府官员，一半是无冕智囊，他们将取代曾经同意签订《多佛条约》的"阴谋小集团"或内阁。国王的政策不管正确与否，应该公开。人们认为秘密外交即将结束。查理二世此时已同路易十四彻底决裂，后者在英格兰反对派当中广泛散布他贿赂查理二世的事情。查理二世采纳坦普尔爵士的建议，成立了受到赞扬的枢密院。他任命反对派领袖沙夫茨伯里为枢密院院长，可是这个争取和解的措施未能奏效。矛盾极为深刻，30人的枢密院里不久便形成一个小圈子，它控制着一切实权。沙夫茨伯里并没有因为重返官场而减轻对国王的敌意，他没有放弃他所领导的反对派及其对抗运动。恰恰相反，他利用自己的地位为他们的利益服务。1680年10月国会开会时，他再次为通过《排斥法案》而斗争，此时他的声望达到了登峰造极的程度。他似乎兼有大臣的权力和初期造反运动领袖的威望。下议院通过了《排斥法案》，而上议院内部围绕着这个问题进行了激烈的斗争。

这场斗争之所以能够在不流血的情况下结束，主要是一位政治家的功劳，他的行动使"政治两面派"（Trimmer）一词从此家喻户晓，哈利法克斯侯爵乔治·萨维尔[1]既反对天主教，也反对法国。他是天下少有的人物，沉着冷静，判断正确，行动坚决。他能够以极端主义者才有的坚定态度保持中庸之道，善于随机应变，有时顺应潮流，有时逆流而行，而不至于丧失立场和威望。他在社会情绪猛烈爆发的时刻从不退缩，虽然被诽谤为随波逐流之人，

1 George Savile，反对君权神授，主张有限政府，赞成人民推翻腐败政府，但反对将查理一世处决。他因此被判处叛国罪并被处决。——编者注

他的形象却日益高大。德莱顿的生花妙笔刻画了这个动乱时代的许多重要人物，其中最令人喜爱的形象便是哈利法克斯侯爵，他：

> 稍试不利的方案，
> 便作出良好的抉择。
> 这不是简单的转变，
> 而是改变了力量的均衡。
> 无畏之人可以改地换天。

哈利法克斯侯爵对丹比伯爵一直恨之入骨，而这次在上议院却反对《排斥法案》。他比较容易完成自己的任务，因为除约克公爵之外，人们很难提出其他王位继承人。一些反对约克公爵的人主张立他的长女、著名的奥朗日亲王威廉的妻子玛丽为继承人，因为她也是王族成员。沙夫茨伯里也曾有此意，但他最后还是决定拥戴查理二世的私生子蒙茅斯公爵为继承人。他把蒙茅斯拉入枢密院，使其成为反对派的同党。辉格党人捏造说，蒙茅斯当然拥有合法的继承权。查理二世很喜欢他这个朝气蓬勃、威武英俊的儿子。既然他身受压力，灾难临头，难道他不可以采取既安全又容易的办法，宣布蒙茅斯为婚生子吗？可是查理二世决不容忍这种可以讨好反对派的解决办法，国会也不赞成这个方案，因为它的每个成员通过严格的世袭原则得到了土地、财产和权力。圣公会拒绝为了反对天主教而把私生子推上王位。上议院以 63 票对 30 票的多数否决了《排斥法案》。

* * *

反对天主教会阴谋的愤怒情绪在吞噬了一些人的生命之后逐渐平息下去。1680 年 11 月，最后一名牺牲者斯塔福德勋爵被处死。他在断头台上宣布自己是无辜的，周围的人喊道：“我们确信无疑，老爷。”奥茨等人的谎言越来越难以骗人。法官们开始注意到，有关杀害天主教徒的证据有相互矛盾和不甚明确之处。人们的恐惧心理十分强烈，这种状况不会长期存在下去。许多人看到国王明显地同路易十四分道扬镳，因此他们在政治上的敌对情绪也就缓和下来。查理二世认为，他可以乘此机会召集一届对他比较友好的国会。刚刚为国王立下汗马功劳的哈利法克斯反对解散国会，他认为1680年的国会仍然可以继续加以利用。在枢密院进行全面讨论之后，查理二世否定了多数人的意见，他说，“先生们，你们的意见我已经听得不少了。”于是，三年内的第三次竞选开始了。这是对选民的一次挑战，促使他们像上一次选举那样投票。大多数议员重新当选，他们的态度没有发生根本变化。

不久便有传言说，新的国会会议将在牛津召开。那里是伦敦市以及沙夫茨伯里的追随者够不到的地方，无法要挟国王。于是双方都准备到牛津去较量一番。查理二世将其近卫军调到牛津，并派兵扼守伦敦通往牛津的几处交通要道。上议院的辉格党议员带来他们的武装随从，他们以参加决斗的绅士们那种彬彬有礼的敌意看待宫廷的骑兵和卫士。下院议员们四五十人一批相继来到牛津，伦敦的议员还带来了武装市民。一场激烈的较量已经来临，无人能够排除发生流血冲突的可能性。大多数下院议员仍然决心通过《排斥法案》。

查理二世似乎准备了两套行动方案。他使克拉伦登的儿子、约克公爵的内弟、干练的金融家劳伦斯·海德详细调查有关国王正常岁入的状况，以便查清他通过厉行节约能否“自力更生”。他采取这一行动的主要目的是要保证海军的维持费。即使在同情妇大肆挥霍和尽情享乐的时候，他还继续发展海军。海德报告说，单靠国会批准的关税和国内货物税以及国会后来批准征收的税款，根本不能履行国王的职责。假如紧缩开支，就不会有太大的赤字。接着海德奉命同路易十四谈判，英格兰最终以不阻挠法国在大陆上的扩张活动为条件，每年可以得到十万英镑的援助。一些人认为，国王有了这些援助，才能摆脱凶狠的国会的控制。如今英格兰进入了历史上的一个衰落时期，过去它在约翰国王成为教皇附庸以后也经历过类似的衰落时期。现代社会从宪法的角度评价查理二世的行动，对于以每年十万英镑的代价出卖国家外交政策的君主嗤之以鼻。如果用现代社会的是非标准看待这些问题，那么国会在宗教方面的排他主义和沙夫茨伯里一伙的残暴行动也应该受到谴责。如果查理二世在国会面前没有陷入走投无路的境地，他就不会采取由他或者几乎由他一人制定的这个屈辱政策。他不顾全国民众的担心，坚持要把王位传给一个天主教徒。他决不允许打破王位世袭的神圣原则，除此之外他可以作出各种保证。约克公爵一旦继位，只当名义上的国王，英格兰将由一名护国公和枢密院实行统治。他皈依罗马天主教的行为不应该使他失去王位继承权，而应当使他失去一切实际权力。行动大权应该掌握在新教徒手中。如果约克公爵得到一个儿子，这个儿子应该受到新教徒式的教育，在成年之时将立即继位。倘若约克公爵没有儿子，他的两个坚信新教的女儿玛丽和安妮将统治英格兰。护国公必须由奥朗日亲王威廉担任。

查理二世本来会同意这些条件，然后抛开法国，同荷兰人和信奉新教的德意志公侯结成联盟。没有人会轻易指责这个计划。查理二世有过这个打算，这说明他内心矛盾重重。沙夫茨伯里却另有一套计划，他和他的同党非要把蒙茅斯推上王位不可。国会一召开，便立刻显出它的敌对情绪。查理二世在致辞时痛心地谈到上一届国会曾采取悖谬的宗教活动。上一届国会的下议院议长重新当选，他在谦和的讲话中暗示说，他们看不出有改变行动纲领的必要。沙夫茨伯里仍是枢密院成员，在某种意义上也是政府的成员。他以坚决的态度同查理二世进行了会谈，在场的许多重要人士对此感到震惊。沙夫茨伯里把一份文件交给查理二世，要求他宣布蒙茅斯为合法继承人。查理二世回答说，这种做法违反法律，也不符合公道。沙夫茨伯里说：“如果你服从法律和公道，那就依靠我们，由我们处理这些问题。我们将制定一些法律，使维持国内秩序的必要措施具有合法性。”查理二世反驳道：“不要异想天开了。我决不屈服，也决不受欺负。人往往是年纪越大胆子越小，而我却恰恰相反，在未来的生命里程中，我决不让自己的名誉受到玷污。我的手中有法律和正义，一切正直的人都站在我的一边。我还有教会的支持。”说到这里，他指了指在座的主教：“任何事情也不能使我们分离。”

两天以后，即1681年3月26日，下议院召开决定性的会议。一位重要议员向大会透露了查理二世要在约克公爵继位以后设立护国公职位的计划。查理二世如果让辩论继续下去可能是明智的，不过牛津是个兵营，两个武装起来的派系互相摩擦，随时可能挑起战争。正如约克公爵甘愿为自己的宗教信仰作出任何牺牲一样，查理二世敢于为维护世袭原则应付一切挑战。蒙茅斯是他的爱子，他的弟弟约克公爵则是他的祸根，可是他不惜任何代价防止儿子取代弟弟的继承人地位。

下议院通过了一项剥夺约克公爵继承权的决议。下星期一，两顶轿子直奔国会而来。第一顶轿子里面坐着国王，王冠藏在他的脚下；第二顶轿子遮得严严实实，里面放着国王的权杖和朝服。查理二世就这样奔向在牛津大学几何学院开会的上议院。下议院正在讨论国王对诽谤活动提出的指控，当一名议员慷慨激昂地论述大宪章的有关内容时，黑杖侍卫前来叩门召集他们到上议院去。绝大多数议员认为，这预示着国王要向他们的意志屈服。他们看到国王穿着朝服坐在御座上，无不感到惊讶，当他们听到上议院议长以国王的名义宣布解散国会时，则吓得目瞪口呆。

没有人能预料到这次解散国会将引起何种后果。40年前，苏格兰议会接到国王的命令时拒绝解散。100年以后，法国国民议会退守凡尔赛的网球场，坚持不散。英国内战像一服药剂，仍然在1681年的英格兰人身上发挥着效力。由于法制观念的影响，他们没有采取任何行动。查理二世在禁卫军的严密保护之下退居温莎。沙夫茨伯里试图把已经解散的国会变成具有革命性质的代表大会，可是无人听从他的意见。查理二世的这步险棋走对了，前一天国会还把自己看作国家命运的监护人，随时准备进行殊死的斗争，此时议员们却乱哄哄地争夺车辆准备回家。

沙夫茨伯里从此开始倒运，深谋远虑的哈利法克斯跻身显要。处决天主教贵族和其他人的行动已经引起明显的不满，国会遭到第三次解散时的顺从态度使这些不满情绪进一步暴露出来。没过两个月，查理二世感到自己有足够的力量，可以将沙夫茨伯里以煽动叛乱罪论处。令人费解的沙夫茨伯里此时几乎奄奄一息，他虽然意志犹坚，而体力已经极度衰弱。他几乎不能走路，追随者见此情景无不感到失望。米德尔塞克斯地区的大陪审团忠于沙夫茨伯里，在控告他的起诉书上写了“笨蛋”（Ignoramus）的字样，因为他们认为证据不足。沙夫茨伯里依法获释。同时，他的一名追随者却以同样的罪名在牛津上了绞刑架。他已经不能继续斗争，建议他的同党发动叛乱，而杀害国王似乎是反叛必要条件之一。沙夫茨伯里在这时候逃往荷兰，希望荷兰人给予支持。数星期之后，他在海牙去世了。他不能同英国议会制度的几个主要奠基人相提并论。作为清教改革家，他有丰富的党派竞争经验，而他的双手沾满了无辜者的鲜血。他的首要目标是要使自己的党派和宗旨取得胜利。他一生的活动没有为英国留下任何遗产，他同皮姆一样令人生畏，可是他的名声远远不及后者。

*　　*　　*

此时人人关心的是内战会不会发生。所有的克伦威尔式的势力跃跃欲试。实际上，人们确实有一种普遍的恐惧心理，他们认为，约克公爵一旦登上王位，摆在他们面前的只有两条路：一是改信天主教，二是在火刑柱上化为灰烬。约克公爵于 1682 年 5 月从流亡的地方归来，人们更加胆战心惊。科尼特·乔伊斯把国王从霍姆比城堡押走，那只是 20 多年前的事情。已经退役的圆颅党军官“汉尼拔”·朗博尔德曾经于值得记忆的 1 月 30 日在白厅刑场的断头台旁边值勤，如今住在纽马基特公路旁的拉伊城堡里。在那个地段，公路两旁的地势十分险要。在查理二世和约克公爵赛马归来之时，如果有人在这里埋伏50名狂热的铁甲军士兵，便可以轻而易举地战胜国王的卫队。除了这个危险的计划，还有一个发动大规模暴动的阴谋，它的策划者并不知道另一伙人的伏击计划。在几年以后把约克公爵赶下王位的那些人当中，许多人，但不是所有的人，此刻正准备诉诸武力。辉格党的许多贵族要人一起进行了密谋。幸好纽马基特发生一场火灾，该镇大部分毁于烈火，查理二世和约克公爵提前几天回到伦敦，因而安然无恙地通过了拉伊城堡。数星期之后，有人出卖了这次阴谋的秘密，策划暴动的大集团因而受到了打击。

谋害国王和约克公爵的消息在国内传开以后，日益强硬的保皇派立即作出强烈的反应。这个消息扭转了整个局势。在此之前，辉格党利用天主教会的阴谋使老百姓相信，罗马天主教徒即将杀害国王。此时的情况恰恰相反，辉格党或者说是清教徒阴谋杀害国王。英国人对君主制满怀敬意，查理二世举止优雅，尽管有一些危险而引人注目的恶习，还是深受人们的爱戴。人们担心，他一旦去世，他的信奉天主教的弟弟将成为国王，因此人们对他更是满怀敬爱之情。从这时起，查理二世进入自己一生中最得意的时期。哈利法克斯建议召开新的国会，但查理二世已经吃尽国会的苦头，他靠路易十四的补贴能够支付生活费。在30名天主教徒蒙冤惨遭杀害之前，他签署了他们的死刑判决书，他随波逐流地采取这种报复手段并不令人感到奇怪。

事态的发展牵涉到两位知名人士，一位是拉塞尔勋爵威廉，另一位是阿尔杰农·西德尼。他们并没有图谋杀害国王，可是拉塞尔参与了政变的策划工作，西德尼准备了一份没有发表的学术性文件，这份文件为抵制王权的做法进行辩解。保护国王的托利党人消除了顾虑，他们奋发起来，要求采取报复行动。查理二世把拉塞尔和西德尼归入亨利·范内爵士之列，定为君主制的敌人，西德尼的罪名略轻一些。经过公审之后，二人上了绞刑架。拉塞尔宁愿牺牲而不向王权屈服，西德尼在生命的最后一刻还维护辉格党的基本原则。教会和政府同这两个人进行了激烈的争论，他们没有作出任何让步。兰克作过一段精辟的论述，他写道："这是本世纪的特征所在。在政治和宗教观点争夺主导地位的斗争中，许多人形成了不可动摇的信念，这种信念使他们具有坚定的性格和高于党派之争的思想境界。人们像掷骰子一样，可能获得权力和施展才能的广阔天地，也可能不得不向刑场上的复仇大斧伸出脖子。"

这些牺牲具有深远的意义。许许多多的人为了宗教而杀身成仁。属于天主教、清教、长老会、再洗礼教派和贵格派的教徒都曾经英勇不屈地迎接死神。宫廷大臣和知名人士在他们的政策失败之后倒下去了，杀害查理一世的人也傲然迎接了死神，而此时这些受刑的人却是政党利益的第一批牺牲者。分支繁多的贝德福德家族维护拉塞尔的荣誉，对自己的称号比较满意的辉格党人世代崇敬这些捍卫他们的原则和利益的杰出战士。他们长期颂扬"汉普顿在战场上、西德尼在断头台上为之献身"的事业。当年的辉格党已经成为历史上的陈迹，可是它在自相矛盾和互相误解的世界上留下了应当得到承认和付诸实施的自由统治原则。我们在衡量这条原则对现代社会的宝贵价值的时候，也不要忘记向那些在那么久远的年代如此明确地提出这一政策的人们表示敬意。

查理二世从此在国内保持着绝对权威，具有进行反击的能力。自治市和城镇是辉格党的堡垒，它们只能凭借特许状来控制地方权力和地方行政官的职务。它们在议会选举中的影响也受到威胁。通过施加压力和巧妙操纵，保守党人当选为伦敦的行政司法长官，从此可以组织可靠的陪审团，严惩犯罪的辉格党人。像沙夫茨伯里那样能够逃脱惩罚的事情不会重演了。托利党在伦敦得势以后，不久也在外省取得胜利。辉格党的城市自治机关根据收到的令状，提出有关它们长期行使特权的合法证明。皇家法官们感到高兴的是，这些特权多半是不合法的。在这种压力下，许多一直抱着敌对态度的市自治机关向国王屈服，乞求国王根据自己的意愿签发新的特许状。嫉妒城市特权的乡绅阶级支持政府。辉格党人在乡村处于劣势，此时他们在城市的优势也岌岌可危。然而，他们竟然奇迹般地作为一股政治力量生存下来，而且不久将恢复自己的统治地位。

获胜的查理二世违背自己的心愿，顺从地执行他的法国施主确定的外交政策。他过着日益节俭的生活；他的情妇们开始关心自己的前途，互相争夺从印花税中拨出的年金；只有海军舰队仍然得到必要的费用。路易十四继续进行侵略扩张活动，反对民主自由和新教信仰。他的军队践踏西属荷兰地区，他染指斯特拉斯堡，进攻德意志诸公国，称霸欧洲，真是不可一世。在伊丽莎白和克伦威尔的统治时期，英格兰在欧洲事务中发挥过重要作用，此刻却蜷缩于安谧而自足的社会之中，忙于贸易和经营殖民地，专心处理国内事务，而且庆幸其悠闲自在。

在大洋彼岸，英国势力得到了很大发展，这往往是当地人士当机立断的结果，而不是伦敦当局有计划的指示所致。英国的贸易在印度和非洲西海岸均有发展。1669 年成立的哈得孙湾公司在加拿大北部建立了第一批贸易站，并且不断加强它在那里的势力。在纽芬兰沿海地区，英格兰渔民使最早开辟的英国殖民地恢复了生气。在美洲大陆上，英国人几乎控制了整个东部沿海地区，他们夺取纽约，开辟新泽西殖民地，把南北两大批殖民地连接起来。内陆地区的宾夕法尼亚在贵格派教徒威廉·佩恩[1]的领导下，开始成为各国受迫害者的避难所。在它的南面，南、北卡罗来纳两个殖民地已经形成，是为纪念国王而命名的。到查理二世的统治结束之时，美洲诸殖民地已经拥有 25 万人口，其中不包括源源不断地从非洲运来的黑奴。各殖民地的地方议会坚决维护英国人的传统权利，反对来自伦敦的王室大臣的干涉。在王政复辟[2]时期，伦敦人沉浸在胜利和失败的喜怒哀乐之中，很少有人看到在这些较小而遥远的美洲殖民地面前展现的广阔前景。温斯顿·丘吉尔爵士倒是看到了这

1　William Penn（1644—1718），北美殖民地时期的一位重要政治家、社会活动家，宾夕法尼亚殖民地的开拓者，也是贵格派的主要支持者和宗教改革家。——编者注

2　Restoration，英国历史学家对斯图亚特王朝的查理二世返英继承王位事件的指称。——编者注

番前景，他在垂暮之年著书颂扬伟大和古老的不列颠君主制，书名为《神圣的不列颠》(*Divi Britannic*)。不过麦考利对这部书持否定态度。丘吉尔自豪地提到了不列颠在 17 世纪的新天地，“她的地平线扩展到遥远的美洲，那里阳光灼热，已经成为我国的一部分，它得到迅速发展，将比本土拥有更加雄厚的力量”。不过，这是以后的事情了。

*　　　　*　　　　*

不让约克公爵获得王位继承权的呼声逐渐消失了。这时约克公爵积极支持法国的欧洲政策，不但没有从过去的逆境中接受教训，反而梦想借法国的武力使英格兰再度皈依罗马天主教。奇怪的是，他的个人威望竟然有所恢复。他当时的行动没有被人遗忘。

> 他是不列颠王室的荣誉，
> 敬爱的吉米[1]重返民间。

这是托利党的蹩脚诗人对他的歌颂。他继续履行自己的职责，名义上再度成为海军大臣。他向重视实际的查理二世详述了强硬政策已经显出的效力，坚定不移地准备执行自己的使命。

查理二世只有 56 岁，表面上精神焕发，身体强壮，而实际上他的纵欲生活已经破坏了他的体质。不过，倘若把他视为酒色之徒，则低估了他的性格和才智。他的一生是在无休止的斗争中度过的。他在少年时期目睹和忍受的灾难，成年时期经历的险遇和贫困，在位 25 年的复杂政治斗争，可恶的“天主教会阴谋”对他的逼迫，这种种经历使他在晚年积累了丰富的经验，显

1　Jimmy，詹姆斯的昵称，约克的全名是詹姆斯 · 约克。——译者注

得老成持重，英格兰的各种烈火已经熄灭，而余烬仍在散热，感到疲倦的查理二世国王可以烘手取暖而稍事休息。

此时备受宠信的哈利法克斯仍在敦促查理二世召集新国会，查理二世要不是在 1685 年 2 月中风，也许会同意他的建议。医生对他进行了难以忍受的治疗，可是毫无效果。他对死亡采取令人感动的超脱态度，并为自己“在临终之时如此令人烦恼”而表示歉意。约克公爵在一旁准备拯救他的灵魂。在博斯科贝尔的橡树上避难前后曾经帮助他的老神父赫德尔斯顿被人秘密带到这里，为他做最后的祝福，企图把他带回天主教世界。除了实行世袭的君主制之外，查理二世在人间和阴间别无所信。他要根据自己的权利充当国王，过着惬意的生活。他并非残忍，而是愤世嫉俗；他并非宽容，而是漠然处世。他值得人们感谢的主要方面，是他重视皇家海军的建设。

第二十五章 CHAPTER 25

信奉天主教的国王

自从詹姆斯一世执政以来，王权同国会的斗争一直左右着英格兰社会。现在，这一斗争又恢复到它开始时的状况。80 年坎坷不平、艰难曲折的道路使君主政体在表面上几乎恢复了都铎时代[1]的专制主义，这是形势的需要。虽然英国经历了马斯顿荒原战役和内斯比战役的失败，经历了处决查理一世事件、克伦威尔独裁时期、军事割据时期、剧烈的王政复辟运动以及围绕天主教会阴谋而展开的野蛮的革命斗争，查理二世竟然能够在没有国会支持的情况下维持三年的统治，然后把一个新教国家的王位传给一个天主教徒。对于生活在那个紧张时代的人来说，君主制重于生命，即使宗教方面的敌对立场也不能阻止合法继承人在不列颠臣民的欢呼声中登上王位。

在查理二世统治时期的最后两年里，詹姆斯发挥了重要作用。他巧妙地利用了查理二世通过顺应逆境、等待时机和奉行屈辱的外交政策为斯图亚特王朝取得的胜利。对詹姆斯二世来说，他的继位似乎振兴了他所维护的衰败

1 Tudor dynasty（1485—1603），是英王亨利七世开创的一个王朝，被认为是英国君主制黄金时代，历经 118 年共五代君主，是英国从封建主义向资本主义过渡时期。——编者注

事业。他认为，能够使他成为名副其实的国王的唯一办法，就是要像路易十四在欧洲大陆那样，建立一支训练有素、装备优良和忠于王室的常备军和海军。指挥战争对他的天性有强烈的吸引力，他曾在蒂雷纳部下打过仗，也曾在海上浴血奋战。他的首要目标是要建立一支忠于王权和他本人的海、陆军力量，这支力量像一把钥匙，也许能打开任何一座大门。一旦国王手中有了沉重、坚韧而锋利的宝剑，那么喋喋不休的国会、有政治倾向的傲慢贵族、取得胜利的主教制度、大肆叫嚣的辉格党和气急败坏的清教徒都会乖乖地俯首听命。每个人对法国在君主专制制度下所达到的强盛地位既感到畏惧，又羡慕不已。法兰西民族排解了她的一切纠纷，她的力量在伟大国王的统治下联合起来，因此她成为当时的一大强国。不列颠群岛为什么不能以同样的方法达到同样的强盛地位呢？

此外，詹姆斯二世还希望使全体人民重新皈依天主教，医治基督教世界内部由于长期不和而造成的创伤。他决心至少使英格兰的基督教徒具有宽容精神。这种精神是不是他的唯一目标，史学界对此尚有分歧。他是个狂热的天主教徒，甘愿为自己的信仰作出任何牺牲，后来终于为此丢了王位。他的儿子自觉地继承他的事业，也遭到同样的下场。宽容自然是振兴天主教的起码条件。詹姆斯二世决心保护天主教徒不受迫害，后来出于策略方面的考虑，他也保护非正统教派。他申明他所追求的是宽容政策，这一点可能也加强了他的信念。他开明地运用自己的权力，成为名副其实的人民之父。

坚定不移的詹姆斯考虑着这些宏伟计划。新教徒毫不怀疑，假如他已经获得专制权力，他一定会像路易十四那样残酷无情地把它用于实现自己的宗教计划。在詹姆斯二世继位的那一年，法国国王废除了《南特敕令》[1]，并以武力镇压了胡格诺教派的最后反抗。詹姆斯二世写信支持法国国王的迫害活

1　*Edict of Nantes*，1598年法国国王在南特颁布的宽容新教的敕令，以缓和国内宗教矛盾。后被法国国王路易十四废除。——编者注

动，这些信件至今仍然保留着。另外，他在执政期间不敢超越一定的宽容界限。他还没有完成他的政策的第一阶段，便被赶下王位，所以，谁也不能证明他的政策不会发生变化。在后来的流亡生活中，他同属于特拉比派的修道院院长朗塞建立了通信联系，60 封信件至今还保存着。他在信中既表达了天主教信仰，又流露了宽容精神。不过他当时如果能够返回英格兰，充其量只能得到宽容而已。一旦他掌握绝对权威，信奉新教的英格兰民族如果信赖他的仁慈和宽容，那么他们就未免太愚蠢了。

他们并不那么愚蠢，而是对詹姆斯二世打着宽容旗号所采取的一切行动抱着极端的不信任态度。根据詹姆斯二世的性格、个人经历、坚信天主教的誓言以及天主教会的整个面目，他们确信，假如他有了权威，他们就只能在弥撒和火刑柱之间作出选择。

历史的车轮不断地向前滚动着。查理二世的暴卒对他心爱的私生子蒙茅斯是一个沉重的打击。蒙茅斯当时正在荷兰，他跳舞滑冰，同具有闭月羞花之貌的情妇温特沃思女士尽情欢乐。他无忧无虑地消磨时光，等候英格兰新教徒的宗教热情和父亲的宏爱为他赢得他认为自己生来就有的权利，可是他突然发现，今后他必须与之打交道的不是无限宽容的父亲，而是毫不容忍、有无数旧账需要清算的叔叔。奥朗日亲王威廉在海牙把他奉为上宾，可是在查理二世的噩耗传来的那一天，威廉出于国家关系的考虑，竟下了逐客令。威廉对他提出可取的忠告，建议他到德皇的军队当一名军官，去同土耳其人作战。可是蒙茅斯处于流亡分子的控制之下，他的身边都是曾经参与拉伊城堡阴谋的无所顾忌的流亡者。他们说："为你的权利而斗争吧，机不可失，时不再来。"蒙茅斯本来会乐于同温特沃思女士安然度日，无奈这些气急败坏的亡命之徒使他走上了绝路。他们对于自己在 1681 年逃离的英格兰仍然难以忘怀，蒙茅斯也憧憬着他在英格兰西部阔步前进的壮丽场面。整个英格兰难道不会起来拥护"我们敬爱的新教公爵"而反对天主教徒继承王位吗？于是，三只小船载着积极维护《神圣盟约》的阿盖尔伯爵之子小阿盖尔和"汉尼拔”· 朗博尔德驶向苏格兰，其他三只小船将使拉伊城堡阴谋的其他参与者或沙夫茨伯里的追随者陪同蒙茅斯踏上不祥的征途。

詹姆斯二世像当年的理查德 · 克伦威尔那样从容不迫地登上王位。为了把王权抓到手，他采取了可以想到的各种措施，登基伊始发表的声明使惴惴不安的全国各界人士感到了宽慰。他企图在民众的心目中消除他力图报复、向往专制的印象。他说：“为了保卫我们的民族，我常常不顾个人安危，我以后也将像所有的人一样，努力维护它的正当权利和自由。”他表示决心在政教领域保持法制。他还说：“英格兰的法律足以使英格兰国王成为伟大的君主。”他保证维护王权，不侵犯个人财产。据说他还宣布过“他个人没有任何宗教观点”。可是，他一旦感到自己具有国王的实力，便在即位之后的第二个星期天公开到他的小教堂去做弥撒。诺福克公爵带着御剑在前面导行，到了教堂门口便止步了。詹姆斯二世对他说：“公爵，如果是令尊大人，他一定会进去。”诺福克公爵反唇相讥：“要是陛下的父王在世，他决不会到这里来。”

詹姆斯二世公开参加天主教仪式的行动立即引起圣公会教士的不满。不过，此事的影响过了一段时间才扩散到农村。他发表的声明普遍得到人们的接受。他必须召集国会，以便恢复随着查理二世的逝世而自然取消的王室岁入。新选出的下议院对詹姆斯二世采取忠诚友好的态度，拨给他数量可观的终身岁入。随着贸易的发展，这笔收入几乎达到每年 200 万英镑。坚定的托利党人爱德华 · 西摩爵士对他所在的西部地区的选举深感不满，他警告下议院不得采取轻率行动，要求暂缓执行它的决议。詹姆斯二世从国会的态度中受到鼓舞，决定在立宪问题上实现自己的目标。他知道自己的目标所在，希望能够一帆风顺地达到自己的目的。大臣当中没有发生重大的人事更迭，哈利法克斯仍然是大臣中的核心人物。人人都在盼望新国王举行加冕仪式。

就在这个时候，蒙茅斯于 1685 年 6 月 11 日登陆了。他在海上航行了 19 天，侥幸躲过英格兰舰艇的搜索。他进入离波特兰岬角不远的莱姆里吉斯港，立即受到民众的欢迎。他发表一项公告，声明他母亲的婚姻是合法的，谴责詹姆斯二世是杀害查理二世的篡位者。一天之内，就有1500人投靠到他的麾下。信使飞马到白厅报告这一消息之后，詹姆斯二世有了初显王威的机会。他虽无浩荡的大军，却有皇家骑兵和一个军团的龙骑兵，指挥官是新国王长期信任的丘吉尔勋爵。此外，詹姆斯还有从已经放弃的丹吉尔要塞撤回的两个正规步兵团，指挥官是柯克上校。统治势力全部站在新国王的一边，国会宣誓和他同生死、共患难。他们判处蒙茅斯死刑，悬赏要他的首级。国会还拨出大笔军费，民兵应召集合起来，各地纷纷积极响应。长期居住在英格兰、受封为费弗沙姆伯爵的法国人路易·迪拉奉命统率国王的军队。丘吉尔经过强行军已经接近蒙茅斯。后者带着忠诚的六七千叛军进行了一次长途行军，经过汤顿和布里奇沃特向布里斯托尔前进，在布里斯托尔吃了闭门羹之后，便从巴斯和弗罗姆折回来，在登陆一个月之后重返布里沃特。丘吉尔已经和柯克会师，他们每天在蒙茅斯身后紧追不舍，费弗沙姆伯爵率领的军队也渐渐逼近叛军。

尽管平民热情支持蒙茅斯的事业，但这位公爵已经深感自己末日已近。他获悉阿盖尔和朗博尔德在苏格兰战败被俘，他们会马上被处死。不过他还有最后的一线希望，可以对王军发动夜袭。费弗沙姆驻扎在塞奇穆尔的营寨遭到突袭，但蒙茅斯没想到有一条叫作“巴塞克斯莱茵河”（Bussex Rhine）的深沟横在敌我之间，因此未能进行短兵相接的战斗。警觉而活跃的丘吉尔接过指挥权。西部地区的农民和矿工遭到16门大炮的轰击，背后和侧翼受到王军的进攻，可是他们像当年铁甲军那样顽强作战，不肯后退一步，相继阵亡。最后在无情的追击和大规模的屠杀中，他们的奋斗以悲惨的结局而告终。蒙茅斯逃离战场，几天之后也被捕获。他没有要求饶恕，也没有得到饶恕。詹姆斯二世国王同罪恶滔天、死难临头的蒙茅斯会了一面，因而至今受到一些人的责备。蒙茅斯在断头台上宣布：“我是作为英国国教的新教徒而死的。”他身边的教士说：“如果你是英国国教的教徒，就必须承认服从王权的原则是正确的。”圣公会的教徒们竟然根据他们的粗浅理论作出这样的推理。

法官杰弗里斯被派往西部地区处理大批战俘。这位能干、冷酷、无所顾忌的法官作出“血腥的审判”（Bloody Assize），因而遗臭万年。他绞死了二三百人，把大约800人流放到巴巴多斯，那里现在仍然有他们的后代。宫廷侍女们竞相出售这批可怜的奴隶。同时，詹姆斯二世选中极端残忍的杰弗里斯法官，准备把他提升为掌玺大臣。现代社会开始刮目相看的丘吉尔接到了有人就休林家族两个年轻的浸信会[1]教徒的死刑判决而提出的上诉书。他能否帮助他们的妹妹见到国王呢？他尽力为她活动，但是他把手放在壁炉架上对她说：“我不敢说有什么希望，也不敢说大理石会像国王的心那样有同情感。”后来这两个年轻人被处以死刑。

奥朗日亲王威廉的行动显示出他的政治远见。根据一项条约，他应该派三个步兵团援助詹姆斯二世。现在他欣然践约，甚至建议亲自指挥这支援军。另外，他并没有竭力阻止蒙茅斯的远征军启程。倘若蒙茅斯获胜，英格兰将会有一位信奉新教的国王，那么他必然会加入反对路易十四的联盟；假如他遭到失败，威廉和他的妻子玛丽继承王位的最后一道障碍就将永远消除。在这两个可以选择的方案中，他最喜欢的一个方案实现了。

*　　　*　　　*

詹姆斯二世达到了权力的顶峰。由于他平息叛乱和防止了一场内战，全国各阶层衷心拥戴他。他立即开始利用这一有利条件。他所说的杰弗里斯“运动”一结束，他便建议枢密院废除《忠诚宣誓法》和《人身保护法》。他的哥哥查理二世留下的这两件可恨的遗产，似乎是他发动攻势的主要障碍。

1　Baptist Church，也译浸礼会，产生于17世纪上半叶英国以及在荷兰的英国流亡者中的一个基督新教宗派，属清教徒中的独立派。主张教徒成年后方可受洗，且受洗者须全身浸入水中，称为“浸礼”。——编者注在发生叛乱的紧要关头，他录用了许多信奉天主教的军官，并决意把他们留在人数增加两倍的皇家新军里。枢密院院长哈利法克斯指出，这种做法将触犯一系列法律，掌玺大臣诺思也指出了詹姆斯所冒的风险。结果哈利法克斯不仅丢掉了枢密院院长的职位，而且也失去了枢密院成员的资格。不久，诺思去世。在进行“血腥的审判”以后双手血迹未干的杰弗里斯法官接替他的职务，担任掌玺大臣。同年，森德兰伯爵罗伯特·斯潘塞接任哈利法克斯的枢密院院长职务，同时兼任国务大臣，从此成为詹姆斯二世的首席大臣。森德兰是个令人费解的人物，他以前为查理二世效劳，如今投靠了詹姆斯二世，后来又转向威廉三世，他是靠见风使舵发迹的。此刻为了取悦于主子，他摇身一变，成为天主教徒。他比任何人都更了解英格兰的政治斗争和几大家族的态度，因此成为几代国王身边不可缺少的人物。

11月9日，国会举行第二次会议，詹姆斯二世国王在会上提出了他的当前目标。他头头是道地明确宣布，民兵毫无用处，他们在装备低劣的蒙茅斯农民队伍面前曾经两次临阵脱逃；为了维持国内治安，必须建立一支强大的常备军。他还直截了当地说，他不肯在天主教徒军官刚刚立下汗马功劳之时将他们赶走。这两个要求使国会大为震动。国会对国王非常亲善友好，可是它最厌恶、最畏惧的就是常备军，而国会最宝贵的则是英格兰国教。恐惧和困惑困扰着下议院全体议员，他们世俗和宗教的感情受到伤害，在他们惶恐不安的同时也产生了愤怒的情绪。刚刚过去的危险局势所激起的忠君之情仍然鼓舞着托利党的贵族和乡绅，教会继续坚持服从国王的原则。他们都准备对信奉天主教的军官在叛乱期间违反《忠诚宣誓法》的行为采取既往不咎的态度。下议院追加70万英镑的拨款，以加强皇家军队。他们要求得到王权不践踏国会法案的保证，还要求保护新教，恳切之情溢于言表。然而，詹姆斯二世国王作出了极为严厉的答复。

在上议院，坚定的辉格党人德文希尔、著名的前大臣哈利法克斯、枢密院成员布里奇沃特和诺丁汉以及伦敦主教亨利·康普顿（其父为查理一世的事业牺牲于纽伯里）起来维护民族的权利。他们确定了举行进一步讨论的日期，还邀请法官就国王的这些做法是否合法的问题作出裁决。詹姆斯二世尚未把最高法庭的法官全部换成他的党徒。他清楚地意识到，由法官和上议院作出裁决的主张将妨碍他解救他的亲如手足的天主教徒。于是他也诉诸查理二世于 1681 年在牛津采取的手段，愤然解散国会。11 月 20 日，他突然来到上议院，将下院议员召集到上院，宣布国会休会。他在执政期间再也没有召集过国会。

詹姆斯用休会的方法清除了国会的反对力量的影响，接着在 1686 年一直努力解救他的教友。首先，他企图废除《忠诚宣誓法》，因为根据这一法律，天主教徒充当军官时必须发誓放弃天主教信仰。他所求助的法官们持反对态度。但经过多次撤换法官之后，最高法院面目一新，准备接受审理黑尔斯诉戈登[1]案件的考验。被委任为朴次茅斯总督的天主教徒黑尔斯被他的车夫戈登控告有同谋罪，戈登由于检举一个违反《忠诚宣誓法》的人，要求获得 500 英镑的奖赏。黑尔斯请求得到国王赦免权的保护，法庭予以批准。詹姆斯二世得到法院的支持以后，准许帕特尼地方的副牧师继续任职，后者已经成为天主教徒。同时，詹姆斯二世把信奉天主教的上院议员安插进枢密院。更有甚者，他建立了一个教士委员会，这个委员会和以前被“长期国会”取消的教会法庭大体相同，它的主要职能是防止圣公会教士进行反对天主教的说教。康普顿主教早已被挤出枢密院，此时奉命停止履行他的伦敦主教的职责。

这一系列行动扰乱了国内的平静局面。詹姆斯二世为了恢复天主教而采取了专制手段，这些手段比专制制度本身更加可怕。律师们发现，成文法

1　Hales *versus* Godden，黑尔斯仆人戈登控告詹姆斯二世 1685 年将天主教徒黑尔斯任命为团长的行为违背《忠诚宣誓法》，因为黑尔斯未按照该法律的要求，宣誓效忠和承认王室的最高地位，并在 3 个月内签署圣餐变体说。法院认为黑尔斯的行为违反《忠诚宣誓法》，应罚款 500 英镑。黑尔斯拒交罚金，并认为是国王赋予他特权。最终法院判决黑尔斯无罪，依据是国王有权赦免任何人。——编者注

（Statutory Law）和王权（Royal Prerogative）之间发生了直接冲突。更主要的是，他们要求国王不仅服从法律，而且要服从国会制定的法律，即成文法。普通法律师一致拥护这个要求。

同年年底，詹姆斯二世已经赶走了他的许多忠实朋友，从而引起了普遍的不满。哈利法克斯曾经保护詹姆斯二世免受《排斥法案》的束缚，此时正在乡下考虑对策。在1684年刚刚从伦敦塔释放出来的丹比丢掉了对教会和国王的幻想。他看出，在信奉天主教的国王统治下，不可能有理想的教会和君主制。蒙克将军的儿子阿尔伯马尔离开了国王的军队。曾经忠实追随詹姆斯二世反对蒙茅斯和阿盖尔的国会如果再次召集起来，必然会发生一场冲突。上、下两院议员生活在他们的佃户中间，满怀忧愤之情。大力维护法制和积极主张服从王权的圣公会感到惶恐不安，幸亏罗切斯特伯爵劳伦斯·海德对主教和教士们颇有影响，才防止他们发出愤怒的呼声。詹姆斯二世国王的目的很明显，他积极推翻英格兰的宗教信仰和宪法，这是有目共睹的。

在1686年和1687年这两年，詹姆斯二世使国会处于休会状态，他利用自己的任免权把天主教徒安置到重要的岗位上。辉格党和托利党之间的鸿沟比以前有所缩小。詹姆斯二世正在使反对其兄的政党同积极支持其兄的政党联合起来。他开始采取大胆、巧妙而失算的政治手段。在此之前，他的斗争目标只是拯救天主教徒。此时他要帮助受同样压迫的不信奉国教者，争取得到他们的支持。如果辉格党和托利党联合起来，他将以天主教徒和不信奉国教者在王军支持下结成的联盟与之抗衡。威廉·佩恩是他的能干而有权威的代理人，此人是一名贵格派教徒，是他的谋臣，也是大西洋彼岸宾夕法尼亚殖民地的开创者，在当朝和上一代国王统治时期均有重大的影响。就这样，詹姆斯二世打破了他的宝座在全国的围篱，试图用不相称而又不牢固的新支柱把宝座再支撑起来。

1687年1月，海德兄弟二人相继倒台。长期以来，他们在自己的职位上感到时乖命蹇。年长的克拉伦登在爱尔兰被忠实追随詹姆斯二世的天主教徒泰康内尔伯爵所慑服，他的弟弟罗切斯特在宫廷里被森德兰所压倒。1687年1月7日，罗切斯特丢掉了财政大臣的职务，三天以后，克拉伦登为泰康内尔所取代。他们的朋友本来以国王的名义统治苏格兰，此时也被撤职，接任的是两名天主教徒。这些人事更迭标志着詹姆斯二世统治的第二个明显阶段。1685年底国会休会以后，保皇党和圣公会教徒对国王产生了不满情绪。到罗切斯特下台之时，发动革命的密谋便开始了。

詹姆斯二世在扩充他的军队。查理二世以前有一支7000人的军队，每年需要28万英镑的军费，而詹姆斯二世已经有了2万多人马，每年为此花费60万英镑。到1686年2月，除了警卫部队以外，还有3个近卫骑兵旅（每个近卫骑兵旅相当于一个团的兵力）、10个骑兵团、2个步兵营和15个营的前线部队。詹姆斯二世每年夏天都在豪恩斯洛建立一个大兵营，目的是在伦敦人面前炫耀军威。1686年8月，兵营里已有1万人的军队。一年以后，费弗沙姆集中了1.5万人马和28门大炮。詹姆斯二世常常到军营里去，企图博得官兵的好感。他允许把带有轮子的木制小教堂拉到军营中心，放在骑兵和步兵之间，官兵可以在那里做弥撒。他观看部队操练，并且同费弗沙姆、丘吉尔和其他将军一起进餐。他不断向军队输送信奉天主教的军官和爱尔兰新兵。约翰逊牧师在信奉新教的士兵中间散发颠覆性的小册子，詹姆斯二世下令给他带上颈手枷，从纽盖特监狱一直鞭打到泰伯恩绞刑架。詹姆斯二世由于有这支强大的军队而感到欣慰，自克伦威尔时代以来，尚无如此强大的军队，也没有任何力量能与之相匹敌。他不断把天主教徒提升到重要岗位，委任年仅18岁的贝里克公爵为朴次茅斯总督，赫尔和多佛两地的卫戍司令都是天主教徒，最后连英吉利海峡舰队的司令官也由天主教徒担任了。

第二十六章　　CHAPTER 26

1688年革命

奥朗日亲王威廉密切注视着詹姆斯二世国王的行动。海德兄弟二人丢官不久，出类拔萃的荷兰人戴克维尔特便作为威廉的使节到达伦敦，其任务是代表他请求詹姆斯二世采取比较温和的措施，同时要窥测反对派领袖的意向。戴克维尔特看到所有的政治家都反对王室，便明确表示，他们可以得到威廉和玛丽的帮助。多少个月以来，詹姆斯二世和天主教势力一直打算指定安妮公主为他的继承人，条件是她必须皈依天主教。安妮公主身边的人都是坚定不移的新教徒，康普顿主教是她的宗教引路人，约翰·丘吉尔是她的可靠顾问，他的妻子萨拉是她的密友。一听到有关詹姆斯二世这一企图的传闻，安妮的小圈子便紧密地团结起来。安妮公主听说有人建议她改变信仰，又气又怕，接着便产生了宁愿为新教信仰而牺牲的坚定信念。在后来的斗争中，这个紧密小圈子的坚定、严肃和合理的立场发挥了重要的作用。戴克维尔特离开英格兰以后，约翰·丘吉尔在 1687 年 5 月 17 日致函威廉，向他保证："我忠于自己的宗教信仰，因此同宗教信仰相比，我个人的地位和国王的恩宠则轻如鸿毛。我可以服从国王的意志，只是在宗教方面难从王命。愿上帝作证，我深知国王对我的恩遇，甚至乐于为他献出生命”。但他也写道：“虽然我不能像圣人那样生活，但如有机会，我一定勇于为信仰而牺牲。”

詹姆斯二世继续推行带有刺激性的政策。他签署了第一个《信教自由令》（*Declaration of Indulgence*）。这项法令的内容正是国会早就表示反对的，它以王权取代了国会的法案。同时，詹姆斯二世一意孤行地派一名天主教徒去担任牛津大学马格达伦学院（Magdalen College）的院长，并且驱逐了进行抵制的评议会会员，因此引起了更强烈的反应。7 月份，詹姆斯二世计划公开欢迎教皇使节德阿达。萨默塞特公爵接到主持欢迎仪式的命令，而他拒绝遵命，他说，根据宗教改革运动宣布的原则，承认教皇的官员是非法行为。詹姆斯二世说：“我不受法律的约束。”公爵回答说：“陛下可以不受法律的约束，而我则不然。”因此，他立刻丢掉了一切职务。

詹姆斯二世制定了他的政纲，第二步便是建立政党作为自己的工具，第三步是通过他的党羽组织一届有权废除《忠诚宣誓法》的国会。当时只有少数人才有选举权。在乡下，靠各郡的总督和地方法官基本上可以控制选举，城镇里的选举则可由市政机关控制。詹姆斯二世把全部精力都用在这些方面。拒绝帮助他组成保皇国会的总督们相继丢官罢职，其中包括许多地方的实权人物，代替他们的是天主教徒或者效忠国王的人。市自治机关和地方法庭都遭到大清洗，以保证天主教徒和不信奉国教者能够有充分的代表权，甚至要保证他们的优势。政府企图迫使地方当局作出支持国王政策的保证。将天主教徒和不信奉国教者置于圣公会教徒和保皇党之上或者取代他们的做法，打破并改变了王政复辟时期确定的英国社会结构。这不仅激怒了傲慢而富有的贵族，也伤害了广大民众的感情。在反对国王的斗争中，有钱有势的阶级因此得到了没有选举权的民众的支持。

为詹姆斯二世的行为辩护的人喜欢夸大英格兰天主教徒的数量，甚至有人说，经过世世代代的迫害，英格兰仍有八分之一的人口信奉天主教。除了一些非常得宠的人物之外，信奉天主教的英格兰豪门显贵对于国王推动他们进行的冒险行动感到不安。教皇根据罗马教廷的政策，指责詹姆斯二世过于冲动，他的使节也要求詹姆斯二世谨慎行事。然而詹姆斯二世却变本加厉，进一步加强了自己的军队。

谈判又进行了很长时间。牧师们在布道时表示反对天主教，哈利法克斯发表了颇有说服力的《致不信奉国教者的信》(*Letter to a Dissenter*)，以对抗詹姆斯二世拉拢不信奉国教者的企图。伯内特主教从海牙写信给圣公会教徒，呼吁他们不要遵守服从王权的原则，坚决同国王的政策进行斗争。奥朗日亲王威廉也毫不隐瞒自己的观点。世界上最强大的君主法兰西国王在法国奉行天主教的“宽容”政策，每天都有不幸的受害者在英格兰登陆，英格兰举国上下加深了对天主教的恐惧和仇恨情绪。各阶层和各党派都知道，英法两国的宫廷互相支持，密切合作。他们对今生和来世的一切向往都受到威胁。他们经过反复考虑，最后坚决地走上了叛乱的道路。

* * *

签订《内伊梅根条约》以后的十年，是路易十四的黄金时代。英格兰苦于国内斗争，已经无力对欧洲事务施加影响。哈布斯堡王朝统治的神圣罗马帝国在奥斯曼帝国入侵和匈牙利叛乱的两面夹攻之下，也同样无力插手西方事务。路易十四意识到自己的强大力量，决心恢复并扩大昔日查理大帝[1]的帝国，而且企图登上未来帝国的宝座。他在考虑着一整套新计划，以便把西班牙及其在美洲的新帝国置于法国国王的统治之下。他不断进犯邻国，在1681年渡过莱茵河，占领斯特拉斯堡。1684年，他炮击热那亚，攻打卢森堡，屯兵西班牙边界，对德意志西北部的大片领土提出主权要求。各个邻国在他的

1 Charles the Great（742—814），法兰克王国加洛林王朝国王，查理曼帝国建立者，欧洲历史上最重要的统治者之一，享有“欧洲之父”的荣誉。——编者注

无情侵扰下痛苦而胆怯地龟缩起来。他打击胡格诺教派，同教皇也进行着激烈残酷的斗争。他驯服了法国的教士，使他们像他的军队那样俯首帖耳，并且抓过他们的一切收入和权力。他不仅要求控制俗界，而且要求在许多方面控制教会。法国天主教会出于爱国主义的考虑，屈服于他的权威之下。违抗者像胡格诺教派那样受到沉重的打击。

在许多世代的教皇中，英诺森十一世[1]是一个出类拔萃的人物。这位教皇刚刚步入社会时是个军人，重视实际，十分能干。几百年来，他的形象一直放射着耀眼的光辉。他举止文雅，性情温和，为人仁慈，目光远大，只是过于固执和大胆。他了解当时在世的所有政治家，也了解欧洲政治力量的对比情况。对于法国迫害新教徒的行动，他十分反感。他反对以这种手段教化异教徒，因为基督并没有派武装使徒去进行传教活动。“只能引导人们去教堂，而不应该把他们拖入教堂。”他撤销法国主教的一切宗教权力，发出褫夺教权和革除教籍的命令，最后卷入了正在形成的反对法国统治地位的全欧联合力量之中。他安抚信奉天主教的神圣罗马帝国皇帝，但同时也与加尔文宗教徒奥朗日王子为友。千百万人冲破阶级、民族、教派和利益的界线，产生了目标一致的认同感。这种意识的形成比较缓慢，而且经过了断断续续的过程，可是它毕竟实实在在地产生了。

像 1642 年一样，英格兰在 1688 年秋天有种种迹象表明，一场内战已经迫在眉睫。不过，此刻的力量组合情况同查理一世在诺丁汉举起战旗的时候大不相同了。詹姆斯二世国王有了大批装备优良的正规军，还有强大的炮兵。他确信自己掌握着即使不是当时最庞大的也是最有战斗力的海军。他在军事上可以得到爱尔兰和法国的有力援助。信奉天主教的可靠总督为他控制着重要港口和武库。王室每年有大量的收入。他以为，由于遵守服从王权的

1　Pope Innocent Ⅺ（1611—1689），意大利籍教皇（1676—1689 年在位），改革赋税制度、厉行节约、争取各天主教国家经济支援使入不敷出的教廷得以避免崩溃。——编者注

原则，圣公会不会对他采取任何敌对行动。另外，他尽量避免召集国会，以防它采取联合行动。在反对他的阵营里，不仅有辉格党人，而且有王室的几乎所有老朋友。参加王政复辟的人，在马斯顿荒原战役和内斯比战役中为詹姆斯的父亲作战或牺牲的那些人的后代，为了“神圣的权利”受到长期迫害的圣公会主教和牧师以及一般教徒，熔毁金银餐具以充实查理一世的国库并派年轻学者参加王军的各个大学，自身利益似乎同君主制紧密相连的贵族和地主阶级——所有这些表面沉默而怒火中烧的人们一定在准备以武力抗拒国王。英格兰的贵族和圣公会从来没有像 1688 年那样受到那么严峻的考验以及为民族作出那么大的贡献。他们毫不动摇，也毫不犹豫。

在这个广泛的秘密联盟中，有两种不同的主张。以哈利法克斯和诺丁汉为首的温和派主张谨慎行事，暂缓行动。他们说，大臣内部正在分化。詹姆斯二世以为会有许多人皈依天主教，结果事与愿违。他也永远不可能组成拥护他的国会。但没有任何行动能够证明詹姆斯二世有叛国罪。温和派还告诫说，不要忘记常备军在战争爆发后的作用，而要牢记塞吉穆尔战役[1]的教训，“须知欲速则不达”。另一方是以丹比为首的强硬派。在要人当中，丹比最先致力于招引威廉和外国军队进入英格兰。和丹比站在一起的有施鲁斯伯里、德文希尔和其他辉格党领袖。早在 1688 年春，他们就请求威廉进军英格兰。威廉回答说，如果他在适当的时机接到英格兰主要政治家的正式请求，他就出兵英格兰。他还说，到 9 月份他可以做好一切准备。到 5 月底，他们策划了全国性的叛乱阴谋，制订出详细计划。全国到处窃窃私语，神秘的人物来去无踪。

军队的态度将是至关重要的。如果它服从命令，为国王打仗，那么英格兰将毁于内战，后果是不堪设想的。倘若它拒绝打仗，或者有人以某种手段

1 Sedgemoor，查理二世之子蒙茅斯公爵发动反对詹姆斯二世的叛乱，于 1685 年 7 月 6 日在塞吉穆尔被费弗沙姆伯爵率领的王军打败。——译者注

阻止它参战，那么这些重大问题就会得到和平解决。发动这场革命的密谋者似乎有两个坚固的军事核心，这一点虽无明证，却是可以肯定的。这个核心根据政治家的计划已经在军队中逐步形成，或者至少已在高级将领中形成了。军界和政界的所有密谋者的首要目标，是不用武力而能强迫国王就范。这是丘吉尔酝酿已久的意图。同他密谋策划的有从丹吉尔撤回的两个团的上校柯克和特里劳尼，有统领禁卫军的克拉夫顿公爵以及奥蒙德公爵和其他一些军官。激烈的斗争就要开始了。

*　　　*　　　*

4 月底，詹姆斯二世签发了第二个《信教自由令》，并指示在每个教堂里宣读这个命令。5 月 18 日，七名主教[1]在德高望重的坎特伯雷大主教威廉·桑克罗夫特带领下，抗议詹姆斯二世如此使用赦免权。普通教士服从教会上司的命令，没有宣读《信教自由令》。詹姆斯二世见到这种抗命不遵的态度怒发冲冠，他尽力削弱的教会竟敢背离服从王权的原则，使他愤慨异常。他要求以煽动和诽谤的罪名审判闹事的主教。他的大臣森德兰为此感到震惊，极力劝说他不要采取这样极端的行动。甚至连掌玺大臣杰弗里斯也对克拉伦登说，国王做得太过分了。可是詹姆斯二世一意孤行，下令进行审判。各个主教拒绝保释，被关进伦敦塔。

人民一直希望，詹姆斯二世国王一旦去世，那些使国家不得安宁的冲突也会随之消失；只要玛丽或安妮登上王位，信奉天主教的君主和信仰新教的臣民之间的斗争便会停止。因此，喜欢平静生活的老百姓可以静待暴君的逝世。不抵制王权并不等于失去希望。但在 6 月 10 日，当审讯主教一案尚无结

1 Seven bishops，詹姆斯二世 1688 年第二次颁布《信教自由令》，要求在全国各教堂宣读。坎特伯雷大主教和六名主教联名向詹姆斯二世递交请愿书，要求取消该法案，詹姆斯二世下令逮捕七主教，并以诽谤罪对七主教起诉，但以伦敦大资产阶级为主的陪审团将他们无罪释放。——编者注

果时，王后生下了一个儿子。于是，英格兰人民以后还将接受另一代信奉天主教的国王的统治，而且这样的统治势必无限期地继续下去。

以前不受欢迎的主教此时成为全国崇拜的偶像。当他们登上驳船准备前往伦敦塔时，无数人向他们欢呼致意，欢呼声中，包含着敬意和政治上的支持，主教制度也初次得到伦敦人的拥护。主教们在 6 月 15 日被带回威斯敏斯特宫以及于 6 月 29 日在法庭受审时，出现了同样动人的场面。审讯持续到晚上，陪审员们整夜聚在一起。翌日，法庭作出主教“无罪”的判决时，人们欢声雷动。当主教们离开法庭时，一生反对主教制度的人随着人群跪下，请求主教予以祝福。此外，军队的态度更为重要。詹姆斯二世到豪恩斯洛军营去看望他们，可是他离开时听到了震耳欲聋的欢呼声。他问道：“这是在喊什么？”“陛下，没有什么，士兵们为主教无罪获释而感到由衷的高兴。”詹姆斯二世说：“这怎么能说是没有什么呢？”

当天晚上，在庆祝胜利的礼炮声和民众的狂欢声中，身为强硬派领袖的七名主教聚集到施鲁斯伯里公馆，在那里签发了写给威廉的署名信件。这封信语气平静，带有贸易合同的味道。信中说：“如果形势的发展使您认为能够在今年及时赶到这里给予援助……我们必将迎接阁下登陆。”落款签名的是施鲁斯伯里、丹比、拉塞尔、康普顿主教、德文希尔、亨利·西德尼和拉姆利。这封信由乔装为一名普通水手的舰队司令赫伯特交给海牙政府。该信签署者的名字在不列颠岛上广为传播，目的是要吸引人力和物力对国王发动战争。施鲁斯伯里原来是个天主教徒，后来改信新教。他抵押了自己的家产，获得四万英镑，然后渡海去同威廉会合。丹比开始动员约克郡民众。康普顿到北方“去见他的妹妹们”。自 1685 年以来一直在查茨沃思隐居的德文希尔，将他的佃户组成一个骑兵团。斯图亚特王朝男性继承人的出世对威廉的野心是个沉重的打击，他激动地喊道：“如果现在不动手就再也没有希望了！”于是他开始准备远征英格兰。

小王子的出生对全国人民的希望是沉重的一击。人们听到这个消息后，不管是真心还是故意，普遍表示不相信。早在王后怀孕的消息刚刚传出之时，就有人怀疑她婚后多年方才有喜的真实性。天主教徒祈祷、乞求并蛮有把握地预言说，王后将生下一个男孩。许多人因此断定，王后得子一事大有文章。官方点燃的篝火之余烬尚未从街上清除，有关一个孩子被装在长柄炭炉[1]里偷偷地带进圣詹姆斯宫的传说便不胫而走。由于詹姆斯二世缺乏远见，婴儿出生时在场的人多半是浸信会教徒、天主教徒的妻子和外国人。坎特伯雷大主教没有在场，那时他已经是伦敦塔内的囚犯了。海德兄弟二人都没有接到入宫的通知，他们是枢密院成员，是詹姆斯二世的妻舅和两位公主的舅舅，在婴儿出生时理应在场。被威廉授予特殊使命的荷兰大使也没有接到邀请。更重要的是，安妮公主也不在场，她当时和丘吉尔一家正在巴斯。为了国家的命运，必须证明这个婴儿是假王子。英格兰的新教徒坚持合法继承原则，因此只能利用这个办法来避免天主教徒继承王位的严酷现实。他们把是否相信长柄炭炉的传说当作衡量政治立场的准绳。直到动荡的年代过去之后，直到这个问题已经没有任何实际价值的时候，他们才放弃了这个传说。

8月份，丘吉尔向威廉重申了他在一年零三个月以前作出的保证，他给威廉写了一封亲笔信。这封信至今还保存着，当时如果泄露出去，他一定性命难保。信中写道："西德尼先生将向您介绍我的意图，我认为这是我对上帝和祖国应尽的义务。我把自己的荣誉寄托于阁下之手，以保无虞。倘若您认为我还应作出其他努力，请尽管吩咐，我当完全遵命，因为我决心献身于上帝欣然给您意志和力量以保护的宗教。"可是，这位当时尚未飞黄腾达的伟大人物，继续担任着他在军内的一切职务，而且肯定打算在时机成熟之时利用他对军队的影响反对詹姆斯二世国王。他希望通过这种方式迫使国王屈服，或者消灭他的一切抵抗力量。他态度坚决，手腕高超。他似乎真的在指挥一场战斗。而且，在一切密谋活动中，欺诈手段是必不可少的。

1　Warming pan，睡前暖床用的炭炉。——译者注

在欧洲大陆，率领荷兰军队和舰队的奥朗日亲王威廉密切注视着集中起来的法国大军。他的部下有英格兰人和苏格兰人组成的六个团，它们是组成这支远征军的主力。欧洲新教国家和英格兰都把威廉视为它们反对路易控制和侵略的先锋。可是在入侵英格兰之前，他必须得到荷兰议会的许可。在法国大军磨刀霍霍、待命出击之时，很难使惶恐不安的荷兰市民和面临威胁的德意志公侯相信，只有把荷兰军队派往英格兰，他们才能得到最大的安全保障。最后，威廉说服了勃兰登堡的腓特烈三世，从他那里得到一支由舍姆贝格将军指挥的部队。其他德意志公侯对腓特烈三世的看法持默许态度。大多数信奉天主教的西班牙人首先从政治角度而不是从宗教角度考虑问题，因而不反对推翻一个信仰天主教的国王。教皇使神圣罗马帝国皇帝消除了在宗教方面的顾虑。于是各种不同的利益和信念统一起来，形成远大的战略目标，而这种目标只有对共同的危险有深刻认识之时才会产生。

局势如何发展，取决于法国如何行动。如果法军进攻荷兰，威廉和荷兰就必须动用全部力量对付法军，那么英格兰只好独自决定自己的命运；如果路易十四渡过莱茵河进攻勃兰登堡和德意志诸邦，那么威廉的远征军就可以扬帆前往英格兰。然而，路易十四迟迟不作出决定。假如詹姆斯二世愿意同法国结盟，路易十四一定会侵入荷兰。不过詹姆斯二世既有狂热的宗教情绪，又有爱国主义的自尊心，一直举棋不定，以至荷兰人以为他要和法国人结盟，而法国人则以为他将同荷兰人结盟。因此路易十四感到，他只能等待英格兰在内战中自伤元气。9 月底，他挥军冲过莱茵河中段。此时威廉免除了后顾之忧，荷兰议会授权他进攻英格兰，他可以自由行动了。于是，詹姆斯二世的丧钟敲响了。

* * *

随着秋意渐浓，不列颠岛上民情激愤，岛上局势也日趋紧张。在紧张的局势之下，全国主要力量参加的重大密谋活动正在继续进行。詹姆斯二世企图从泰康内尔在爱尔兰为他建立的天主教军队中抽调几个团到英格兰，这个计划引起了可怕的反应，他只好作罢。各个阶级对爱尔兰人和天主教徒的仇恨和恐惧，在一首充满侮辱和嘲弄言辞的民谣中淋漓尽致地表现出来。人人传诵这首民谣，他们因此感到战争即将来临。这些顺口溜出于沃顿勋爵之笔，他十分了解黎民百姓，了解他们的思想和语言。这首民谣没有明确地提及威廉，也没有提到入侵和叛乱。可是齐声吟诵的悦耳声音给军队留下了深刻的印象。伯内特主教说，“没有见过此情景的人是无法产生”这种印象的。人人都在观察风向标，见风使舵。全国各地谣言四起，传说爱尔兰人要来了，法国人要来了，天主教徒要对新教徒进行大屠杀以及英格兰王国已经卖给路易十四，等等。总之，种种传闻不一而足。一切都不保险了，也无人值得信任。法律、宪法、教会……一切似乎都处于危险之中。好在一位救星即将出现。只要东风一起，他就会率领大军渡海而来，把英格兰从天主教的魔掌和奴役之下拯救出来。沃顿写了一首含意深邃、名义上针对泰康内尔的两行诗：

为何他久留在后面？
啊！原来有一股新教之风。

这股新教之风吹入人们的心田，它起初阵阵袭来，后来变成强烈的风暴，不久将吹过浪涛汹涌的北海！

威廉的大规模备战工作和英格兰各地的愤怒浪潮，使森德兰和杰弗里斯胆战心惊。他们劝说国王修改政策，建议立即召集国会，停止实行极端的天主教措施，同圣公会讲和。10 月 3 日，詹姆斯二世同意取消教会法庭，关闭天主教神学院，恢复马格达伦学院信奉新教的评议会会员的职务，实行不利于天主教徒和不信奉国教者的《礼拜仪式统一法》。已经撤职的总督应邀继续掌握各郡的政权，直辖市又得到自治的特许权，詹姆斯二世还恳求主教们捐弃前嫌，并敦促托利党绅士重返地方法官的旧任。在执政的最后几个月里，詹姆斯二世被迫放弃他亲手举起的战旗，放弃他的一切目标，企图平息他激起的怒潮，可是为时晚矣。

10 月 19 日，威廉扬帆出征。他的军队人数不多，却是欧洲各国新教徒的混合队伍，其中有荷兰人、瑞典人、丹麦人、普鲁士人、英格兰人、苏格兰人，还有境遇悲惨而忠心耿耿的法国胡格诺教派的人。这支远征军共有 1.4 万人，乘坐大约 500 艘船只，由 60 艘战舰护航。威廉计划在英格兰北部登陆，丹比和其他贵族在那里等候同他会师。可是他被风吹了回去，然后又被风吹过多佛海峡，一路上对人群伫立的英法两岸一览无余。11 月 5 日，他在德文郡的托贝登陆。有人告诉他这一天是“爆破阴谋”（Gunpower Plot）的周年日，他便对伯内特说：“这回你相信宿命论吗？”

詹姆斯二世刚刚获悉威廉登陆时并不十分惊慌，他打算把威廉围困在西部地区，破坏威廉的海上交通。詹姆斯二世把派往约克郡的部队调到南方，指定索尔兹伯里为皇家军队的集合点。在这个危急关头，詹姆斯二世竟然能够集中克伦威尔在极盛时期所拥有的那么多的军队。他的正规军将近 4 万人。大约 4000 人的英格兰军队刚刚到达卡莱尔，3000 人的爱尔兰军队大部分尚未赶到切斯特。此外，至少还要留下 7000 人保卫伦敦。即便如此，詹姆斯二世在 11 月 19 日抵达索尔兹伯里时，已经有 2.5 万官兵云集在那里，这一数目几乎等于威廉远征军的两倍。英格兰以前从未见到过如此训练有素的常备大军。

然而，许多人相继背叛这位时运不济的君主。克拉伦登伯爵的长子康伯里勋爵是皇家骑兵的一名军官，企图率领三个骑兵团投奔威廉。詹姆斯二世接到许多人的警告，因而考虑逮捕丘吉尔。丘吉尔和克拉夫顿公爵企图带领大批人马投降。他们未能实现这一计划，便在 11 月 23 日夜晚率领大约 400 名军官和骑兵逃离皇家军队的营地。与此同时，安妮公主在萨拉·丘吉尔的陪同下，由康普顿主教带着逃出白厅，星夜北上。这时叛乱如燎原烈火，燃遍全国。丹比在约克郡举起战旗，德文希尔在德比郡带头起事，德拉米尔在柴郡揭竿而起。巴斯勋爵把普利茅斯献给了威廉。后来成为海军司令的乔治·宾格以舰长们的代表身份来到威廉的司令部，向他报告说，英格兰海军和朴次茅斯完全听从他的命令。不少城市发生叛乱。通过一次自发的大骚动，英格兰民族抛弃了詹姆斯二世。

詹姆斯二世发现他已经无力组织抵抗，便召集仍在伦敦的上议院议员和枢密院成员开会。根据这些人的建议，他开始同奥朗日亲王威廉谈判，可是威廉的远征军继续向伦敦挺进。詹姆斯二世将王后和王子送往国外，自己于 12 月 11 日深夜溜出王宫，渡过泰晤士河。他所作的一番努力把英格兰王国推入了无政府的混乱状态。他把国玺扔进泰晤士河，传令费弗沙姆解散军队，然后奔向达特茅斯，准备在那里随便找一些船只渡海前往爱尔兰。到处有传言说，爱尔兰人进行了大屠杀。伦敦市民抢劫了外国大使馆，首都笼罩在草木皆兵的恐怖气氛之中，那个夜晚被称为“爱尔兰之夜”（Irish Night）。枢密院仍在伦敦行使职权，若非它采取坚决行动，伦敦必然会完全陷入一片混乱之中。枢密院克服种种困难，平息了这场风暴，然后请求詹姆斯二世立即回到伦敦。枢密院仍然承认詹姆斯二世的权威。

詹姆斯二世已经逃到一艘船上，可是没有赶上海潮，被渔民和达特茅斯的市民抓住拖到岸上，押回伦敦。过了一段时间他再次逃跑。这一次他得以逃离虎穴，离开了英格兰，从此一去不返。这位行动失策的国王在垮台和逃亡之时有失大雅，然而史卷为他恢复了尊严。他为宗教作出的牺牲使自己赢得了天主教会的长期尊敬。在终身流亡中，他一直保持着君主的尊严和气节。

译名表

A

阿伯丁 Aberdeen
阿尔伯马尔 Albemarle
阿尔汉格尔 Archangel
阿尔杰农·西德尼 Algernon Sidney
阿尔萨斯 Alsace
阿克斯布里奇 Uxbridge
阿拉贝拉·斯图亚特 Arabella Stuart
阿拉拉特 Ararat
阿瑟·阿斯顿 Arthur Ashton
阿瑟·黑兹里格 Arthur Hazelrigg
埃德蒙·达德利 Edmund Dudley
埃德蒙·弗尼 Edmund Verney
埃德蒙·坎皮 Edmund Campion
埃德蒙·沃尔辛厄姆 Edmund Walsingham
埃德温·桑兹 Edwin Sandys
埃芬厄姆 Effingham
埃奇希尔 Edgehill
埃塞克斯 Essex
爱德华·波伊宁斯 Edward Poynings
爱德华·布鲁斯 Edward Bruce
爱德华·海德 Edward Hyde
爱德华·海斯 Edward Hays
爱德华·尼古拉斯 Edward Nicholas
爱德华六世 Edward Ⅵ
安达卢西亚 Andalusia
安东尼·巴宾顿 Anthony Babington
安东尼·丹尼 Anthony Denny
安克拉姆沼泽 Ancrum Moor
安妮·博林 Anne Boleyn
安妮·海德 Anne Hyde

安普西尔 Ampthill
安特卫普 Antwerp
安提瓜 Antigua
奥凯 Okey
奥普丹 Opdam

B

巴斯 Bath
巴滕 Batten
芭芭拉·维利尔斯 Barbara Villiers
卑尔根 Bergen
贝亚德 Bayard
比顿 Beaton
彼得伯勒 Peterborough
庇护五世 Pius V
波尔多 Bordeaux
波卡洪塔斯 Pocahontas
波特兰岬角 Portland Bill
伯克郡 Berkshire
伯利 Burghley
贝里克郡 Berwickshire
博斯科贝尔 Boscobel
博斯韦尔 Bothwell
布拉班特 Brabant
布拉干萨 Braganza
布莱特 Bright
布雷顿 Breton
布雷斯劳 Breslau
布里德灵顿 Bridlington
布里斯托尔 Bristol
布鲁特斯 Brutus
布洛涅 Boulogne

C

查茨沃思 Chats-worth
查尔格罗夫菲尔德 Chalgrove Field
查尔斯·布兰登 Charles Brandon
查尔斯·弗利特伍德 Charles Fleetwood
查尔斯·卡文迪什 Charles Cavendish
查塔姆 Chatham

D

达恩利 Darnley
达特茅斯 Dartmouth
戴维·莱斯利 David Leslie
戴维·里乔 David Riccio
丹比 Danby
德蒙特斯庞 de Montespan
德比 Derby
德罗赫达 Drogheda
德斯蒙德 Desmond
德维齐斯 Devizes
登齐尔·霍利斯 Denzil Holles
迪格比 Digby
迪斯累里 Disraeli
蒂尔伯里 Tilbury
杜埃 Douai
多德雷赫特 Dordrecht
多塞特 Dorset

F

菲利普霍 Philiphaugh

费弗沙姆 Feversham

弗朗西斯·德雷克 Francis Drake

弗朗西斯·培根 Francis Bacon

弗朗西斯·韦斯顿 Francis Weston

弗朗西斯·温德班克 Francis Windebanke

弗朗西斯·沃尔辛厄姆 Francis Walsingham

佛兰德 Flanders

弗利辛恩 Flushing

弗罗姆 Frome

弗洛雷斯 Flores

法尔茅斯 Falmouth

G

盖恩斯伯勒 Gainesborough

盖伊·福克斯 Guy Fawkes

高尔韦 Galway

戈夫 Goffe

格拉夫顿 Grafton

格拉夫林 Gravelines

格拉纳达 Granada

格拉斯哥 Glasgow

贡萨尔沃·德科多瓦 Gonsalvo de Cordova

古斯塔夫斯·阿道弗斯 Gustavus Adolphus

H

哈拉和林 Karakorum

哈特菲尔德 Hatfield

豪恩斯洛 Hounslow

赫德尔斯顿 Huddleston

赫尔 Hull

赫里福德 Hereford

赫斯特 Hurst

亨利·艾尔顿 Henry Ireton

亨利·贝内特 Henry Bennett

亨利·范内 Henry Vane

亨利·怀亚特 Henry Wyatt

亨利·康普顿 Henry Compton

亨利·克伦威尔 Henry Cromwell

亨利·诺里斯 Henry Norris

亨利·萨维尔 Henry Savil

亨利·斯图亚特 Henry Stuart

亨利·西德尼 Henry Sidney

亨利七世 Henry Ⅶ

怀尔德曼 Wildman

惠特吉夫特 Whitgift

霍尔拜因 Holbein

霍姆比 Holmby

J

基德尔 Kildare

基尼顿 Kineton

吉尔福德·达德利 Guildford Dudley

加的斯 Cadiz

加来 Calais

加斯科涅 Gascony

杰弗里·帕尔默 Geoffrey Palmer

杰弗里斯 Jeffreys

金塞尔 Kinsale

K

卡里斯布鲁克 Carisbrooke

卡利卡特 Calicut

卡伍德 Cawood

卡谢尔 Cashel

凯尔索 Kelso

凯思尼斯 Caithness

科德角 Cape Cod

科德斯特里姆 Coldstream

科顿奈尔 Kortenaer

科尔曼 Coleman

科尔佩珀 Colepeper

科尔切斯特 Colchester

科弗代尔 Coverdale

克莱门特七世 Clement Ⅶ

克兰菲尔德 Cranfield

孔德 Condé

L

拉蒂斯邦 Ratisbon

拉尔夫·霍普顿 Ralph Hopton

拉姆利 Lumley

拉普兰 Lapland

拉伊 Rye

莱顿 Leyden

莱姆里吉斯 Lyme Regis

莱瑟姆 Lathom

莱斯特 Leicester

兰克 Ranke

兰斯多恩 Lansdowne

朗博尔德 Rumbold

劳德戴尔 Lauderdale

劳伦斯·海德 Lawrence Hyde

雷金纳德·波尔 Reginald Pole

雷纳德 Renard

黎塞留 Richelieu

里德雷 Ridley

里斯本 Lisbon

理查德·班克罗夫特 Richard Bancroft

理查德·恩普森 Richard Empson

理查德·福克斯 Richard Fox

理查德·格伦维尔 Richard Grenville

理查德·亨恩 Richard Henne

理查德·克伦威尔 Richard Cromwell

理查德·佩斯 Richard Pace

理查德·钱塞勒 Richard Chancellor

理查德·桑普森 Richard Sampson

理查德·韦斯顿 Richard Weston

利泽德 Lizard

列日 Liége

卢多 Ludovic

鲁珀特 Rupert

鲁西永 Roussillon

路易十二 Louis Ⅻ

路易丝·德凯罗埃莱 Louise de Kérouaille

露西·沃特斯 Lucy Waters

伦斯特 Leinster

罗伯特 · 布莱克 Robert Blake
罗伯特 · 达德利 Robert Dudley
罗伯特 · 德弗罗 Robert Devereux
罗伯特 · 卡尔 Robert Carr
罗伯特 · 凯茨比 Robert Catesby
罗伯特 · 帕森斯 Robert Parsons
罗伯特 · 塞西尔 Robert Cecil
罗伯特 · 斯潘塞 Robert Spencer
罗拉德塔 Lollards' Tower
罗奇福德 Rochford
罗切斯特 Rochester
洛林 Lorraine
洛斯特威西尔 Lostwithiel
洛斯托夫特 Lowestoft

M

马丁 · 弗罗比舍 Martin Frobisher
马丁 · 马普雷莱特 Martin Marprelate
马克西米利安 Maximilian
马斯克里 Muskerry
马歇尔 · 特雷恩 Marshal Turenne
马修 · 帕克 Matthew Parker
玛丽 · 博林 Mary Boleyn
玛丽 · 斯图亚特 Mary Stuart
麦斯特里特 Maestricht
芒乔伊 Mountjoy
梅德韦 Medway
梅迪纳 · 西多妮娅 Medina-Sidonia
梅西 Massey
蒙塞拉特 Montserrat
蒙特罗斯 Montrose
米迦勒节 Michaelmas
明斯特 Munster
摩德纳 Modena
莫里斯 Maurice
穆斯霍尔德山 Mousehold Hill

N

纳瓦尔 Navarre
内尔 · 格雯 Nell Gwyn
内斯比 Naseby
尼古拉斯 · 培根 Nicholas Bacon
纽马基特 Newmarket
诺阿耶 Noailles

P

帕洛斯 Palos
帕维亚 Pavia
佩吉特 Paget
彭鲁多克 Penruddock
珀金 · 沃贝克 Perkin Warbeck
朴次茅斯 Portsmouth
普莱德 Pride
普里姆罗斯山 Primrose Hill
普罗维登斯 Providence

Q

奇尔德利 Childerley

乔治·宾格 George Byng
乔治·布思 George Booth
乔治·卡尔弗特 George Calvert
乔治·卡文迪什 George Cavendish
乔治·蒙克 George Monk
乔治·维利尔斯 George Villiers
切斯特 Chester

S

萨拉·丘吉尔 Sarah Churchill
萨瑟兰 Sutherland
萨沃伊 Savoy
塞巴斯蒂安·卡博特 Sebastian Cabot
塞尔登 Selden
塞吉穆尔 Sedgemoor
塞克斯比 Sexby
塞勒姆 Salem
塞哲纳斯 Sejanus
桑坦德 Santander
桑威奇 Sandwich
森德兰 Sunderland
沙夫茨伯里 Shaftesbury
舍姆贝格 Schomberg
斯蒂芬·加德纳 Stephen Gardiner
斯卡伯勒 Scarborough
斯昆 Scone
斯米顿 Smeaton
斯托克波特 Stockport
索尔湾 Sole Bay
索尔韦沼泽 Solway Moss

T

塔特伯里 Tutbury
泰康内尔 Tyrconnel
泰瑟尔 Texel
泰特斯·奥茨 Titus Oates
汤顿 Taunton
特恩哈姆·格林 Turnham Green
特里劳尼 Trelawny
特纳里夫 Teneriffe
特威德 Tweed
托马斯·奥斯本 Thomas Osborne
托马斯·迪格斯 Thomas Digges
托马斯·费尔法克斯 Thomas Fairfax
托马斯·哈里森 Thomas Harrison
托马斯·怀亚特Thomas Wyatt
托马斯·霍华德 Thomas Howard
托马斯·卡尔佩珀 Thomas Culpeper
托马斯·鲁瑟尔 Thomas Ruthal
托马斯·温特沃思 Thomas Wentworth
托马斯·沃纳 Thomas Warner
托马斯·西摩 Thomas Seymour

W

瓦卢瓦 Valois
瓦伦丁 Valentine
威克里夫 Wyclif
威廉·贝尔福 William Balfour
威廉·布拉德福德 William Bradford

威廉·布鲁斯特 William Brewster
威廉·金斯顿 William Kingston
威廉·凯里 William Carey
威廉·伦索尔 William Lenthall
威廉·奈特 William Knight
威廉·桑克罗夫特 William Sancroft
威廉·斯坦利 William Stanley
威廉·坦普尔 William Temple
威廉·汤普森 William Thompson
威廉·沃勒 William Waller
威廉·渥兰 William Warham
威斯特摩兰 Westmoreland
韦克斯福德 Wexford
维滕贝格 Wittenberg
温布尔登 Wimbledon
温宁顿桥 Winnington Bridge
温切斯特 Winchester
温斯顿·丘吉尔 Winston Churchill
沃尔特·雷利 Walter Raleigh

X

休·奥尼尔 Hugh O'Neal
休·彼得斯 Hugh Peters
休·拉蒂默 Hugh Latimer
休·乔姆利 Hugh Cholmley
休·威洛比 Hugh Willoughby
休林 Hewlings

Y

雅各布·阿斯特利 Jacob Astley
亚历山大六世 Alexander Ⅵ
伊拉斯谟 Erasmus
伊普斯威奇 Ipswich
英诺森十一世 Innocent Ⅺ
尤利乌斯二世 Julius Ⅱ
约翰·埃利奥特 John Eliott
约翰·布拉德肖 John Bradshaw
约翰·德威特 John De Witt
约翰·费尔顿 John Felton
约翰·芬奇 John Finch
约翰·汉普顿 John Hampden
约翰·怀特 John White
约翰·霍瑟姆 John Hotham
约翰·卡博特 John Cabot
约翰·克拉克 John Clark
约翰·劳森 John Lawson
约翰·雷诺兹 John Reynolds
约翰·罗尔夫 John Rolfe
约翰·皮姆 John Pym
约翰·瑟洛 John Thurloe
约翰·斯泰尔 John Stile
约翰·斯托 John Stow
约翰·温思罗普 John Winthrop

Z

詹姆斯·菲茨詹姆斯 James Fitzjames
詹姆斯·赫伯恩 James Hepburn
詹姆斯四世 James Ⅳ